How to TEPS

영역별 끝내기

어휘

How to TEPS 영역별 끝내기 어휘

지은이 양준희
펴낸이 안용백
펴낸곳 (주)넥서스

초판 1쇄 발행 2008년 5월 10일
초판 4쇄 발행 2010년 1월 10일

2판 1쇄 발행 2010년 12월 10일
2판 3쇄 발행 2012년 5월 20일

출판신고 1992년 4월 3일 제311-2002-2호
121-840 서울시 마포구 서교동 394-2
Tel (02)330-5500 Fax (02)330-5555

ISBN 978-89-5797-411-7 13740
       978-89-5797-415-5 세트

가격은 뒤표지에 있습니다.
잘못 만들어진 책은 구입처에서 바꾸어 드립니다.
본책은 〈How to TEPS 파이널 1000제 어휘편1〉의 개정판입니다.

www.nexusbook.com

서울대학교 TEPS관리위원회 기출문제 재구성

최신 출제 경향을 반영한

How to TEPS

하우 투 텝스

영역별 끝내기

어휘

양준희 지음

넥서스

Preface

1999년 1월 처음 시행된 이래 이제 한국의 대표적인 영어 능력 평가 시험으로 자리매김한 TEPS 시험은 실용 영어 능력 시험으로서 특히 한국인의 영어 능력을 평가하는 데 있어 신뢰도가 높은 것으로 각광을 받고 있습니다.

그중에서도 어휘 부문에서는 단어의 구어적인 쓰임뿐만 아니라 2차, 3차적인 의미를 알아야만 풀 수 있는 문제가 많이 등장합니다. 즉, 단순히 해당 단어에 대응하는 우리말 단어를 찾는 것이 아니라 그 단어가 쓰이는 상황이나 맥락에 대한 감각을 갖추고 있어야 제대로 문제를 풀 수 있다는 겁니다. 이를테면, 혼동 어휘 출제에 있어서도 의미상의 혼동, 즉 뉘앙스의 차이를 구별할 수 있느냐에 초점이 맞춰져 다른 영어 시험들과 차별화되고 있습니다.

이 같은 TEPS 시험, 그중에서도 특히 어휘 부문의 특징을 고려하여 최단 시간에 최고의 효과를 올리고자 하는 많은 수험생들의 목표에 부합할 수 있도록 본서를 집필했습니다. 영어를 공부하는 학생들이 항상 토로하는 바와 같이 어휘 학습의 가장 큰 어려움은 그 양의 방대함에 있을 것입니다. 하지만 길이 없는 것은 아닙니다. 이른바 80/20 원칙을 어휘 학습에 적용할 때, 사실상 20% 정도의 빈출 어휘들이 출제 어휘의 80%를 차지하기 때문입니다. 사실상, 이번 집필의 기본 원칙 역시 이러한 80/20 원칙을 토대로 TEPS에서 자주 출제되는 단어들을 선별해 이것만 확실하게 이해하면 최소한의 노력으로 고득점을 얻을 수 있도록 구성했다는 것입니다. 아무쪼록 TEPS 수험생은 물론 일반 학습자들에게 많은 보탬이 되기를 진심으로 바랍니다.

양준희

Contents

I Actual Test

Ⅱ 정답 및 해설

TEPS

Test of English Proficiency
developed by
Seoul National University

1 / TEPS란?

TEPS는 'Test of English Proficiency developed by Seoul National University'의 약자이며, 서울대학교 TEPS 관리위원회에서 주관, 시행하는 국가 공인 영어 시험입니다. 또한 정부기관 및 기업의 직원 채용, 인사고과, 해외 파견 근무자 선발과 더불어 대학과 특목고 입학 및 졸업 자격 요건, 국가고시 및 자격 시험의 영어 대체 시험으로 활용되고 있습니다. 본 시험은 수험생들의 영어 실력을 Listening, Grammar, Vocabulary, Reading 총 4개의 영역으로 나누어 평가하는 시험이며, 총 200문항, 990점 만점입니다. 시험은 지역에 따라 다소 다르나 매달 한 번, 또는 두 번 토요일 혹은 일요일에 있으며 접수는 인터넷 접수(www.teps.or.kr) 또는 방문 접수가 가능합니다. 성적 확인은 시험 후 2주 이내에 가능합니다.

2 / TEPS 시험 구성

영역	Part별 내용	문항수	시간/배점
청해 Listening Comprehension	Part I : 문장 하나를 듣고 이어질 대화 고르기 Part II : 3문장의 대화를 듣고 이어질 대화 고르기 Part III : 6~8 분상의 대화를 듣고 실문에 해당하는 답 고르기 Part IV : 담화문의 내용을 듣고 질문에 해당하는 답 고르기	15 15 15 15	55분 400점
문법 Grammar	Part I : 대화문의 빈칸에 적절한 표현 고르기 Part II : 문장의 빈칸에 적절한 표현 고르기 Part III : 대화에서 어법상 틀리거나 어색한 부분 고르기 Part IV : 단문에서 문법상 틀리거나 어색한 부분 고르기	20 20 5 5	25분 100점
어휘 Vocabulary	Part I : 대화문의 빈칸에 적절한 단어 고르기 Part II : 단문의 빈칸에 적절한 단어 고르기	25 25	15분 100점
독해 Reading Comprehension	Part I : 지문을 읽고 빈칸에 들어갈 내용 고르기 Part II : 지문을 읽고 질문에 가장 적절한 내용 고르기 Part III : 지문을 읽고 문맥상 어색한 내용 고르기	16 21 3	45분 400점
총계	13개 Parts	200	140분 990점

☆ **IRT**(Item Response Theory)에 의하여 최고점이 990점, 최저점이 10점으로 조정됨.

TEPS의 특징

✛ 한국인에게 알맞은 영어 시험

우리 국민 대다수가 초·중·고교에서 10년 동안 영어를 배우고, 대학과 직장에서 또다시 영어 교육을 받지만 한국은 아시아에서도 한참 뒤떨어진 영어 후진국 신세를 면치 못하고 있습니다.

미국과 영국에서 개발한 영어 교육 체계와 어학검정시험을 좇아 매년 수십만 명이 동분서주하지만 눈에 띄는 성과를 거두지는 못했습니다. 사고방식과 언어 습관이 다른 외국인이 한국인의 고민을 알기는 어렵습니다.

TEPS는 영어와 한국어를 다 잘하는 국내 최고의 연구진이 영어와 한국어의 언어적 특성을 대조·분석하고 한국인들이 범하기 쉬운 오류를 찾아 출제에 적극 반영합니다. 따라서 TEPS는 한국인에게 가장 필요한 영어 학습 지침을 제공하는 시험이라고 할 수 있습니다.

✛ 편법이 통하지 않는 시험

개인의 어학 능력은 결코 단기간에 급속도로 향상되지 않습니다. 그런데도 실력 배양은 아랑곳하지 않고 영어 성적만을 올리기 위해 요령과 편법을 가르치는 교육 기관이 많습니다.

TEPS는 있는 그대로의 영어 능력을 정확하게 진단합니다. 예를 들어 청해 시험은 인쇄된 질문지 및 선택지 없이 방송으로만 들려주기 때문에 미리 문제를 보고 답을 예측하는 요령이 통하지 않습니다. 또한 독해 시험에 있어서는 '1지문 1문항 원칙'을 지켜 한 문제로 다음 문제의 답을 유추할 수 있는 가능성을 원천적으로 배제하고 있습니다. 따라서 TEPS는 편법이 통하지 않는 시험입니다.

✛ 활용 능력을 중시하는 시험

외국인과 영어로 대화할 때 상대방이 질문을 던질 경우, 한참 동안 문법과 어휘를 고민해서 대답할 수는 없는 노릇입니다. 암기식으로 배운 영어로는 실제 상황에서 제 실력을 발휘할 수 없습니다.

TEPS는 일상생활에서의 활용능력을 정확하게 측정해 주는 시험입니다. TEPS는 기존의 다른 시험에 비해 많은 지문을 주고 이를 짧은 시간 내에 이해하여 풀어낼 수 있는지를 측정합니다. 이는 실제 생활에서 활용할 수 없는 암기식 영어가 아니라 완전히 습득해 자유롭게 구사할 수 있는 '살아 있는' 영어 실력을 평가하기 위한 것입니다.

✛ 경제성과 효율성을 갖춘 시험

TEPS는 서울대학교 TEPS관리위원회에서 자체 개발한 시험으로 외국에 비싼 로열티를 지불하는 다른 시험에 비해 응시 비용이 매우 저렴합니다.

✛ 채점 방식이 다른 시험

TEPS는 첨단 어학 능력 검증 기법인 문항반응이론(IRT: Item Response Theory)을 도입했습니다. 문항반응이론은 문항을 개발할 때 문항별로 1차 난이도를 정의하고 시험 시행 후 전체 수험자들이 각각의 문항에 대해 맞고 틀린 것을 종합해 그 문항의 난이도를 재조정한 다음, 이를 근거로 다시 한 번 채점해 최종 성적을 내게 됩니다. 이 과정에서 최고점은 990점, 최하점은 10점으로 조정됩니다.

문항반응이론은 맞은 개수의 합을 총점으로 하는 전근대적인 평가 방식과는 달리, 각 문항의 난이도와 변별도에 대한 수험자의 반응 패턴을 근거로 영어 능력을 추정하는 확률 이론입니다.

문항반응이론을 적용할 경우, 낮은 난이도의 문제를 많이 틀린 수험자가 높은 난이도의 문제를 맞힐 경우 실력에 관계없이 추측이나 우연히 맞힐 가능성이 높다고 보고 감점 처리합니다. 이러한 문항반응이론은 가장 선진적인 검정 방식으로서 TEPS는 이 이론에 기초한 국내 최초의 영어 능력 평가 시험입니다.

✛ 실용영어 능력 평가

실용영어는 사소한 대화를 위주로 하는 생활영어와는 다른 범주입니다. 평균적인 교양을 갖춘 일반인이 가정, 직장, 공공장소 등 일상적인 환경과 생활에서 사용하는 영어를 뜻합니다. 일상적인 대화는 물론, 신문, 잡지, 방송, 매뉴얼, 예약, 주문, 구매, 일반적인 상담 등이 모두 실용영어의 범주에 포함됩니다.

TEPS는 누구나 쉽게 접하는 상황에서 추출된 소재를 중심으로 문제를 구성하여, 범용적인 영어 능력을 평가합니다. 따라서 성별, 직업, 나이에 관계없이 일반 대중들의 영어 능력을 객관적으로 평가할 수 있는 시험입니다.

✛ 신속한 결과 통보, 학습 방향을 제시해주는 성적 진단

TEPS는 점수만 알려주고 끝나는 시험이 아닙니다. 청해, 문법, 어휘, 독해 등 영역별로 점수를 산출하고, 다시 각 영역을 기능, 소재, 문체별로 세분하여 18개 부문에서 항목별 성취도를 알려줍니다. 따라서 성적표를 통해 수험자의 강점, 약점은 물론 추후 학습 방향을 명확하게 제시합니다.

TEPS 출제 원칙

✚ 통합식 시험 (Integrative Test)

지엽적인 학습을 조장할 우려가 있는 분리식 시험(Discrete-Point Test) 유형을 배제하고 실제 의사소통 상황과 문맥 파악을 중시하는 통합식 시험(Integrative Test) 유형을 강조함으로써 수험자의 폭넓은 어학 능력을 평가할 수 있습니다.

✚ 국부 독립성 (Local Independence)

첨단 테스트 기술인 문항반응이론(IRT: Item Response Theory)을 활용하여 각 부분의 독립성을 보장합니다. 예를 들어 '1지문 1문항'의 원칙에 따라 다양한 내용의 지문을 수험생들이 접할 수 있게 하고, 동시에 어느 한 지문을 이해하지 못함으로써 몇 개의 문항을 연이어 틀리는 일이 없도록 했습니다. 국부 독립성에 따른 문항반응이론은 환상의 어학 능력 평가로 기대를 모으고 있는 컴퓨터 개별 적응 언어 평가(CALT: Computer Adaptive Language Test)의 핵심 요소이기도 합니다.

✚ 속도화 시험 (Speeded Test)

간접적인 의사소통 능력 평가로서 문법 및 어휘 시험에서는 속도 시험의 속성을 극대화하여 언어학적 지식(Learning)이 아닌 잠재적인 의사소통 능력(Acquisition)을 평가합니다.

✚ 진단 평가 (Diagnostic Test)

세부 영역별로 평가 결과를 제시하여 수험자 개인의 능력을 정확하게 진단합니다. 교육과 평가가 마치 실과 바늘처럼 서로 맞물려 발전해야 한다는 원칙에 따라 최대한 자세히 검정 결과를 분석해 수험생들의 향후 학습 방향을 알려줍니다.

TEPS 출제 경향

✛ 청해 (Listening Comprehension) – 60문항

정확한 청해 능력을 측정하기 위하여 문제와 보기 문항을 문제지에 인쇄하지 않고 들려줌으로써 자연스러운 의사소통의 인지 과정을 최대한 반영하였습니다. 다양한 의사소통 기능(Communicative Functions)의 대화와 다양한 상황(공고, 방송, 일상생활, 업무 상황, 대학 교양 수준의 강의 등)을 이해하는 데 필요한 전반적인 청해력을 측정하기 위해 대화문(dialogue)과 담화문(monologue)의 소재를 균형 있게 다루었습니다.

✛ 문법 (Grammar) – 50문항

밑줄 친 부분 중 오류를 식별하는 유형 등의 단편적이며 기계적인 문법 지식 학습을 조장할 우려가 있는 분리식 시험 유형을 배제하고, 의미 있는 문맥을 근거로 오류를 식별하는 유형을 통하여 진정한 의사소통 능력의 바탕이 되는 살아 있는 문법, 어법 능력을 문어체와 구어체를 통하여 측정합니다.

✛ 어휘 (Vocabulary) – 50문항

문맥 없이 단순한 동의어 및 반의어를 선택하는 시험 유형을 배제하고 의미 있는 문맥을 근거로 가장 적절한 어휘를 선택하는 유형을 문어체와 구어체로 나누어 측정합니다.

✛ 독해 (Reading Comprehension) – 40문항

교양 있는 수준의 글(신문, 잡지, 대학 교양과목 개론 등)과 실용적인 글(서신, 광고, 홍보, 지시문, 설명문, 도표, 양식 등)을 이해하는 데 요구되는 총체적인 독해력을 측정하기 위해서 실용문 및 비전문적 학술문과 같은 독해 지문의 소재를 균형 있게 다루었습니다.

🎧 Listening Comprehension 60문항

PART I

Choose the most appropriate response to the statement. (15문항)

문제유형 질의 응답 문제를 다루며 한 번만 들려주고, 내용은 일상의 구어체 표현으로 구성되어 있다.

> W I wish my French were as good as yours.
>
> M _____

(a) Yes, I'm going to visit France.
✔ (b) Thanks, but I still have a lot to learn.
(c) I hope it works out that way.
(d) You can say that again.

번역 W 당신처럼 프랑스어를 잘하면 좋을 텐데요.

  M _____

(a) 네, 프랑스를 방문할 예정이에요.
(b) 고마워요. 하지만 아직도 배울 게 많아요.
(c) 그렇게 잘 되기를 바라요.
(d) 당신 말이 맞아요.

PART II

Choose the most appropriate response to complete the conversation. (15문항)

문제유형 두 사람이 A–B–A–B 순으로 대화하는 형식이며, 한 번만 들려준다.

> W I wish I earned more money.
>
> M You could change jobs.
>
> W But I love the field I work in.
>
> M _____

(a) I think it would be better.
✔ (b) Ask for a raise then.
(c) You should have a choice in it.
(d) I'm not that interested in money.

번역 W 돈을 더 많이 벌면 좋을 텐데요.

  M 직장을 바꾸지 그래요?

  W 하지만 난 지금 일하고 있는 분야가 좋아요.

  M _____

(a) 더 좋아질 거라고 생각해요.
(b) 그러면 급여를 올려 달라고 말해요.
(c) 그 안에서 선택권이 있어야 해요.
(d) 돈에 그렇게 관심이 있지는 않아요.

Choose the option that best answers the question. (15문항)

문제유형 비교적 긴 대화문. 대화문과 질문은 두 번, 선택지는 한 번 들려준다.

> M   Hello. You're new here, aren't you?
>
> W   Yes, it's my second week. I'm Karen.
>
> M   What department are you in?
>
> W   Customer service, on the first floor.
>
> M   I see. I'm in sales.
>
> W   So, you'll be working on commission, then.
>
> M   Yes. I like that, but it's very stressful sometimes.

Q: Which is correct according to the conversation?

(a) The man and woman work in the same department.

✔ (b) The woman works in the customer service department.

(c) The man thinks the woman's job is stressful.

(d) The woman likes working for commissions.

번역

M   안녕하세요. 새로 오신 분이시죠?

W   예, 여기 온 지 2주째예요. 전 캐런이에요.

M   어느 부서에서 근무하시나요?

W   1층 고객 지원부에서 일해요.

M   그렇군요. 전 영업부에서 일해요.

W   그러면 커미션제로 일하시는군요.

M   네. 좋기는 하지만 가끔은 스트레스를 많이 받아요.

Q: 대화에 따르면 옳은 것은?

(a) 남자와 여자는 같은 부서에서 일한다.

(b) 여자는 고객 지원부에서 일한다.

(c) 남자는 여자의 일이 스트레스가 많다고 생각한다.

(d) 여자는 커미션제로 일하는 것을 좋아한다.

Choose the option that best answers the question. (15문항)

문제유형 담화문의 주제, 세부 사항, 사실 여부 및 이를 근거로 한 추론 등을 다룬다.

> Confucian tradition placed an emphasis on the values of the group over the individual. It also taught that workers should not question authority. This helped industrialization by creating a pliant populace willing to accept long hours and low wages and not question government policies. The lack of dissent helped to produce stable government and this was crucial for investment and industrialization in East Asian countries.

Q: What can be inferred from the lecture?
(a) Confucianism promoted higher education in East Asia.
(b) East Asian people accept poverty as a Confucian virtue.
✔ (c) Confucianism fostered industrialization in East Asia.
(d) East Asian countries are used to authoritarian rule.

번역 유교 전통은 개인보다 조직의 가치를 강조했습니다. 또한 노동자들에게 권위에 대해 의문을 제기하지 말라고 가르쳤습니다. 이것은 장시간 노동과 저임금을 기꺼이 감수하고 정부의 정책에 의문을 제기하지 않는 고분고분한 민중을 만들어 냄으로써 산업화에 도움이 되었습니다. 반대의 부재는 안정적인 정부를 만드는 데 도움이 되었고, 이는 동아시아 국가들에서 투자와 산업화에 결정적이었습니다.

Q: 강의로부터 유추할 수 있는 것은?
(a) 유교는 동아시아에서 고등교육을 장려했다.
(b) 동아시아 사람들은 유교의 미덕으로 가난을 받아들인다.
(c) 유교는 동아시아에서 산업화를 촉진했다.
(d) 동아시아 국가들은 독재주의 법칙에 익숙하다.

Grammar 50문항

PART I

Choose the best answer for the blank. (20문항)

문제유형 A, B 두 사람의 짧은 대화 중에 빈칸이 있다. 동사의 시제 및 수 일치, 문장의 어순 등이 주로 출제되며, 구어체 문법의 독특한 표현들을 숙지하고 있어야 한다.

> A   Should I just keep waiting _____ me back?
> B   Well, just waiting doesn't get anything done, does it?

(a) for the editor write
✔ (b) until the editor writes
(c) till the editor writing
(d) that the editor writes

번역 A 편집자가 나한테 답장을 쓸 때까지 기다리고만 있어야 합니까?
B 글쎄요, 단지 기다리고 있다고 해서 무슨 일이 이루어지는 건 아니겠죠?

PART II

Choose the best answer for the blank. (20문항)

문제유형 문어체 문장을 읽고 어법상 빈칸에 적절한 표현을 고르는 유형으로 세부적인 문법 자체에 대한 이해는 물론 구문에 대한 이해력도 테스트한다.

> All passengers should remain seated at _____ times.

(a) any
(b) some
✔ (c) all
(d) each

번역 모든 승객들은 항상 앉아 있어야 합니다.

PART III

Identify the option that contains an awkward expression or an error in grammar. (5문항)

문제유형 대화문에서 어법상 틀리거나 어색한 부분이 있는 문장을 고르는 문제로 구성되어 있다.

> (a)　A Where did you go on your honeymoon?
> (b)　B We flew to Bali, Indonesia.
> ✔(c)　A Did you have good time?
> (d)　B Sure. It was a lot of fun.

번역
(a)　A 신혼여행은 어디로 가셨나요?
(b)　B 인도네시아 발리로 갔어요.
(c)　A 좋은 시간 보내셨어요?
(d)　B 물론이죠. 정말 재미있었어요.

PART IV

Identify the option that contains an awkward expression or an error in grammar. (5문항)

문제유형 한 문단 속에 문법적으로 틀리거나 어색한 문장을 고르는 유형이다.

> (a) Morality is not the only reason for putting human rights on the West's foreign policy agenda. (b) Self-interest also plays a part in the process. (c) Political freedom tends to go hand in hand with economic freedom, which in turn tends to bring international trade and prosperity. (d) A world in which more countries respect basic human rights would be more peaceful place.

번역
(a) 서양의 외교정책 의제에 인권을 상정하는 유일한 이유가 도덕성은 아니다. (b) 자국의 이익 또한 그 과정에 일정 부분 관여한다. (c) 정치적 자유는 경제적 자유와 나란히 나아가는 경향이 있는데, 경제적 자유는 국제 무역과 번영을 가져오는 경향이 있다. (d) 더 많은 국가들이 기본적인 인권을 존중하는 세상은 더 평화로운 곳이 될 것이다.

Vocabulary 50문항

PART I

Choose the best answer for the blank. (25문항)

문제유형 A, B 대화 빈칸에 가장 적절한 단어를 넣는 유형이다. 단어의 단편적인 의미보다는 문맥에서 어떻게 쓰였는지 아는 것이 중요하다.

> A   Let's take a coffee break.
>
> B   I wish I could, but I'm _____ in work.

✔ (a) up to my eyeballs

(b) green around the gills

(c) against the grain

(d) keeping my chin up

번역 A   잠깐 휴식 시간을 가집시다.

B   그러면 좋겠는데 일 때문에 꼼짝도 할 수가 없네요.

(a) ~에 몰두하여

(b) 안색이 나빠 보이는

(c) 뜻이 맞지 않는

(d) 기운 내는

PART II

Choose the best answer for the blank. (25문항)

문제유형 문어체 문장의 빈칸에 가장 적절한 단어를 고르는 유형이다. 고난도 어휘의 독특한 용례를 따로 학습해 두어야 고득점이 가능하다.

> It takes a year for the earth to make one _____ around the sun.

(a) conversion

(b) circulation

(c) restoration

✔ (d) revolution

번역 지구가 태양 주위를 한 번 공전하는 데 일 년이 걸린다.

(a) 전환

(b) 순환

(c) 복구

(d) 공전

Reading Comprehension 40문항

PART I

Choose the option that best completes the passage. (16문항)

문제유형 지문의 논리적인 흐름을 파악하여 문맥상 빈칸에 가장 적절한 선택지를 고르는 문제이다.

> This product is a VCR-sized box that sits on or near a television and automatically records and stores television shows, sporting events and other TV programs, making them available for viewing later. This product lets users watch their favorite program _____. It's TV-on-demand that actually works, and no monthly fees.

✔ (a) whenever they want to
(b) wherever they watch TV
(c) whenever they are on TV
(d) when the TV set is out of order

번역 이 제품은 텔레비전 옆에 놓인 VCR 크기의 상자로 TV 쇼, 스포츠 이벤트 및 다른 TV 프로그램을 자동으로 녹화 저장하여 나중에 볼 수 있게 해준다. 이 제품은 사용자가 자신이 가장 좋아하는 프로그램을 원하는 시간 언제나 볼 수 있게 해준다. 이것은 실제로 작동하는 주문형 TV로 매달 내는 시청료도 없다.

(a) 원하는 시간 언제나
(b) TV를 보는 곳 어디든지
(c) TV에 나오는 언제나
(d) TV가 작동되지 않을 때

PART II

Choose the option that best answers the question. (21문항)

문제유형 지문에 대한 이해를 측정하는 유형으로 주제 파악, 세부 내용 파악, 논리적 추론을 묻는 문제로 구성되어 있다.

> The pace of bank mergers is likely to accelerate. Recently Westbank has gained far more profit than it has lost through mergers, earning a record of $2.11 billion in 2003. Its shareholders have enjoyed an average gain of 28% a year over the past decade, beating the 18% annual return for the benchmark S&P stock index. However, when big banks get bigger, they have little interest in competing for those basic services many households prize. Consumers have to pay an average of 15% more a year, or $27.95, to maintain a regular checking account at a large bank instead of a smaller one.

Q: What is the main topic of the passage?
(a) Reasons for bank mergers
✔ (b) Effects of bank mergers
(c) The merits of big banks
(d) Increased profits of merged banks

번역 은행 합병 속도가 가속화될 전망이다. 최근 웨스트 뱅크가 2003년 21억 1천만 달러의 수익을 기록함으로써 합병으로 잃은 것보다 훨씬 더 많은 수익을 얻었다. 웨스트 뱅크 주주들은 지난 10년간 S&P 지수의 연간 수익률 18%를 웃도는 연평균 수익률 28%를 누려왔다. 하지만 규모가 더욱 커진 대형 은행들은 많은 가구가 중요하게 생각하는 기본 서비스에 대한 경쟁에는 별 관심을 두고 있지 않다. 소비자들은 작은 은행 대신 대형 은행의 보통 당좌예금 계정을 유지하기 위해 연평균 15% 이상, 즉 27달러 95센트를 지불해야 한다.

Q: 지문의 소재는?
(a) 은행 합병의 이유
(b) 은행 합병의 영향
(c) 대형 은행의 장점
(d) 합병된 은행들의 수익 증가

Identify the option that does NOT belong. (3문항)

문제유형 한 문단에서 전체의 흐름상 어색한 내용을 고르는 유형이다.

> Communication with language is carried out through two basic human activities: speaking and listening. (a) These are of particular importance to psychologists, for they are mental activities that hold clues to the very nature of the human mind. (b) In speaking, people put ideas into words, talking about perceptions, feelings, and intentions they want other people to grasp. (c) In listening, people decode the sounds of words they hear to gain the intended meaning. (d) Language has stood at the center of human affairs throughout human history.

번역 언어로 이루어지는 의사소통은 두 가지 기본적인 인간 활동인 말하기와 듣기에 의해 수행된다. (a) 이 두 가지는 심리학자들에게 각별한 중요성을 지니는데, 이는 두 가지가 인간의 심성 본질 자체에 대한 단서를 쥐고 있는 정신적 활동이기 때문이다. (b) 말할 때 사람들은 다른 사람들이 이해하기를 원하는 지각과 감정, 의도 등을 말하면서 아이디어들을 단어로 표현한다. (c) 들을 때 사람들은 의도된 뜻을 간파하기 위해 들리는 단어의 소리를 해독한다. (d) 언어는 인류의 역사를 통틀어 인간 활동의 중심에 있어 왔다.

등급	점수	영역	능력검정기준(Description)
1+급 Level 1+	901-990	전반	외국인으로서 최상급 수준의 의사소통 능력 : 교양 있는 원어민에 버금가는 정도로 의사소통이 가능하고 전문분야 업무에 대처할 수 있음. (Native Level of Communicative Competence)
1급 Level 1	801-900	전반	외국인으로서 거의 최상급 수준의 의사소통 능력 : 단기간 집중 교육을 받으면 대부분의 의사소통이 가능하고 전문분야 업무에 별 무리 없이 대처할 수 있음. (Near-Native Level of Communicative Competence)
2+급 Level 2+	701-800	전반	외국인으로서 상급 수준의 의사소통 능력 : 단기간 집중 교육을 받으면 일반분야 업무를 큰 어려움 없이 수행할 수 있음. (Advanced Level of Communicative Competence)
2급 Level 2	601-700	전반	외국인으로서 중상급 수준의 의사소통 능력 : 중장기간 집중 교육을 받으면 일반분야 업무를 큰 어려움 없이 수행할 수 있음. (High Intermediate Level of Communicative Competence)
3+급 Level 3+	501-600	전반	외국인으로서 중급 수준의 의사소통 능력 : 중장기간 집중 교육을 받으면 한정된 분야의 업무를 큰 어려움 없이 수행할 수 있음. (Mid Intermediate Level of Communicative Competence)
3급 Level 3	401-500	전반	외국인으로서 중하급 수준의 의사소통 능력 : 중장기간 집중 교육을 받으면 한정된 분야의 업무를 다소 미흡하지만 큰 지장은 없이 수행할 수 있음. (Low Intermediate Level of Communicative Competence)
4급 Level 4	201-400	전반	외국인으로서 하급수준의 의사소통 능력 : 장기간의 집중 교육을 받으면 한정된 분야의 업무를 대체로 어렵게 수행할 수 있음. (Novice Level of Communicative Competence)
5급 Level 5	101-200	전반	외국인으로서 최하급 수준의 의사소통 능력 : 단편적인 지식만을 갖추고 있어 의사소통이 거의 불가능함. (Near-Zero Level of Communicative Competence)

 **TEPS** | Test of English Proficiency
developed by
Seoul National University

SCORE REPORT

NAME	**REGISTRATION NO.**
HONG GIL DONG	0123456
DATE OF BIRTH	**TEST DATE**
JAN. 01. 1980	MAR. 02. 2008
GENDER	**VALID UNTIL**
MALE	MAR. 01. 2010

NO : RAAAA0000BBBB

TOTAL SCORE AND LEVEL

SCORE	LEVEL
768	**2+**

SECTION	SCORE	LEVEL	%	0% — 100%
Listening	307	2+	77 / 59	
Grammar	76	2+	76 / 52	
Vocabulary	65	2	65 / 56	
Reading	320	2+	80 / 61	

■ your percentage ■ average

OVERALL COMMUNICATIVE COMPETENCE

768

89.89%

A score at this level typically indicates an advanced level of communicative competence for a non-native speaker. A test taker at this level is able to execute general tasks after a short-term training.

SECTION			PERFORMANCE EVALUATION
Listening	PART I	86%	A score at this level typically indicates that the test taker has a good grasp of the given situation and its context and can make relevant responses. Can understand main ideas in conversations and lectures when they are explicitly stated, understand a good deal of specific information and make inferences given explicit information.
	PART II	66%	
	PART III	86%	
	PART IV	66%	
Grammar	PART I	84%	A score at this level typically indicates that the test taker has a fair understanding of the rules of grammar and syntax and has internalized them to a degree enabling them to carry out meaningful communication.
	PART II	75%	
	PART III	99%	
	PART IV	21%	
Vocabulary	PART I	72%	A score at this level typically indicates that the test taker has a good command of vocabulary for use in everyday speech. Able to understand vocabulary used in written contexts of a more formal nature, yet may have difficulty using it appropriately.
	PART II	56%	
Reading	PART I	68%	A score at this level typically indicates that the test taker is at an advanced level of understanding written texts. Can abstract main ideas from a text, understand a good deal of specific information and draw basic inferences when given texts with clear structure and explicit information.
	PART II	90%	
	PART III	66%	

THE TEPS COUNCIL

23

국내 최초 통합 영어능력 평가
integrated-TEPS

⇨ **의사소통에 필요한 듣기, 말하기, 읽기, 쓰기 능력을 통합하여 평가한다.**

듣기, 말하기, 읽기, 쓰기 능력은 서로 밀접한 관계를 가진 요소로 듣기, 읽기 능력 혹은 말하기, 쓰기 능력만을 단순히 측정해서는 정확한 영어능력을 평가하기 어렵다. *i-TEPS*는 유기적인 연관성을 지닌 이 네 가지 의사소통 능력을 통합적으로 측정하여 수험자의 영어능력을 정확하게 평가한다.

⇨ **변별력과 신뢰도가 있는 시험이다.**

*i-TEPS*는 국내 최고 권위의 영어능력 평가로 듣기, 읽기 분야에서 탁월한 변별력을 인정받은 TEPS와 국내 최초 CBT 방식의 영어 말하기·쓰기 시험인 TEPS-Speaking & Writing의 성공 노하우를 바탕으로 개발되었다. 실전 영어능력을 보다 정밀하게 측정할 수 있도록 세분화된 채점 요소를 적용하고 있으며, 출제자와 채점자를 어학 분야의 최고 전문가들로 선정하여 높은 신뢰도와 탁월한 변별력을 지니고 있다.

⇨ **실전 영어능력을 측정한다.**

간단한 대화를 할 수 있는 능력부터 도표를 보고 발표하는 분석력과 구성력까지, 접하는 상황에 따라 필요한 영어능력도 다양하다. *i-TEPS*는 유학이나 비즈니스 등 특정한 분야에서의 영어 활용 능력을 집중적으로 평가하는 타 시험과는 달리, 비즈니스 상황을 포함한 다양한 영어 사용 환경을 재현하여 실질적으로 활용 가능한 영어능력을 평가한다.

⇨ **경제성과 효율성을 갖춘 시험이다.**

*i-TEPS*는 타 통합 영어능력 평가시험에 비해 응시료가 저렴하다. 한 번의 시험으로 듣기, 말하기, 읽기, 쓰기 능력을 종합적으로 평가하여 각각의 영역을 별도로 평가해야 하는 타 시험과 비교해도 응시료 부담이 적다. *i-TEPS*는 최소의 시간과 비용으로 수험자의 영어능력을 정확히 측정하는 높은 효율성을 갖춘 시험이다.

i-TEPS 영역별 유형 및 설명

i-TEPS는 기존의 TEPS와 TEPS-Speaking & Writing 시험을 토대로 듣기, 말하기, 읽기, 쓰기 능력을 종합적으로 측정하는 통합형 시험으로 개발되었다. Listening, Grammar & Vocabulary, Reading, Speaking, Writing의 5개 영역에 걸쳐 약 3시간 동안 진행되며, 총 143문항, 400점 만점으로 구성되어 있다.

영역		문제유형	문항수	시간		총점
Listening	Part 1	짧은 대화를 듣고 이어질 대화로 가장 적절한 답 고르기	15	35분		80점
	Part 2	긴 대화를 듣고 질문에 가장 적절한 답 고르기	15			
	Part 3	담화를 듣고 질문에 가장 적절한 답 고르기	10			
Grammar & Vocabulary	Part 1	대화문의 빈칸에 가장 적절한 답 고르기	15	20분		20점
	Part 2	단문의 빈칸에 가장 적절한 답 고르기	15			
	Part 3	대화문의 빈칸에 가장 적절한 어휘 고르기	15			20점
	Part 4	단문의 빈칸에 가장 적절한 어휘 고르기	15			
Reading	Part 1	지문을 읽고 빈칸에 가장 적절한 답 고르기	10	40분		80점
	Part 2	지문을 읽고 질문에 가장 적절한 답 고르기 (1지문 1문항)	19			
	Part 3	지문을 읽고 질문에 가장 적절한 답 고르기 (1지문 2문항)	6			
Speaking	Part 1	간단한 질문에 대답하기	1(3)	답변 10초		100점
	Part 2	소리내어 읽기	1	준비 30초	답변 45초	
	Part 3	일상 대화 상황에서 질문에 답하기	1(5)	준비 15초	답변 10초	
	Part 4	그림 보고 연결하여 이야기하기	1	준비 60초	답변 60초	
	Part 5	도표 보고 발표하기	1	준비 120초	답변 90초	
Writing	Part 1	받아쓰기	1	10분		100점
	Part 2	이메일 쓰기	1	15분		
	Part 3	의견 쓰기	1	30분		
계						400점

● TEPS 어휘를 위한 기본적인 학습법

1 / 기출 표현을 묶어서 외우자.

모든 시험에는 그 시험에 나오는 어휘와 표현이 비교적 정해져 있다. TOEIC은 비즈니스 위주의 어휘가, TOEFL은 각 학문에 관한 어휘력이 필요하다. TEPS는 TOEIC과 TOEFL을 합친 것보다 더 다양한 상황과 많은 분야에서 문제가 출제되는 비교적 실용적인 시험이다. 청해와 어휘, 그리고 문법 문제는 생활에서 쓰이는 어휘와 표현이 출제의 기본 방향이다.

시험 대비를 위해서는 유사 표현을 모아서 같이 외워야 응용문제도 순조롭게 풀 수 있다. 반복해서 나오는 표현을 같이 묶어 외우도록 하자.

2 / 출제 유형을 익히자.

TEPS를 공부할 때 가장 비효율적인 방법 중의 하나는 무작정 많은 모의고사를 풀고 점수가 오르기를 바라는 것이다. 모든 시험이 그렇듯 자주 출제되는 유형은 정해져 있다. 이를 알고 대비를 하면 훨씬 쉽게 문제를 풀 수 있다.

어휘는 15분 동안 50문항을 풀어야 하는 관계로 시간도 촉박하고 구어체 표현도 많이 출제되고 있기 때문에 학생들이 가장 어렵게 느낄 수도 있는 영역이다. 연어와 일반 어휘, 고난도 어휘, 일상표현, 혼동 어휘, 관용어구, 구동사 등이 출제된다.

Part I은 구어체로 되어 있는 A, B의 대화 중 빈칸에 적절한 단어를 넣는 문제로 구성되어 있다. 단어의 본래 의미를 묻는 문제보다는 문맥에 쓰인 의미를 묻는 문제가 출제되는 경향이 있다. 영영사전과 영화, 드라마를 통해 다양한 예문과 표현을 익히는 것이 좋다.

Part II는 문어체 유형으로 하나 또는 두 개의 문장으로 구성된 글의 빈칸에 적절한 단어를 고르는 문제로 이루어져 있다. 무작정 어휘를 방대하게 외우기 보다는 빈출 어휘부터 외우는 것이 효과적이다.

3 / 자투리 시간을 이용하자.

수강생들은 '시간이 없어서 공부를 못했다'라는 변명을 가장 많이 한다. 하지만 특이한 것은 바쁜 직장인 수강생과 다소 시간이 많은 대학생들을 비교해봤을 때 비교적 여유 시간이 많은 대학생들이 시험 점수가 잘 나올 것 같지만 결과는 그렇지 않은 경우가 많았다. 왜 그럴까? 일단 시험에 대한 '절박함'이다. 이 시험이 아니라면 난 끝이라는 생각으로 매달린 수강생들의 성적이 훨씬 올랐다. 이 절박함이 없으면 시간이 아무리 많아도 점수가 크게 향상되지는 않는다.

시간이 없으나 마음은 절박한 직장인들은 어떻게 공부했을까? 직장까지의 이동 시간, 하루에 나도 모르게 그냥 낭비되는 시간들을 합치면 아무리 없어도 2시간은 낼 수 있다. 그들은 이런 시간을 잘 이용한다.

4 / 미쳐야 이룰 수 있다.

모든 일이 그렇듯 대충해서는 쉽게 좋은 결과가 나오지 않는다. 학생들로부터 듣는 가장 안타까운 상담 중 하나는 '시간은 없는데 점수를 빨리 올릴 수 있는 비법'을 알려달라는 내용이다. 분명 요령과 방법이 어느 정도 있기 때문에 이 책에 무수한 팁들을 넣었으나 사실 이런 팁들을 소화하기 위해서는 어느 정도 기본기가 있어야 한다. 요령은 열심히 하는 사람에게 유용하게 쓰일 수 있지 기본기 없이 요령만을 쫓는다면 결국 실패한다.

TEPS는 TOEIC에 비해 어려운 여정이다. 나도 모르게 미쳐 있어야 고지에 다가간다. 어떤 일이든 즐거워야 쉽게 이룰 수 있다. TEPS는 하면 할수록 재미있는 시험이다. 즐거운 마음으로 생활에 쓰일 영어라 생각하고 즐겁게 미쳐보자.

5 / 기출 텝스 어휘와 예시를 통해 공부하자.

어휘를 무작정 외우는 것이 아니라, 의미와 형태가 비슷해서 혼동하기 쉬운 단어들, 구어체 어휘에서 중요한 역할을 차지하는 동사들을 먼저 학습하는 것이 좋다. 의사소통 관련 어휘의 출제 비중이 크기 때문이다. 그러고 나서 시사, 학술 관련 고급 어휘를 보는 것이 효과적이다.

그렇다고 어휘만 외우는 것이 아니라 문장에서 어떤 단어와 함께 쓰이는지 함께 공부하는 것이 좋은데, 영영사전과 미국 드라마, 영화 등을 통해 다양한 예문을 접하는 것이 좋다. 일상생활 어휘가 많이 출제되어 어휘가 어렵게 느껴지는 사람들은 특히 다양한 영어 프로그램을 통해 살아 있는 생활 영어를 공부하는 것이 효율적이다.

6 / 청해와 연계해서 공부하자.

TEPS 어휘와 마찬가지로 듣기 청해에도 일상생활 구어체의 어휘가 자주 출제된다. 따라서 어휘 따로, 청해 따로 공부하는 것이 아니라 어휘와 청해를 연계하여 공부하면 시간적인 면으로나 학습 성취도 및 만족도 면에서 상당히 효율적이다. 청해에서 출제된 어휘가 다음 번에는 어휘에서 출제될 가능성이 있기 때문이다.

● 목표 점수별 공부 방법

1 / 600점대 목표

600점대는 결코 어려운 점수가 아니다. 짧은 시간 안에 이 점수대를 원하는 사람은 일상생활과 관련된 어휘와 표현을 집중적으로 공부하면 효율적이다. 일상생활 관련 어휘는 어휘뿐만 아니라 청해에도 많이 출제되기 때문이다. 하지만 TEPS를 처음 시작하는 초보자들에게는 어휘 공부 자체가 고통스럽기만 하다. 영영사전을 통해 다양한 예문을 접하고 음악과 영화 같은 멀티미디어 등을 동원해 공부를 하면 그다지 어렵지 않게 나올 수 있는 점수이다.

2 / 700점대 목표

700점대 역시 객관적으로 보아 크게 어렵지는 않으나 또한 쉽지 않은 점수이다. 유형에 맞춰 공부를 했다면 많은 모의고사를 풀어봐야 한다. 그러나 이 점수대가 쉽게 나오지 않는다면 요령을 배우기 전에 지겹도록 익혀야 한다.
평소 공부할 때 단순 암기식이 아닌 문장과 표현 위주로 학습해 예문을 통째로 익히는 것이 좋다. 특히 어휘 부분은 15분 동안 50문항을 풀어야 하기 때문에 다른 영역보다 속도가 생명이다. 혼동되는 철자나 뜻을 가진 어휘를 예문을 통해 철저히 공부한다.

3 / 800점대 이상 목표

열심히 공부해서 600점에서 700점에 4달 만에 도달했다고 하자. 그렇다면 700점대에서 800점대로 진입하기 위해서는 어느 정도 기간이 필요할까? 불행히도 전자에 비해서 보통 두 배, 세 배의 시간과 노력이 필요하다. 모든 시험이 그렇듯이 고득점자가 될수록 단 1점을 올리기가 몹시 어려워진다. 700점대부터는 단순히 TEPS 모의고사만 많이 푼다고 쉽게 점수가 오르지 않는다. 기출 어휘를 중심으로 양보다는 질로 승부하는 어휘 공부를 하는 것이 효과적이다.

4 /900점대 이상

900점 이상을 받기 위해서는 절반은 TEPS 공부를, 나머지 절반은 출제될 수 있는 모든 분야를 폭넓고 풍부하게 공부해야 한다. 사실 850~900점 이상의 점수는 내 의지나 노력으로 안 되는 경우도 있을 정도로 오랫동안 영어에 노출되어 있거나 깊은 내공이 필요하다. TEPS의 어휘 문제는 곧 회화 표현을 묻는 문제 형태로 출제되는 경우가 많기 때문에 일상생활에 쓰이는 표현에 관심을 가져야 한다.

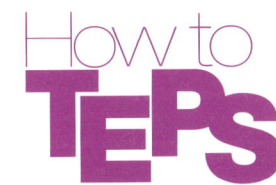

Actual Test

TEPS

Actual Test 1

Part I Questions 1~25

Choose the best answer for the blank.

1. A: Roget restaurant, reservations. How may I help you, sir?
    B: I'd like to _____ a reservation for dinner tomorrow. Party of six, please.
    (a) book
    (b) make
    (c) accept
    (d) get

2. A: I noticed he's lost a lot of weight. Good for him!
    B: Yeah, he has been trying to _____ some weight.
    (a) gain
    (b) shed
    (c) raise
    (d) get

3. A: Sorry if I disturbed you. I didn't know that you were having a meeting.
    B: That's fine. Actually, thanks for getting me off the _____. The meeting was really boring.
    (a) place
    (b) room
    (c) hook
    (d) group

4. A: I heard that your son got hurt in a bike accident. Is it serious?
    B: Well, he broke his arm, so he had to get it _____.
    (a) stitched
    (b) plastered
    (c) framed
    (d) projected

5. A: I can't stop thinking about what I did last night.
    B: If I were you, I wouldn't _____ on it any more.
    (a) dwell
    (b) pause
    (c) think
    (d) pass

6. A: I'd like to apply for the secretarial position.
    B: I'm afraid it's already been _____.
    (a) filled
    (b) named
    (c) applied
    (d) resumed

7. A: Hi, haven't we met before? You look familiar.
    B: Yeah, I think so. I _____ your face.
    (a) realize
    (b) recognize
    (c) perceive
    (d) notice

8. A: The police is installing more security cameras to _____ crime in the city.
    B: I think that's a good idea. I've been afraid of going out late recently.
    (a) counter
    (b) avoid
    (c) deter
    (d) monitor

9. A: May I speak to Tony?

   B: He's talking to other customers at the moment. Should I _____ your message?

   (a) make
   (b) leave
   (c) take
   (d) send

10. A: Hi, may I help you?

    B: Yes, I'd like to extend my car _____ for an additional month.

    (a) maintenance
    (b) terms
    (c) purchase
    (d) lease

11. A: How could you fail the test? You really could have done better than that.

    B: I know I _____ that I didn't try my best.

    (a) remember
    (b) regret
    (c) commend
    (d) remit

12. A: Do you know anything about Leena's boyfriend?

    B: Not much, but he's probably _____ because he gave her an expensive diamond bracelet.

    (a) loaded
    (b) insolvent
    (c) golden
    (d) precious

13. A: Once I finished law school, I hope to open my own _____.

    B: I'm sure you'll make a great lawyer.

    (a) store
    (b) business
    (c) career
    (d) practice

14. A: I'm going to throw away the old bottles.

    B: Don't just put them in the garbage can; _____ them instead.

    (a) remake
    (b) reimburse
    (c) recycle
    (d) refresh

15. A: Peter Jackson was notorious for his racist attitudes towards African Americans and other minorities.

    B: Yes, that was a terrible mistake that _____ his name.

    (a) crased
    (b) bored
    (c) hurt
    (d) blackened

16. A: I heard that you're selling your bike.

    B: Yes, but I hate to _____ it.

    (a) pass with
    (b) depart with
    (c) part with
    (d) leave with

17. A: With all due _____, I must say that there is still room for compromise.

    B: I understand your position, but I cannot make any concession.

      (a) period

      (b) course

      (c) concerns

      (d) respect

18. A: How was the movie?

    B: It was so funny. I was _____ throughout the movie.

      (a) stepping up

      (b) cracking up

      (c) making up

      (d) laughing up

19. A: Can you come to see me now? I need to talk to you right away.

    B: Sure. I'll be there _____.

      (a) in the long run

      (b) in no time

      (c) in person

      (d) in the same boat

20. A: I can't believe this. I won the scholarship for this semester!

    B: Really? Congratulations! You _____ it.

      (a) allow

      (b) reserved

      (c) deserve

      (d) worth

21. A: Has Michael still got in _____ with you?

    B: No, he hasn't. I don't think he has my new cell phone number.

      (a) trouble

      (b) touch

      (c) turn

      (d) tune

22. A: I'll _____ this report by tomorrow. It's not a thing.

    B: Stop bragging. Just meet the deadline.

      (a) hand

      (b) bring

      (c) deliver

      (d) submit

23. A: Have you ever _____ your girlfriend?

    B: No, that is unthinkable.

      (a) deceived

      (b) received

      (c) perceived

      (d) represented

24. A: I don't think Jenny takes a hint very well.

    B: No, you really have to _____ things out for her. Otherwise, she would get you wrong.

      (a) spell

      (b) speak

      (c) sign

      (d) step

25. A: Something smells really bad. I can hardly breathe.

    B: Yeah. You're right. Where is this _____ coming from?

      (a) taste

      (b) fragrance

      (c) odor

      (d) aroma

Choose the best answer for the blank.

26. Give me some _____ on your work.
    (a) perspectives
    (b) references
    (c) arrangement
    (d) reverence

27. Janine _____ the sort of hotels that have garbage rotting in their elevators and rats running on their furniture.
    (a) abominated
    (b) accommodated
    (c) accomplished
    (d) implemented

28. The Watergate scandal was the ostensible cause of Nixon's decision to _____ the presidency.
    (a) abhor
    (b) precede
    (c) defer
    (d) abdicate

29. He was _____ as saying he would veto the bill.
    (a) quoted
    (b) designated
    (c) referred
    (d) preferred

30. In 2005, a lot of credit card companies went _____ as massive defaults on card loans occurred.
    (a) insolent
    (b) insolvent
    (c) incisive
    (d) insoluble

31. TV is a(n) _____ for "television."
    (a) abbreviation
    (b) symbol
    (c) oxymoron
    (d) paradigm

32. The two sisters were very different; the older one was _____ and good-natured, while the younger one was very quick-tempered.
    (a) enthusiastic
    (b) diligent
    (c) affable
    (d) inert

33. Joan _____ when she got the acceptance letter from Princeton University.
    (a) exulted
    (b) exalted
    (c) executed
    (d) exempted

34. St. Matthew, the oldest university in Canada, was _____ in 1455.

    (a) invented
    (b) founded
    (c) operated
    (d) created

35. One of the first things to do in a foreign country as a tourist is to find a place that will exchange foreign _____.

    (a) currency
    (b) finance
    (c) cashiers
    (d) accounts

36. The police _____ the criminal with the evidence because he denied the allegations against him.

    (a) confound
    (b) confide
    (c) conform
    (d) confront

37. No amount of argument could _____ her from pursuing her seemingly impossible dream.

    (a) alienate
    (b) dissuade
    (c) cure
    (d) dissident

38. Since the secretary could not attend the conference, he sent one of his staff as a _____.

    (a) deputy
    (b) deluge
    (c) temperament
    (d) travesty

39. He is always good at _____ a feasible excuse for being late.

    (a) conversing
    (b) concocting
    (c) conceding
    (d) calculating

40. His ship sank under the Pacific Ocean just a month after his insurance policy had _____.

    (a) lapsed
    (b) elapsed
    (c) relapsed
    (d) collapsed

41. The police _____ the blame on the driver for the accident.

    (a) took
    (b) caught
    (c) held
    (d) laid

42. I don't' have time to tell you the whole story now, but _____, she's getting married.

    (a) in the shell
    (b) in a nutcracker
    (c) in a nutshell
    (d) in the bush

43. In Oslo, the Nobel Peace Prize _____ received their Nobel Peace Prize from the Chairman of the Norwegian Nobel Committee.

    (a) laurels
    (b) laureates
    (c) nominees
    (d) finalists

44. Thick, creamy smoke_____
    from holes in the ground.
    - (a) dissolved
    - (b) emanated
    - (c) eluded
    - (d) elucidated

45. One of the members of the
    committee _____ it's time to
    begin a FTA negotiation with Japan.
    - (a) contented
    - (b) contended
    - (c) contrived
    - (d) complemented

46. Given the Secretary of State's
    _____ toward the president's
    foreign policies, she has no choice
    but to resign.
    - (a) antipathy
    - (b) reliance
    - (c) concurrence
    - (d) pretense

47. The letter had been addressed
    incorrectly and had gone _____.
    - (a) astray
    - (b) restless
    - (c) differently
    - (d) oddly

48. It is rude to _____ while
    others are talking.
    - (a) bring in
    - (b) enter in
    - (c) cut in
    - (d) rub in

49. It was not until recently that average
    people realized that the sun does
    not _____ around the earth.
    - (a) resolve
    - (b) rebound
    - (c) revolve
    - (d) reverse

50. His term of office as Prime Minister
    will _____ next year.
    - (a) accelerate
    - (b) experience
    - (c) jerk
    - (d) terminate

This is the end of the Vocabulary section. Do NOT move on to the Reading Comprehension section until instructed to do so. You are NOT allowed to turn to any other section of the test.

Actual Test 2

Part I   Questions 1~25

Choose the best answer for the blank.

1. A: You shouldn't have _____ him like that.

    B: Why not? He needs to know that the world does not revolve around him.

    (a) made
    (b) punished
    (c) destroyed
    (d) approached

2. A: How was the test?

    B: It was so hard that I didn't even have enough time to _____ all the questions.

    (a) check
    (b) retake
    (c) raise
    (d) answer

3. A: I have only one more day before the midterm but I don't feel like I'm prepared yet.

    B: Well, you still have time to _____ things into your brain.

    (a) jam
    (b) pack
    (c) cram
    (d) shove

4. A: Shall we schedule the meeting for Monday or Tuesday?

    B: As far as I am _____, Monday would be more convenient.

    (a) considered
    (b) regarded
    (c) related
    (d) concerned

5. A: Have you _____ a horse?

    B: No, can you show me how?

    (a) driven
    (b) taken
    (c) run
    (d) ridden

6. A: You look like you're fuming. What's wrong?

    B: The boss is being so unreasonable! She flared up at me, making a mountain out of a _____!

    (a) hillock
    (b) knoll
    (c) molehill
    (d) pile

7. A: I'm afraid you're getting overweight. Do you watch what you eat?

    B: I try to, but it's easier _____ than done.

    (a) told
    (b) said
    (c) looked
    (d) seemed

8. A: John, what's wrong with your face? It looks swollen.

    B: I had to go see a dentist to get a cavity _____. It really killed me.

    (a) stuffed
    (b) blocked
    (c) filled
    (d) plugged

9. A: I'll _____ you to dinner tonight.

   B: Thanks. I'll return the favor.

   (a) buy
   (b) treat
   (c) serve
   (d) cook

10. A: Why did you buy such an expensive car?

    B: The sales clerk _____ me into it.

    (a) talked
    (b) cheated
    (c) persuaded
    (d) bought

11. A: He insulted the boss in his _____.

    B: That guy! He's impossible.

    (a) front
    (b) nose
    (c) presence
    (d) eyes

12. A: I hear that you're going to break up with your girlfriend again.

    B: _____ your own business. I don't want you to butt in my private life.

    (a) take
    (b) run
    (c) mind
    (d) care

13. A: Relax, Kelly won't _____ going to prison.

    B: You never know until the verdict comes out.

    (a) end in
    (b) end up
    (c) turn out
    (d) turn in

14. A: I'm _____ up with those mischievous boys at school.

    B: Why? Did they hide your textbooks again?

    (a) kept
    (b) signed
    (c) fed
    (d) made

15. A: You've made up your mind to drop the chemistry class, right?

    B: No, I've changed my mind to _____.

    (a) hold it up
    (b) pick it up
    (c) rule it out
    (d) stick it out

16. A: Mr. Brown is running for Congress. Do you think he will win the election?

    B: I doubt it. He is out of _____ with the current political trend.

    (a) sync
    (b) rhythm
    (c) timing
    (d) point

17. A: Why was the arrival of your plane delayed?

    B: _____ was almost zero at the airport because of the thick fog.

    (a) Audibility
    (b) Visibility
    (c) Perception
    (d) Vision

18. A: Do you mind if I break in and raise a question?

B: Please _____ whenever you have something to ask.

(a) speak out
(b) tell out
(c) talk out
(d) talk back

19. A: How do you manage to stay in _____?

B: I work out regularly at the gym.

(a) shape
(b) balance
(c) trend
(d) fitness

20. A: Wow, it certainly is an _____ day. I hate this rainy season.

B: Yeah, I'm getting tired of all this rain, too.

(a) awesome
(b) awful
(c) awkward
(d) amazing

21. A: Does your son get along with the kids at the new school?

B: No, he is the type who doesn't mix with people. He is a _____.

(a) homebody
(b) loner
(c) night owl
(d) morning person

22. A: Well, I had a slight problem with my assignment.

B: _____ it to me straight. Don't make any excuses.

(a) Bring
(b) Give
(c) Take
(d) Spell

23. A: Do you have a(n) _____ girlfriend?

B: Yeah, I've been dating my girlfriend for three years now.

(a) stable
(b) old
(c) steady
(d) persistent

24. A: Hey, can you help me move this suitcase upstairs? It's too heavy for me.

B: Sorry, I'm _____ up at the moment.

(a) tied
(b) fasten
(c) bound
(d) linked

25. A: I heard you got lost in the woods the other night.

B: Yes, it was a really _____ experience.

(a) embarrassing
(b) frightening
(c) delightful
(d) pleasant

Part II Questions 26~50

Choose the best answer for the blank.

26. Legends are part of a(n) _____ tradition before finally being put down in print.
    (a) vocal
    (b) visual
    (c) written
    (d) oral

27. This novelist has been _____ as one of the most talented writers in Japan.
    (a) accounted
    (b) acclaimed
    (c) abridged
    (d) acceded

28. The strict discipline and superior leadership of the Spartan soldiers made them all but _____.
    (a) mercenary
    (b) meticulous
    (c) invincible
    (d) impulsive

29. Islamic family laws in Iran should be _____ because they discriminate against women.
    (a) regained
    (b) renewed
    (c) reformed
    (d) restored

30. The book is _____ "Crime and Punishment."
    (a) treated
    (b) entitled
    (c) recited
    (d) written

31. The magician opened the big box where a woman standing but she was _____ from sight.
    (a) vanished
    (b) banished
    (c) appeared
    (d) emerged

32. The threat of war has _____ business activity.
    (a) accelerated
    (b) improved
    (c) relieved
    (d) depressed

33. The court made a decision to _____ the criminal suspects under the Immigration and Nationality Act.
    (a) retain
    (b) detain
    (c) contain
    (d) regain

34. Because there was much disparity among the members of the jury, they were not able to reach a common _____.

    (a) deliberation
    (b) verdict
    (c) agreement
    (d) discussion

35. If there is a way to _____ the fog that sits over the airports, air travel would probably be much safer.

    (a) dissent
    (b) dissipate
    (c) dissect
    (d) disrupt

36. As men encroaches on their breeding grounds, the number of the birds has _____ and scientists worry that the species may become extinct.

    (a) dwindled
    (b) increased
    (c) surged
    (d) soared

37. Police fired shots and used teargas to _____ the demonstrators.

    (a) displace
    (b) disperse
    (c) dispose
    (d) disregard

38. Mrs. Lee makes it a point to notice the parents when students are absent without prior notice, and she will not _____ from this rule in your case.

    (a) ignore
    (b) meet
    (c) reveal
    (d) deviate

39. City officials are trying to _____ alcohol use in public places.

    (a) crack down on
    (b) hit the nail on
    (c) let off steam of
    (d) hit the ceiling of

40. The volcano _____ in 1990, devastating a large area of Washington state.

    (a) exploded
    (b) appeared
    (c) dismissed
    (d) erupted

41. If you _____ all the items as much as possible, you can hold everything within a single suitcase.

    (a) compress
    (b) encumber
    (c) comprehend
    (d) comprise

42. He heard men crying out, _____ Allah to save them.

    (a) bewitching
    (b) surrounding
    (c) enriching
    (d) beseeching

43. He knew that it would not be smooth, but never expected to _____ so many problems.

    (a) enchant
    (b) encounter
    (c) encircle
    (d) enrich

44. Delegates accused them of trying to _____ taxes as a Florida real-estate speculator.

    (a) execute
    (b) evade
    (c) assign
    (d) accomplish

45. The factory owner _____ a deaf ear to the demand of the workers.

    (a) turned
    (b) had
    (c) set
    (d) put

46. The Thanksgiving Sale is based on a first-come first-served _____.

    (a) rule
    (b) basis
    (c) plan
    (d) pattern

47. The person who orchestrated the bombing is still on the _____.

    (a) race
    (b) loose
    (c) spiral
    (d) chase

48. After years of service in the Riyadh embassy, he became extremely _____ at Middle Eastern diplomacy.

    (a) adept
    (b) ambiguous
    (c) tricky
    (d) ambivalent

49. Many factory workers are being _____ due to the country's deteriorating economy.

    (a) laid on
    (b) laid up
    (c) laid off
    (d) laid out

50. When the news of his _____ with the enemy became known, he was hanged in effigy.

    (a) involvement
    (b) conversations
    (c) bickering
    (d) collusion

This is the end of the Vocabulary section. Do NOT move on to the Reading Comprehension section until instructed to do so. You are NOT allowed to turn to any other section of the test.

Actual Test 3

Part I   Questions 1~25

Choose the best answer for the blank.

1. A: Are you of the same opinion about the matter?
   B: No, no agreement was _____.
   (a) resolved
   (b) reached
   (c) got
   (d) taken

2. A: I always go to sleep around the same time each night.
   B: Me, too. If I _____ late, I tend to oversleep the next day and be late for work.
   (a) wake up
   (b) stay up
   (c) stand out
   (d) set up

3. A: I haven't heard from Pete for the last few weeks.
   B: He must be _____, with work.
   (a) washed
   (b) clouded
   (c) snowed
   (d) swamped

4. A: There's a rumor around that you're getting a divorce. Is it true?
   B: I'm afraid you're getting too _____.
   (a) prejudiced
   (b) selfish
   (c) private
   (d) personal

5. A: There are serious _____ in the way we teach communication in the university.
   B: Yes, our professors are mainly focusing on theories not related to real-life situations.
   (a) losses
   (b) flaws
   (c) misdeeds
   (d) consequences

6. A: You know what! Jane _____ my proposal.
   B: Congratulations. I hope everything works out well.
   (a) helped
   (b) accepted
   (c) wanted
   (d) dreamed

7. A: Oh my goodness, all the data on this hard drive has been destroyed.
   B: Did you _____ it anywhere else?
   (a) save
   (b) make
   (c) bring
   (d) contain

8. A: Do I need the membership card to _____ movies here?
   B: Yes, but it's free. It's just to help us keep track of customer billing.
   (a) lease
   (b) rent
   (c) borrow
   (d) lend

9. A: What's the best _____ to get the City Hall from here?

   B: Why don't you take the subway? It would be the fastest when traffic is bad like this.

   (a) route
   (b) way
   (c) road
   (d) path

10. A: Why didn't you _____ up yesterday?

    B: Something unexpected came up.

    (a) show
    (b) get
    (c) go
    (d) pop

11. A: Please _____ it to yourself until we announce it officially.

    B: Don't worry. My lips are sealed.

    (a) stop
    (b) keep
    (c) remain
    (d) know

12. A: How many books can I check out?

    B: Up to four books at a time but they should be _____ in two weeks.

    (a) over
    (b) due
    (c) finished
    (d) returned

13. A: When did you go to the dry cleaner's?

    B: I went yesterday to _____ my dress.

    (a) receive
    (b) snap
    (c) get
    (d) buy

14. A: How was the interview?

    B: They _____ me a great offer!

    (a) settled
    (b) demonstrated
    (c) determined
    (d) proposed

15. A: In my view, professional wrestling should be banned.

    B: I agree. It's so dangerous. Wrestlers sometimes suffer _____ brain damage.

    (a) unabashed
    (b) invincible
    (c) invaluable
    (d) irreversible

16. A: Mom, can I stay at Steve's place over the weekend?

    B: No, that's out of the _____.

    (a) inquiry
    (b) asking
    (c) question
    (d) curiosity

17. A: I don't mean to be nosy, but both of you are wrong in my opinion.

    B: This is none of your _____. You have nothing to do with this.

    (a) matters
    (b) concern
    (c) things
    (d) affairs

18. A: She is a lot faster than Jane.
    B: That's beside the _____ .
       We want accuracy, not speed.
       (a) point
       (b) problem
       (c) sight
       (d) remark

19. A: Dad, if I don't clean out the
       garage, does that mean I don't get
       any allowance?
    B: That's about the _____ of it.
       (a) form
       (b) size
       (c) length
       (d) square

20. A: I can't stand Marry.
    B: _____ off it You asked her
       out last week.
       (a) Go
       (b) Make
       (c) Come
       (d) Bring

21. A: Pamela, you really look haggard.
    B: Yes, I caught a bad flu last week,
       and I'm still feeling under the
       _____.
       (a) blue
       (b) cloud
       (c) tree
       (d) weather

22. A: What do you want me to tell him?
    B: I don't care what you say; just
       _____.
       (a) bring it up
       (b) make it up
       (c) bring it out
       (d) make it out

23. A: What happens if we don't get that
       contract?
    B: Do I have to _____ for
       you? We might lose our jobs.
       (a) spell it out
       (b) stand it up
       (c) think it aloud
       (d) speak it up

24. A: I realize you're upset, but
       _____ yourself together.
    B: But I just lost my favorite watch!
       (a) put
       (b) get
       (c) pull
       (d) bring

25. A: If we all contribute $10 each, we
       can give her a going-away gift.
    B: Great idea. I'll _____ that.
       (a) get along with
       (b) get away with
       (c) go along with
       (d) get away from

26. Travelers to Sub-saharan Africa expect to _____ certain deprivations.
    (a) do away with
    (b) make do with
    (c) go in with
    (d) come down with

27. The solar panel captures sunlight to _____ electricity.
    (a) generate
    (b) diffuse
    (c) emit
    (d) extract

28. 70% of those _____ replied that they spend time with their colleagues outside the workplace.
    (a) surveyed
    (b) searched
    (c) pretended
    (d) made

29. A cold _____ is blamed for the drenching rain storms.
    (a) field
    (b) survey
    (c) emission
    (d) front

30. A Paris judge _____ that Wikipedia is not responsible for article content because it acts only as an Internet host.
    (a) imposed
    (b) ruled
    (c) banned
    (d) remarked

31. A team of experts recently has _____ a set of guidelines to help people reduce their risk of cancer.
    (a) issued
    (b) showed
    (c) started
    (d) advertised

32. Due to the sluggish economy, hotel _____ has been as low as 40%.
    (a) residence
    (b) occupancy
    (c) stay
    (d) duration

33. She couldn't resist the temptation of the _____ fruit of an illicit romance.
    (a) scant
    (b) forbidden
    (c) endangered
    (d) lurid

34. The main _____ of the new products workshop is to keep the sales crews informed of relevant products and services.
    (a) objection
    (b) objective
    (c) cause
    (d) occasion

35. He hadn't slept a(n) _____ because of a wild animal grunting and moaning in the woods.
    (a) eye
    (b) finger
    (c) wink
    (d) tip

36. Once fundamental investments are made, it has a very direct _____ on social and economic development in the region.
    (a) affluence
    (b) incidence
    (c) impact
    (d) imprint

37. Simply _____ this coupon and we will apply the discount.
    (a) present
    (b) clip
    (c) save
    (d) place

38. The patient refused to give up his _____ belief that everybody was trying to hurt him.
    (a) tenable
    (b) innocent
    (c) audacious
    (d) absurd

39. When you go to Tokyo, you have to _____ up with smog and heavily crowded city streets.
    (a) keep
    (b) put
    (c) come
    (d) make

40. Keeping a wild animal in a residential area without permission is a _____ of the Animal Protection Law.
    (a) brim
    (b) ballot
    (c) breach
    (d) brink

41. The President is so _____ that the agreement will be worked out soon.
    (a) reserved
    (b) courteous
    (c) positive
    (d) courageous

42. She _____ the sack early because she had to get the kids to school the next morning.
    (a) slap
    (b) hit
    (c) nail
    (d) punch

43. The new subway station features easy _____ to its platforms for wheelchair users.
    (a) usage
    (b) access
    (c) approach
    (d) parking

44. The poor old lady is so _____ that she can hardly walk without a cane.
    (a) clumsy
    (b) bereft
    (c) decrepit
    (d) crude

45. King Sejong, who reigned between 1418~1450, is more respected than any other _____ in Korean history.
    (a) autocrats
    (b) monarchs
    (c) dictators
    (d) statesmen

46. When a presenter _____ too much, the audience finds it hard to focus on the topic.

    (a) leaps
    (b) misses
    (c) distracts
    (d) digresses

47. Honey is basically a _____ of water, two types of sugar, vitamins and enzymes.

    (a) compound
    (b) complexity
    (c) component
    (d) compartment

48. They were spotted by a rescue team after three hours _____ in a small boat.

    (a) afoot
    (b) ashore
    (c) adrift
    (d) aloft

49. A report _____ by the Fed's Philadelphia branch described the economy as weak.

    (a) conjoined
    (b) compiled
    (c) correlated
    (d) combined

50. The UN Secretary General urges the rich countries to help African nations to _____ their poverty.

    (a) alleviate
    (b) exacerbate
    (c) exasperate
    (d) allege

This is the end of the Vocabulary section. Do NOT move on to the Reading Comprehension section until instructed to do so. You are NOT allowed to turn to any other section of the test.

Actual Test 4

Part I   Questions 1~25

Choose the best answer for the blank.

1. A: I called Mary but I couldn't get a hold of her.

    B: Did you _____ her a message?

    (a) send
    (b) give
    (c) leave
    (d) present

2. A: Don't worry too much about the driver's test. You'll do fine.

    B: Really? Do you think I really have a _____ of passing?

    (a) choice
    (b) chance
    (c) design
    (d) luck

3. A: The hotel staff was very pleasant.

    B: I agree. They seemed very _____.

    (a) considerate
    (b) commanding
    (c) inquisitive
    (d) decisive

4. A: Did you make it to the bank this afternoon?

    B: I couldn't go because I seemed to have _____ my debit card.

    (a) returned
    (b) misplaced
    (c) credited
    (d) mismanaged

5. A: The stocks _____ to an all time low today.

    B: I hope you were able to sell them off before they got any lower.

    (a) expanded
    (b) dwindled
    (c) downsized
    (d) raised

6. A: The weather report said the weather is going to be _____ all day tomorrow.

    B: That bad huh? I hope it doesn't rain.

    (a) satisfactory
    (b) blemished
    (c) corrupted
    (d) dismal

7. A: I really don't like the color of this shirt.

    B: Then you should go back to the store and have it _____.

    (a) replenished
    (b) exacerbated
    (c) exchanged
    (d) materialized

8. A: The wildfires in the State of California seem to be _____.

    B: I wonder how they can stop them.

    (a) maximizing
    (b) spreading
    (c) stretching
    (d) extending

9. A: I called again to _____ our seats in the restaurant. They're still reserved in our name.

B: Well, I hope so! I called them only a few days ago.

(a) confide
(b) confirm
(c) conversation
(d) concur

10. A: How often do you go out with your friends?

B: Not too often. I usually go out _____.

(a) absolutely
(b) regularly
(c) especially
(d) occasionally

11. A: The president _____ a lot of news with his request.

B: I'm sure he did! Everyone was shocked when they heard about it.

(a) distinguished
(b) established
(c) generated
(d) commanded

12. A: You shouldn't have said those things to Jim the other day.

B: I don't worry too much about it. The things I said didn't _____ him.

(a) affiliate
(b) affect
(c) suggest
(d) submerge

13. A: You _____ me of Albert Einstein.

B: Yes, people often say I look like him.

(a) remember
(b) resemble
(c) remind
(d) refresh

14. A: Did he have a business plan prepared?

B: No, he didn't even have a business _____.

(a) objective
(b) subjective
(c) elective
(d) detective

15. A: Are you sure it's all right if I sit here?

B: Sure, be my _____.

(a) host
(b) guest
(c) customer
(d) client

16. A: Could you _____ us a big favor?

B: Sure. What is it?

(a) ask
(b) say
(c) do
(d) get

17. A: Who are all these people in this picture?

B: They're just a _____ of my friends.

(a) sort
(b) quality
(c) bunch
(d) couple

18. A: There are _____ on NAFTA.
Are you for it or against it?

B: All in all, I'm for it.

(a) meat and potatoes
(b) pros and cons
(c) p's and q's
(d) do's and don'ts

19. A: Someday I want to be President of the United States!

B: You need to be more _____.
You need to pass the 5th grade first.

(a) vertical
(b) realistic
(c) artistic
(d) dimensional

20. A: I like you a lot but I don't know well enough to marry you.

B: Come on, why don't you talk _____ and say you don't love me any more?

(a) chicken
(b) turkey
(c) cats
(d) donkey

21. A: OK, I'll not _____ the bush any more. I'll tell it like it is.

B: All right. I'll let it all hang out, too.

(a) run around
(b) beat around
(c) turn around
(d) hit around

22. A: I couldn't make it to the meeting yesterday.

B: Don't worry, it was _____ off until next Tuesday.

(a) sent
(b) taken
(c) put
(d) left

23. A: What should we do to maximize our profits?

B: I think we should _____ a new branch.

(a) make up
(b) tip over
(c) open up
(d) spread out

24. A: What happened to your foot?

B: A car was moving pretty fast and _____ across my foot.

(a) bump
(b) crash
(c) ran
(d) spun

25. A: Why was the student kicked out of school?

B: He didn't _____ with the school rules and regulations.

(a) comply
(b) consider
(c) explain
(d) detail

26. He will never_____, the fact that you cheated on the midterm unless you repeat the same mistake.
    (a) forgo
    (b) conceal
    (c) disclose
    (d) deny

27. Tourists to Australia get particularly _____ when they come across such animals as kangaroos.
    (a) motionless
    (b) glum
    (c) gloomy
    (d) excited

28. He had come to _____ with the fact that his wife would always be crippled.
    (a) terms
    (b) motions
    (c) clues
    (d) conclusion

29. Richard _____ his tongue, preferring not to speak out on a politically sensitive issue.
    (a) stopped
    (b) closed
    (c) held
    (d) ended

30. Activists say they will not give up until their demands are _____.
    (a) met
    (b) acquired
    (c) drifted
    (d) drawn

31. Because the epidemic was so _____ that it became widespread in a short period of time.
    (a) sanitary
    (b) contagious
    (c) superfluous
    (d) sustaining

32. Bob was planning to stay for only one year, but he couldn't _____ the city's quiet charm, and made it his permanent home.
    (a) resist
    (b) tempt
    (c) deny
    (d) refute

33. Jay's band recently _____ its 15th anniversary with the release of a live CD.
    (a) published
    (b) announced
    (c) made
    (d) celebrated

34. He thought his mother was angry because he _____ with her jewels.
 (a) abandoned
 (b) absconded
 (c) abominated
 (d) approved

35. It is now generally assumed that planets were formed by _____ of gas and dust in a cosmic cloud.
 (a) acquiescence
 (b) accomplice
 (c) accumulation
 (d) acclivity

36. The main artery for traveling in and out of Vancouver is Highway 401, a thoroughfare that expands from 10 to 12 _____ at its widest.
 (a) lanes
 (b) roads
 (c) streets
 (d) ways

37. The customers were so upset at the obvious _____ of the waiter that they refused to pay their check.
 (a) ineptitude
 (b) exigency
 (c) skill
 (d) kindness

38. Next week there will be a _____ election to choose the next mayor.
 (a) retroactive
 (b) domesticated
 (c) munificent
 (d) municipal

39. ESPN will begin _____ coverage of the local racing beginning at 8 p.m.
 (a) live
 (b) turning
 (c) alive
 (d) going

40. There are many countries whose annual per _____ income is barely above US $ 200.
 (a) annum
 (b) capita
 (c) se
 (d) cent

41. The basic idea behind the program is _____ of a law that has been on the books since 1952.
 (a) implementation
 (b) enforcement
 (c) definition
 (d) legislation

42. The nagging landlady gets on everybody's _____ all the time.
 (a) feet
 (b) nerves
 (c) shoulders
 (d) heads

43. That store's prices were so low that the computers were a total _____!
 (a) cutback
 (b) giveaway
 (c) voucher
 (d) auction

44. The general strongly believed his country would win the war and the others shared his _____.
    (a) convoy
    (b) perceptibility
    (c) conviction
    (d) information

45. When the two clear chemicals were combined the liquid _____ red.
    (a) fell
    (b) got
    (c) turned
    (d) grew

46. Outside the airport, a _____ bus will be waiting to take your group to the conference center.
    (a) transmitted
    (b) bartered
    (c) negotiated
    (d) chartered

47. He was so _____ that he could have done anything in order to make his voice heard during the conference.
    (a) exhausted
    (b) devastated
    (c) obliged
    (d) desperate

48. I started to move round her, but she _____ my way.
    (a) checked
    (b) blocked
    (c) held
    (d) bothered

49. Overindulgence _____ both physical strength and character.
    (a) improves
    (b) stimulates
    (c) encourages
    (d) debilitates

50. It is not desirable to _____ a grudge against your coworkers.
    (a) bear
    (b) stand
    (c) carry
    (d) take

This is the end of the Vocabulary section. Do NOT move on to the Reading Comprehension section until instructed to do so. You are NOT allowed to turn to any other section of the test.

Actual Test 5

Part I Questions 1~25

Choose the best answer for the blank.

1. A: How did the fight between the fan and the player start?
   B: The fan _____ the player by insulting him.
   (a) aroused
   (b) divulged
   (c) astounded
   (d) demised

2. A: What's the best way to get a _____ of you?
   B: You can call me at any time of the day.
   (a) contact
   (b) hold
   (c) touch
   (d) reach

3. A: Why has the traffic stopped? Why are there police out on the road right now?
   B: I'm not exactly sure, but there seems to be some _____ up ahead.
   (a) complexity
   (b) trouble
   (c) anxiety
   (d) pleasure

4. A: How difficult is it for a student to enter a good college?
   B: For many students it's difficult to make the _____.
   (a) meal
   (b) grade
   (c) salvation
   (d) gratify

5. A: Where did you get prices for our flight to Japan?
   B: I called the travel agent and received the _____ over the phone.
   (a) calculations
   (b) estimates
   (c) proximity
   (d) awareness

6. A: The coach seems to like that one player the most.
   B: I couldn't agree more. He seems to _____ him by letting him play more.
   (a) apprehend
   (b) suffocate
   (c) favor
   (d) suffix

7. A: Where did you go for lunch?
   B: I stayed at work to _____ the front desk. The secretary is out sick today.
   (a) sell
   (b) mind
   (c) create
   (d) damage

8. A: People who don't learn from their mistakes tend to _____ them.
   B: If that's true, my husband seems to never learn anything.
   (a) establish
   (b) repeat
   (c) brandish
   (d) demonstrate

9. A: Many of the natural disasters are destroying a lot of the neighbors.

    B: As a result of these disasters much of the middle class is _____.

    (a) diminishing
    (b) contracting
    (c) encapsulating
    (d) erupting

10. A: What happened to that big company?

    B: They went out of business and filed for _____ last quarter.

    (a) finance
    (b) bankruptcy
    (c) dividend
    (d) deposit

11. A: What was the first thing the police officer did when you saw him?

    B: He _____ himself as "Officer Tim Brown".

    (a) recognized
    (b) identified
    (c) displayed
    (d) represented

12. A: With the problems in real estate today, it's really difficult to buy or sell a home.

    B: Yea, I know. Many of the banks are affected by the _____ economy.

    (a) sloppy
    (b) sluggish
    (c) reprieved
    (d) maximized

13. A: I went to get some medicine from the doctor yesterday.

    B: Oh, really? What did he _____ for you?

    (a) purchase
    (b) prescribe
    (c) persuade
    (d) perspire

14. A: Did you go to the Department of Motor Vehicles yesterday and _____ your license?

    B: Yes, but the lines were really long.

    (a) review
    (b) renew
    (c) revive
    (d) replenish

15. A: I met with our son's principal yesterday.

    B: How did everything _____?

    (a) turn
    (b) go
    (c) pass
    (d) discuss

16. A: Do you still have some of that meat loaf leftover?

    B: Sure do! I'll _____ some up for you.

    (a) deliver
    (b) whip
    (c) prop
    (d) finish

17. A: May I see your driver's license and vehicle registration, please? You didn't stop at the stop sign.

B: Oh, give me a _____, please.

(a) favor
(b) break
(c) stop
(d) hint

18. A: Welcome to our house! Please sit down and make yourself _____.

B: Thanks! But we're only here for a few minutes.

(a) calm
(b) soothed
(c) right
(d) comfortable

19. A: How much do you want for the couch on the front lawn?

B: Nothing! It's free for the _____.

(a) breaking
(b) making
(c) asking
(d) taking

20. A: Why did you do such a stupid thing?

B: I guess I did it out of _____.

(a) craziness
(b) vanity
(c) curiosity
(d) context

21. A: I wouldn't worry about him. He's really dependable.

B: So you could _____ on him whenever you need him?

(a) count
(b) rat
(c) fall
(d) call

22. A: What are you waiting for? Why don't you call him?

B: I'm waiting for my dad to _____ the phone.

(a) get off
(b) move off
(c) turn off
(d) steer off

23. A: What didn't you like about the talent contest?

B: I thought the contestants were too _____ and they didn't have any talent.

(a) showy
(b) pessimistic
(c) poignant
(d) silent

24. A: The presidential election deals with issues regarding the war and foreign policy. I think this will be a difficult election.

B: I agree, but they need to stop bickering and concentrate on the _____ issues.

(a) inadmissible
(b) critical
(c) relevant
(d) resolved

25. A: Why shouldn't I pet that cat?

B: Because she can become very _____ and bite your hand.

(a) isolated
(b) steadfast
(c) volatile
(d) disruptive

26. The team's offer of 8 million dollars for the star player was too good to _____ up.
    - (a) pass
    - (b) go
    - (c) pick
    - (d) get

27. The Vice President will _____ in for the President during his absence.
    - (a) rush
    - (b) go
    - (c) fit
    - (d) fill

28. Former President Bill Clinton also told them they need to _____ an example for developing countries.
    - (a) take
    - (b) put
    - (c) get
    - (d) set

29. China allows only 20 foreign films to be _____ in its movie theaters each year.
    - (a) exhibited
    - (b) displayed
    - (c) seen
    - (d) shown

30. Despite her early lead in the _____, Clinton carries some heavy political baggage.
    - (a) polls
    - (b) votes
    - (c) scrutinies
    - (d) ballots

31. Engineers _____ much time and energy developing brilliant solutions.
    - (a) do
    - (b) save
    - (c) spend
    - (d) take

32. Follow those steps and everyone can significantly reduce their chances of _____ cancer for the rest of their life.
    - (a) curing
    - (b) taking
    - (c) holding
    - (d) developing

33. Grey insists she is a(n) _____ but in private she prays when faced with a serious problem.
    - (a) atheist
    - (b) realist
    - (c) pedant
    - (d) logician

34. The writer eliminated the third chapter because she thought its content did not fall within the _____ of the book about global warming.
    - (a) ambit
    - (b) ambiance
    - (c) ambivalence
    - (d) ambiguity

35. One of the _____ spoken by my father is that he fought five high school students when he was fourteen and beat them all.
    (a) antidotes
    (b) anecdotes
    (c) adobes
    (d) epigrams

36. If you tell us which bank you use, we can _____ the money directly into your account.
    (a) express
    (b) telegram
    (c) consign
    (d) wire

37. After two late night _____, Liberia's government has failed to reach agreement.
    (a) secession
    (b) section
    (c) succession
    (d) session

38. The presidential _____ is scheduled to be held in January two months after the election.
    (a) introduction
    (b) inauguration
    (c) commencement
    (d) sanction

39. We need to reduce the burden of taxes that _____ the economy.
    (a) enshrine
    (b) collaborate
    (c) impoverish
    (d) diminish

40. He was declared _____ after failing to pay the huge amount of loan guarantee.
    (a) bankrupt
    (b) deficient
    (c) incompetent
    (d) inactive

41. A placebo is usually a(n) _____ substance that could be a sugar tablet for example.
    (a) dull
    (b) inerrable
    (c) potential
    (d) inert

42. If your work requires you to have a lot of documents with you all the time, you're going to need something to _____ it all in.
    (a) pull
    (b) push
    (c) turn
    (d) carry

43. The attorney general is calling _____ assaults on public corruption one of his top priorities.
    (a) rhetorical
    (b) confidential
    (c) widespread
    (d) simplified

44. In a democratic society, more citizens should _____ their power as voters.
    (a) exercise
    (b) assume
    (c) put
    (d) make

45. He got up and _____ himself another drink.

    (a) poured

    (b) had

    (c) took

    (d) drank

46. The search for the missing crew had resumed this morning with tracker dogs working the area but was _____ at around 11.

    (a) assumed

    (b) suspended

    (c) suspected

    (d) presumed

47. Outsourcing remains high on the _____ but there is still a huge gulf between the predicted and actual cost savings.

    (a) form

    (b) rise

    (c) menu

    (d) agenda

48. He died at the age of 73, _____ by his wife of 25 years, along with two sons and a daughter.

    (a) left

    (b) survived

    (c) followed

    (d) pursued

49. The law enacted in 1990 prohibited the institution from _____ films in advance.

    (a) protecting

    (b) blocking

    (c) censoring

    (d) censuring

50. It is very important to practice contraception to prevent _____.

    (a) abortion

    (b) pregnancy

    (c) divorce

    (d) fetus

This is the end of the Vocabulary section. Do NOT move on to the Reading Comprehension section until instructed to do so. You are NOT allowed to turn to any other section of the test.

Actual Test 6

Part I   Questions 1~25

Choose the best answer for the blank.

1. A: He tried to put the fire out with his garden hose and a bucket of water.
   B: Calling the Fire Department would have been a more _____ way of putting out the fire.
   (a) mediocre
   (b) persistent
   (c) accelerated
   (d) conventional

2. A: What happened to the floor?
   B: The children came in from the rain and _____ all over the floor with their dirty shoes.
   (a) appeared
   (b) pinched
   (c) squashed
   (d) stampeded

3. A: He seems like he's got a lot on his mind.
   B: He does and he needs to calm down and _____.
   (a) relax
   (b) excited
   (c) soften
   (d) expand

4. A: The dentist needed some help with the patient yesterday.
   B: So who was there to _____ him?
   (a) betray
   (b) divorce
   (c) assist
   (d) explain

5. A: When the bridge collapsed the roads were completely _____.
   B: When do you think they will have it fixed?
   (a) rebuilt
   (b) destroyed
   (c) dedicated
   (d) satisfied

6. A: What happened to your tire?
   B: After driving over that nail, the tire lost all of its air and became _____.
   (a) abundant
   (b) deflated
   (c) decreased
   (d) increased

7. A: How do you stay looking so slim and good?
   B: Well, I exercise and I eat _____ foods.
   (a) fast
   (b) junk
   (c) healthy
   (d) great

8. A: What happened after the riots?
   B: Police _____ people from staying out on the streets late at night.
   (a) permitted
   (b) settled
   (c) persuaded
   (d) restricted

9. A: I was quite surprised by the number of people that came to the conference.

   B: The _____ was quite impressive. I didn't expect to see that many people.

   (a) turnout
   (b) burnout
   (c) turnover
   (d) makeover

10. A: How much is that vase worth?

    B: Hard to tell. It's very difficult to assess the _____ of the vase without further research.

    (a) virtue
    (b) value
    (c) valuables
    (d) vice

11. A: My girlfriend enjoys looking at herself in the mirror a lot.

    B: What's her problem? Is she _____?

    (a) pretty
    (b) ugly
    (c) vain
    (d) adorable

12. A: What did you do before your friend's wedding?

    B: We _____ a huge bachelor party for him.

    (a) threw
    (b) opened
    (c) sent
    (d) showed

13. A: The children are difficult to teach.

    B: I heard that from other teachers. I've been told they are very _____.

    (a) ill-mannered
    (b) well-mannered
    (c) unmannered
    (d) mild-mannered

14. A: I called to the bank to get an _____ on the loan repayment.

    B: I'm sure you'll gct it. Your credit is fine.

    (a) extension
    (b) expansion
    (c) expulsion
    (d) excursion

15. A: Would you like to be in our wedding this April? We're looking for groomsmen.

    B: I'd be _____ to be a groomsman. What do I need to do?

    (a) deranged
    (b) compelled
    (c) delighted
    (d) bloated

16. A: _____ me to introduce my colleague, we've been working together for 10 years.

    B: Pleased to meet you. I started at this company just yesterday.

    (a) Solicit
    (b) Help
    (c) Persuade
    (d) Allow

17. A: When is our server going to be up again?

    B: We're working on it around the _____, but I can't give you an exact date yet.

      (a) time
      (b) clock
      (c) ways
      (d) day

18. A: When do you think we will find another gas station.

    B: I don't know but we're running extremely _____ on gas.

      (a) high
      (b) low
      (c) fast
      (d) slow

19. A: Do you know where smoking isn't allowed?

    B: Smoking is _____ in many bars and restaurants.

      (a) discouraged
      (b) approved
      (c) beat
      (d) promoted

20. A: George couldn't make it into work today because he was at home sick.

    B: So who _____ him?

      (a) intercepted
      (b) stopped
      (c) encapsulated
      (d) substituted

21. A: Is New York a good place to live?

    B: Not in my _____. It's noisy, dirty, and dangerous.

      (a) paper
      (b) hand
      (c) book
      (d) head

22. A: To _____ a long story short, Janine and I had a nice evening.

    B: Come on, Harry. Let's hear some details.

      (a) slit
      (b) cut
      (c) form
      (d) hold

23. A: I hate telling him to do things over and over again.

    B: I find that you really have to _____ things out for him by showing him exactly what you need him to do.

      (a) talk
      (b) spell
      (c) sell
      (d) say

24. A: Who do you _____ in your family?

    B: My mother. She's always late for appointments just like me.

      (a) look after
      (b) call for
      (c) care for
      (d) take after

25. A: What do you do in your free time?

    B: I started a new hobby and _____ up salsa dancing.

      (a) gave
      (b) took
      (c) pulled
      (d) put

Part II **Questions 26~50**

Choose the best answer for the blank.

26. Several citizens made _____ of corruption against a police officer.
    - (a) views
    - (b) eyes
    - (c) allegations
    - (d) morals

27. The Russian government is trying desperately to _____ an agreement to refinance its debts.
    - (a) make up
    - (b) hand over
    - (c) work out
    - (d) follow up

28. Her condition took a sharp _____ for the worse.
    - (a) path
    - (b) flip
    - (c) turn
    - (d) road

29. Hindu nationalists may return to _____ in India's next election.
    - (a) position
    - (b) power
    - (c) strength
    - (d) podium

30. He _____ the hardest issues, concentrating on areas of possible agreement.
    - (a) rendered
    - (b) skirted
    - (c) turned
    - (d) raked

31. He replied that the UN had passed two major _____ calling for a complete withdrawal.
    - (a) resolutions
    - (b) strategies
    - (c) debates
    - (d) assumptions

32. He was _____ the Nobel Peace Prize in 1989.
    - (a) provided
    - (b) taken
    - (c) handed
    - (d) awarded

33. He was _____ at the thought he might never play again.
    - (a) poverty-stricken
    - (b) panic-stricken
    - (c) flood-stricken
    - (d) conscience-stricken

34. A harsher punishment does not necessarily deter _____.
    - (a) offenders
    - (b) victims
    - (c) performers
    - (d) suspects

35. The country appealed to the world that it wants to _____ from the federation and become an independent nation.
    - (a) cede
    - (b) secede
    - (c) concede
    - (d) accede

36. This plane plastic model is not _____ and falls apart easily.
    - (a) cohesive
    - (b) coherent
    - (c) consistent
    - (d) complete

37. The government has set up a new taxation system in an attempt to decrease the _____.
    - (a) defection
    - (b) deficit
    - (c) debt
    - (d) defiance

38. If our currency keeps _____ at this pace, we will have to stop importing products from abroad.
    - (a) depreciating
    - (b) deprecating
    - (c) devastating
    - (d) deviating

39. Banks are facing tough times ahead as savings account deposits decline and loan _____ rates rise.
    - (a) delinquency
    - (b) delusiveness
    - (c) intangibility
    - (d) detachment

40. Illegal copying of films is _____, despite many promises by Beijing to address piracy.
    - (a) rampant
    - (b) rare
    - (c) few
    - (d) rampageous

41. If you plan to quit your job, you need to give two week's _____ allowing your employer time to find a replacement.
    - (a) notice
    - (b) warning
    - (c) announcement
    - (d) period

42. The lawmaker is known to _____ the state's financial resources with his uncontrollable appetite for a life of luxury and pleasure.
    - (a) supplement
    - (b) arrange
    - (c) squander
    - (d) disorganize

43. Some 25,000 demonstrators _____ him as a traitor.
    - (a) denounced
    - (b) endorsed
    - (c) renounced
    - (d) acknowledged

44. The students were overwhelmed to see the _____ scholar in their own classroom.
    - (a) distinguished
    - (b) contradictory
    - (c) obvious
    - (d) dubious

45. We have to _____ the problem of air pollution successfully.
    - (a) loose
    - (b) choose
    - (c) send
    - (d) address

46. Rescuers discovered that few people _____ the avalanche that swept down the ski slopes.
    (a) endured
    (b) survived
    (c) overcame
    (d) defeated

47. All _____ of life were represented at the first convention to ratify the nation's new constitution.
    (a) manner
    (b) forms
    (c) parts
    (d) walks

48. Although he has a big lead in national polls, the _____ are much smaller in the early voting states.
    (a) boundaries
    (b) margins
    (c) borders
    (d) fringes

49. The real estate market is expected to reach a _____ soon and stop growing from then on.
    (a) ceiling
    (b) plateau
    (c) climax
    (d) floor

50. People need to _____ a balance between work and family to lead a happy and fulfilling life.
    (a) take
    (b) strike
    (c) run
    (d) do

This is the end of the Vocabulary section. Do NOT move on to the Reading Comprehension section until instructed to do so. You are NOT allowed to turn to any other section of the test.

TEPS

Actual Test 7

Part I Questions 1~25

Choose the best answer for the blank.

1. A: Jimmy seems like such a nice boy.

    B: I would agree. He's very _____.

    (a) gent
    (b) genteel
    (c) gentle
    (d) gentile

2. A: What do I need to get into the FBI?

    B: You need a clean criminal record and a good solid _____.

    (a) brick
    (b) reputation
    (c) foundation
    (d) wood

3. A: Do you have any idea on where we are going?

    B: _____, but I'm not exactly sure.

    (a) Approximately
    (b) Positively
    (c) Honestly
    (d) Suddenly

4. A: Your friends are very kind and _____.

    B: It was really nice of them to let you stay at their place for the night.

    (a) gregarious
    (b) generous
    (c) gigantic
    (d) great

5. A: What happened to you? I thought we were going to grab a bite tonight.

    B: Sorry. I was _____ to be at a meeting after work.

    (a) pleased
    (b) surprised
    (c) obligated
    (d) offered

6. A: Where is everyone?

    B: There was a fire drill and everyone had to be _____.

    (a) exiled
    (b) evacuated
    (c) softened
    (d) abandoned

7. A: What other features does this car have?

    B: The car also comes with a 5 year _____.

    (a) make
    (b) durability
    (c) warranty
    (d) contract

8. A: Can you get the jazz station on this radio?

    B: I'm afraid not. It's too far away, so all I get is _____.

    (a) states
    (b) static
    (c) shambles
    (d) mess

9. A: I hope you'll make it clear to
    Jerry that you're not speaking on
    my _____ .
    B: I will. He will never doubt that
    I'm just speaking for myself.
    (a) account
    (b) place
    (c) side
    (d) mind

10. A: Did you hear what the
    congressman said?
    B: Yea, he _____ something
    about removing those protestors
    from the room.
    (a) muttered
    (b) saturated
    (c) mutagenized
    (d) tolerated

11. A: How does Susan do in your class?
    B: She's very _____ when
    she answers questions. She needs
    to simplify her answers.
    (a) ridiculous
    (b) concentrated
    (c) verbose
    (d) capricious

12. A: I got an email stating the HR
    Department was able to _____
    the Sales position.
    B: Well, I hope the new person is
    much better than his predecessor.
    We really need to improve our
    sales.
    (a) make
    (b) send
    (c) fill
    (d) hold

13. A: Did you hear about the serial
    killer?
    B: Yea, I did! He claimed to have
    never _____ the crime.
    (a) committed
    (b) convinced
    (c) comment
    (d) commemorate

14. A: I couldn't believe how rude and
    noisy those boys were during the
    lecture.
    B: I was surprised myself. Their
    behavior was quite _____.
    (a) despicable
    (b) delicious
    (c) distraught
    (d) decisive

15. A: I had to wait in line for a couple
    of hours in the bank to send some
    money abroad. What a _____.
    B: You should have known better to
    go to the bank Friday afternoon.
    (a) shame
    (b) hassle
    (c) nonsense
    (d) fiasco

16. A: The car accident you were just in
    looks pretty bad. Are you OK?
    B: My back is in a lot of _____.
    I need to see a doctor.
    (a) ache
    (b) pain
    (c) hurt
    (d) break

17. A: How _____ is the top of the mountain from here?
    B: Only 3,234 meters.
    (a) tall
    (b) high
    (c) far
    (d) long

18. A: What are you doing now?
    B: My next class doesn't start for another hour so I'm _____ time by surfing the Internet.
    (a) junking
    (b) killing
    (c) mastering
    (d) setting

19. A: Do you think it will snow much longer?
    B: I guess not. The weatherman said it will start to _____ up tomorrow morning.
    (a) get
    (b) make
    (c) set
    (d) let

20. A: Were you able to register for all your classes?
    B: No, I couldn't. Most of my major classes were _____.
    (a) full
    (b) satisfied
    (c) finished
    (d) distributed

21. A: That's life, isn't it?
    B: That's easy to say. You're not in my _____.
    (a) shoes
    (b) pants
    (c) hat
    (d) seat

22. A: How did the Federal Emergency Management Agency help the flood victims?
    B: The Agency _____ the victims with food and shelter.
    (a) endowed
    (b) decorated
    (c) supplied
    (d) furbished

23. A: Can't you ever come alone?
    B: No, I can't. I don't have a car. So I _____ on Michael to give me a ride to work.
    (a) keep
    (b) turn
    (c) depend
    (d) stay

24. A: Don't forget to _____ up the clothes from the drycleaner's on your way home from work.
    B: Don't worry. I won't.
    (a) pick
    (b) take
    (c) make
    (d) put

25. A: He has hearing problems, doesn't he?
    B: You usually have to _____ when he's around.
    (a) speak up
    (b) cheer up
    (c) back up
    (d) catch up

Part II   **Questions 26~50**

Choose the best answer for the blank.

26. All employees should _____ caution in dealing with the securities of the company.

    (a) attract

    (b) exercise

    (c) assimilate

    (d) absorb

27. The Bank of Asia has helped countries of East Asia _____ the effects of the financial crisis in the region.

    (a) take over

    (b) pass over

    (c) make over

    (d) get over

28. In November the Russian government introduced price controls in the _____ to parliamentary elections in December.

    (a) preparation

    (b) beginning

    (c) middle

    (d) run-up

29. Her opponents are trying to _____ her as an evasive and untrustworthy candidate.

    (a) depict

    (b) draw

    (c) regard

    (d) consider

30. His role in The Happy Time _____ him the Tony Award for Best Actor in a Musical.

    (a) earned

    (b) made

    (c) awarded

    (d) rewarded

31. I wish we could have met under different _____.

    (a) outcomes

    (b) happenings

    (c) circumstances

    (d) considerations

32. In the 21st century, by contrast, religion is _____ a central role in politics.

    (a) taking

    (b) playing

    (c) doing

    (d) presiding

33. It is easier to keep your garden neat if you cut the grass with a lawn _____ on a regular basis.

    (a) scissor

    (b) shortener

    (c) mower

    (d) razor

34. When wisely mixed, herbal medicine and Western medicine can _____ each other and bring greater benefits to patients.

    (a) compliment

    (b) complement

    (c) complete

    (d) command

35. I couldn't catch the main idea of his argument as it had so many _____ remarks in it.
    (a) cursive
    (b) discursive
    (c) disconcerting
    (d) disturbing

36. The trade _____ between North Korea and the US has caused North Koreans to smuggle their goods into their country.
    (a) quarantine
    (b) mortgage
    (c) embargo
    (d) barter

37. Some _____ from this year's taxes will be allocated to a new educational program.
    (a) tenure
    (b) revenues
    (c) audits
    (d) assets

38. If you default on your student loan, the _____ money will be taken directly from your earning.
    (a) lease
    (b) default
    (c) call
    (d) tender

39. The _____ was so severe that the suspect almost confessed the crime he actually did not commit.
    (a) scourge
    (b) torture
    (c) duress
    (d) treatment

40. They had to give up their homes and all of their _____ and they have been basically living without shelter.
    (a) commodities
    (b) products
    (c) belongings
    (d) produce

41. I don't understand the _____ of this appliance; what is it used for?
    (a) usage
    (b) purpose
    (c) plan
    (d) goal

42. My _____ belief is that the partial leaking of the report was unfair to the police and to Parliament.
    (a) firm
    (b) religious
    (c) sure
    (d) true

43. He paid a(n) _____ to Janet by saying her beef stew was the best he had ever had.
    (a) account
    (b) visit
    (c) compliment
    (d) call

44. The warring factions were unable to _____ out their differences before the deadline.
    (a) iron
    (b) put
    (c) cross
    (d) strike

45. The picture frame _____ approximately 20 inches wide, 15 inches high.

    (a) amounts
    (b) calculates
    (c) measures
    (d) seems

46. If your car battery runs out, you need to _____ it.

    (a) relocate
    (b) energize
    (c) rejuvenate
    (d) recharge

47. Doctors agree that a _____ lifestyle is a big part of the obesity problem.

    (a) active
    (b) sedentary
    (c) aggressive
    (d) standing

48. She told us the story of one of Britain's most _____ country house murders.

    (a) potential
    (b) notorious
    (c) commendable
    (d) stable

49. No-holds-barred dialogue and _____ debates create a healthy atmosphere for policy and decision making.

    (a) off the record
    (b) to the wide
    (c) off the hook
    (d) on the ball

50. The Internet has _____ in an era of the "global village" in its truest sense.

    (a) ushered
    (b) rolled
    (c) yelled
    (d) passed

This is the end of the Vocabulary section. Do NOT move on to the Reading Comprehension section until instructed to do so. You are NOT allowed to turn to any other section of the test.

TEPS

Actual Test 8

Part I   Questions 1~25

Choose the best answer for the blank.

1.   A: Are you sure this water is OK?

   B: According to the Food and Drug Administration bottled water is _____ and is better for you than tap water.

   (a) potable
   (b) polluted
   (c) plush
   (d) polished

2.   A: Why did you invest all of your money?

   B: It's simple. I'm doing it to make a _____.

   (a) gift
   (b) portfolio
   (c) decision
   (d) profit

3.   A: How do you know your answer to the question is _____?

   B: Because my answer is the same to the one in the back of the book.

   (a) unappreciated
   (b) unacceptable
   (c) undeclared
   (d) undisputable

4.   A: How did your blind date go?

   B: Not very well. When I spoke to him on the phone he seemed very talkative but in person he's very _____.

   (a) reserved
   (b) garrulous
   (c) restricted
   (d) political

5.   A: Did you have a chance to talk with Lilly?

   B: I couldn't. She was very _____ with her work and she couldn't talk to me.

   (a) preoccupied
   (b) premedical
   (c) premature
   (d) premeditated

6.   A: What happened when you went through customs?

   B: They opened our suitcases and _____ through them looking for illegal things.

   (a) wrecked
   (b) prolonged
   (c) rummaged
   (d) elongate

7.   A: How much medicine should I take?

   B: You should only take what is prescribed. If you take too much that can be more _____ than helpful.

   (a) harmful
   (b) hurtful
   (c) hideous
   (d) hysterical

8.   A: How did the defendant win the case?

   B: The key witness _____ the prosecutor and told the jury the truth.

   (a) beheaded
   (b) betrayed
   (c) bewildered
   (d) beckoned

9. A: Who will manage the meeting this afternoon?

   B: The vice president of the company will _____ the afternoon session.

   (a) chair
   (b) position
   (c) time
   (d) stand

10. A: There seems to be a lot of changes with the upper management.

    B: Well, the company is doing a lot of _____.

    (a) collecting
    (b) gathering
    (c) restructuring
    (d) encompassing

11. A: Who won the spelling bee contest?

    B: Well, after 6 hours and 200 students, the student from Illinois Middle School had _____.

    (a) prompted
    (b) promoted
    (c) promised
    (d) prevailed

12. A: I find our neighbor to be really nosey.

    B: I would agree. She always seems to be looking at us with her _____ eyes.

    (a) prying
    (b) crossing
    (c) reveling
    (d) blaring

13. A: How did your grandmother die?

    B: She was _____ with cancer.

    (a) caused
    (b) cured
    (c) stricken
    (d) stepped

14. A: Where's your father?

    B: He went on a sailing _____ to coast of Spain.

    (a) expense
    (b) expedition
    (c) expenditure
    (d) extent

15. A: I'm tired of running. Let's stop here for a few minutes.

    B: Let's _____ running for a few more miles.

    (a) trek on
    (b) keep on
    (c) trace on
    (d) start on

16. A: Why are you so unwilling to work with Chris?

    B: He never pulls his _____ with team projects.

    (a) gravity
    (b) weight
    (c) rope
    (d) share

17. A: Are you good at cooking?

    B: No, I don't have a good _____ for food.

    (a) flavor
    (b) sight
    (c) taste
    (d) acceptance

18. A: The dinner you had must have cost a fortune!

B: I wouldn't know. The boss picked up the _____.
(a) tab
(b) check
(c) mess
(d) money

19. A: Your house is so beautiful!

B: Thank you! That's very _____.
(a) pretty
(b) joyful
(c) flattering
(d) ludicrous

20. A: How difficult was it to learn how to skate?

B: At first, I didn't know what I was doing but now I've got the _____ of it.
(a) ability
(b) change
(c) hang
(d) hold

21. A: Until a few weeks ago, he had been a sports and entertainment superstar, but now he is behind bars on charges of swindling.

B: Well, that's the way the cookie _____.
(a) breaks
(b) bakes
(c) crumbles
(d) sells

22. A: What do you think of Rita? I think she is the best thing since sliced bread.

B: Well, beauty lies in the eye of the _____. She is not exactly my cup of tea.
(a) artist
(b) owner
(c) watcher
(d) beholder

23. A: What did your mother say after you crashed her car?

B: She was pretty upset. She almost _____ on me for a couple of hours.
(a) went off
(b) paid off
(c) carried off
(d) gave off

24. A: Do you remember that time when you forgot to bring an extra pair of pants?

B: Don't _____. I'm trying to forget about it.
(a) take it up
(b) make it up
(c) set it up
(d) bring it up

25. A: What do you need to do to prepare for this tax audit?

B: I need to _____ my tax returns with my accountant first.
(a) set up
(b) go over
(c) walk around
(d) pull through

Choose the best answer for the blank.

26. She doesn't _____ even the slightest chance of winning this election.
    - (a) stand
    - (b) take
    - (c) run
    - (d) make

27. Social service volunteers set aside a _____ of their time to help those in need.
    - (a) degree
    - (b) level
    - (c) part
    - (d) portion

28. It's no _____ arguing with a drunk.
    - (a) use
    - (b) point
    - (c) trouble
    - (d) difficulty

29. Madeleine is on good _____ with Sarah.
    - (a) terms
    - (b) condition
    - (c) times
    - (d) stay

30. John was given a four-month _____ sentence.
    - (a) delayed
    - (b) suspended
    - (c) late
    - (d) reserved

31. Mankind is condemned to _____ history if we do not make ourselves aware of it.
    - (a) fix
    - (b) repeat
    - (c) destroy
    - (d) defeat

32. Mr. Kim will _____ the role of Chief Executive with a team of four directors.
    - (a) assume
    - (b) chair
    - (c) confuse
    - (d) presume

33. No one has _____ responsibility for the attack on the African Union peacekeepers in Haskanita.
    - (a) asked
    - (b) placed
    - (c) claimed
    - (d) mentioned

34. The Minister _____ another diplomat to perform the task on behalf of him.
    - (a) relegated
    - (b) delegated
    - (c) located
    - (d) transmitted

35. In the early 19th century, Christians were _____ by the authorities for their beliefs and some of them even had to leave the country for religious freedom.
  (a) persecuted
  (b) prosecuted
  (c) permitted
  (d) allowed

36. The scholar felt _____ for having discovered a way to reduce air pollution.
  (a) triumphal
  (b) triumphant
  (c) turbid
  (d) turgid

37. Conflicts in Sudan have _____ damage to the country.
  (a) made
  (b) taken
  (c) done
  (d) gotten

38. When you buy a house instead of renting it, you don't need to pay rent and can enjoy a long list of _____ of ownership.
  (a) habits
  (b) results
  (c) influences
  (d) benefits

39. He began to berate the police for paying _____ attention to the theft from his car.
  (a) unique
  (b) scant
  (c) full
  (d) keen

40. The number one recommendation is that people should be as lean as possible without getting dangerously _____.
  (a) overweight
  (b) obese
  (c) fit
  (d) underweight

41. When the oil spill _____ the ocean, all of the beaches for miles around had to be closed.
  (a) contaminated
  (b) attenuated
  (c) infected
  (d) diluted

42. Tom didn't notice because he was too _____ in his work.
  (a) enhanced
  (b) engraved
  (c) engrossed
  (d) engendered

43. She spoke very slowly, _____ what she would say.
  (a) weighing
  (b) relating
  (c) measuring
  (d) burdening

44. The general _____ at the meeting was that the decline in sales was due to the failure of the marketing plan.
  (a) consideration
  (b) controversy
  (c) consensus
  (d) contention

45. It costs _____ figures to start such a large-scale construction project.
    (a) scientific
    (b) full
    (c) many
    (d) astronomical

46. The magazine deals with current _____ as well as celebrity gossips.
    (a) affairs
    (b) facts
    (c) tasks
    (d) things

47. What is the best policy for the prevention of juvenile _____?
    (a) threat
    (b) correction
    (c) delinquency
    (d) racketeering

48. When I knew that I lost my job again, I started to feel a _____ of anger.
    (a) spasm
    (b) surge
    (c) flow
    (d) blink

49. Her voice was barely _____, so we had to have her use a microphone to be heard.
    (a) edible
    (b) erodible
    (c) audible
    (d) credible

50. The team _____ denied the rumor that they plan to bring in a new player from overseas.
    (a) flatly
    (b) acutely
    (c) abnormally
    (d) highly

This is the end of the Vocabulary section. Do NOT move on to the Reading Comprehension section until instructed to do so. You are NOT allowed to turn to any other section of the test.

Actual Test 9

정답 및 해설 p.100

Part I Questions 1~25

Choose the best answer for the blank.

1. A: Can you explain to me what happened here?

B: I can't really explain because it's too _____.

(a) covariant
(b) converse
(c) complicated
(d) copacetic

2. A: What are you doing?

B: I lost my wallet and I'm trying to _____ it.

(a) trap
(b) waste
(c) find
(d) trade

3. A: What happened to this milk? It looks really bad.

B: I think someone didn't put it in the refrigerator last night so it was _____ out all night long.

(a) left
(b) set
(c) spied
(d) taken

4. A: Cathy is such a nice person.

B: Yea, and pretty too. I think that's why she's so _____.

(a) torrential
(b) popular
(c) populous
(d) masculine

5. A: How did you pay for the computer?

B: I _____ it on my credit card, of course.

(a) banked
(b) charged
(c) debited
(d) counted

6. A: I always thought she had beautiful eyes.

B: You'll never know how much I _____ her for that.

(a) astonished
(b) missed
(c) ensured
(d) envied

7. A: Our store's _____ is the customer is always right.

B: I'll be sure to follow that one.

(a) policy
(b) police
(c) politeness
(d) priority

8. A: That car is parking in my spot!

B: Don't worry. We'll have it _____ right away.

(a) towed
(b) settled
(c) moved
(d) corrected

9. A: There's water everywhere!
   B: That's because the sink is broken.
   I'll call a _____ .
   (a) medic
   (b) plumber
   (c) janitor
   (d) mechanic

10. A: Was he thrown in jail for drinking
    and driving?
    B: No, after the cop stopped he just
    was issued a _____ and
    sent on his way.
    (a) ticket
    (b) pass
    (c) news
    (d) greeting

11. A: Where do I put my wet clothes?
    B: We don't have a dryer so you'll
    need to _____ them on the
    clothes rack.
    (a) fold
    (b) bring
    (c) hang
    (d) drain

12. A: What do you do when you are
    bored?
    B: Well, to _____ the time I
    play video games.
    (a) pass
    (b) waste
    (c) control
    (d) manage

13. A: Don't these two cats look
    _____ ?
    B: What are you talking about?
    They are two totally different
    species.
    (a) identical
    (b) identic
    (c) inconclusive
    (d) incentive

14. A: Many doctors are _____
    by the medical board before they
    begin their medical practice.
    B: I thought they just went to
    medical school.
    (a) certified
    (b) clarified
    (c) justified
    (d) concerted

15. A: I hope I don't get fired. I was
    really late for work this morning.
    B: I wouldn't worry about it too
    much. Since you're new here, the
    boss will probably _____
    you.
    (a) go easy on
    (b) bank on
    (c) look down on
    (d) be emotional with

16. A: You made how many cakes? We
    only needed one.
    B: Well, I really like to bake. So
    when I start baking I tend to go
    _____ .
    (a) bad
    (b) free
    (c) bankrupt
    (d) overboard

17. A: Working on 7 different projects must be really difficult.

   B: I seem to have a bit more than I could _____ taking on all 7 projects.

   (a) taste
   (b) chew
   (c) make
   (d) chase

18. A: How do I get to the school?

   B: Go _____ down this street and take a left. The school will be on your right hand side.

   (a) objective
   (b) linear
   (c) straight
   (d) plastic

19. A: Have you ever had the chance to meet your favorite celebrity in _____?

   B: When I was at the mall I did, and he was there performing his latest hit song.

   (a) person
   (b) conclusion
   (c) house
   (d) time

20. A: After I get my first job, the first thing I'm going to do is buy a new house.

   B: Be sure not to get too _____ of yourself. You need to first find a job.

   (a) far
   (b) hold
   (c) express
   (d) ahead

21. A: What you're trying to tell me is _____. I don't believe it.

   B: Come on. I mean it this time.

   (a) powder
   (b) baloney
   (c) balloon
   (d) dough

22. A: What's wrong with the air conditioner?

   B: The air filter is _____.

   (a) clogged
   (b) repaired
   (c) drained
   (d) seen

23. A: Is it okay if I _____ by your house to drop off this letter?

   B: No problem. We'll be home all night.

   (a) station
   (b) sit
   (c) come
   (d) stay

24. A: How did your brother react when you told him you saw an alien?

   B: He didn't _____ it. He said he would have to see one to believe it.

   (a) decide on
   (b) make for
   (c) bring up
   (d) fall for

25. A: What are you doing with all of that wood?

   B: I'm trying to _____ a camp fire before it gets too cold.

   (a) set up
   (b) raise up
   (c) bring up
   (d) shut up

Part II **Questions 26~50**

Choose the best answer for the blank.

26. Researchers have begun to
_____ the reason why a
huge number of baby seals died this
summer.
    (a) go after
    (b) look into
    (c) put up
    (d) keep away

27. Scientists wonder if the blue whales
are dying because there isn't enough
food to _____ around.
    (a) look
    (b) go
    (c) bring
    (d) pull

28. Nearly one million people in the
southern Mexican state of Tabasco
are homeless in the _____ of
the region's worst flooding in 50
years.
    (a) height
    (b) trace
    (c) following
    (d) wake

29. No solution is _____ right.
    (a) incontrovertibly
    (b) disputably
    (c) questionably
    (d) suspiciously

30. One of the most common _____
of schizophrenia is hearing
imaginary voices.
    (a) requirements
    (b) symptoms
    (c) treatments
    (d) qualifications

31. He also _____ a show on PBS
Radio.
    (a) hosts
    (b) leads
    (c) holds
    (d) takes

32. Paul wore a camera _____ on
his helmet, which streamed live
video back to the Space Station.
    (a) carried
    (b) mounted
    (c) supplied
    (d) hung

33. The _____ of this town has
been apples for many centuries.
    (a) stable
    (b) staple
    (c) step
    (d) staff

34. California revised the _____
to increase the property tax.
    (a) statue
    (b) status
    (c) stature
    (d) statute

35. Kate will be the _____ of the money left by her deceased grandfather.

   (a) benefice
   (b) beneficence
   (c) benefactor
   (d) beneficiary

36. The city government supplied the unemployed with the bare _____ of life.

   (a) necessities
   (b) luxuries
   (c) equipments
   (d) demands

37. The idea _____ among many economists in the western countries that the international economy will rebound pretty soon.

   (a) prevails
   (b) survives
   (c) fastens
   (d) proceeds

38. There were no instructions on how to _____ seat belts on the plane.

   (a) tie
   (b) pull
   (c) fix
   (d) fasten

39. To protect him from possible electrocution, all his tools were wrapped in multiple layers of _____ tape.

   (a) conducting
   (b) insulating
   (c) cutting
   (d) reflecting

40. Efforts to alleviate one problem have only _____ another equally troubling problem.

   (a) exacerbate
   (b) nullify
   (c) relieve
   (d) cancel

41. Some economists argue that Americans must _____ themselves from their nationalism and embrace their individual capitalists to overcome their economic slowdown.

   (a) attach
   (b) focus
   (c) relate
   (d) detach

42. She _____ her dorm room with pictures of her pet cat.

   (a) compared
   (b) decorated
   (c) replaced
   (d) covered

43. This statement is very _____ and open to various interpretations.

   (a) obvious
   (b) bland
   (c) ambiguous
   (d) transparent

44. The assertive boss always took the _____ in starting new projects.

   (a) initiative
   (b) alternative
   (c) delay
   (d) hesitation

45. He went backstage and asked for the actresses' _____.

    (a) sign
    (b) autograph
    (c) manuscript
    (d) autobiography

46. It's impossible to _____ any individual responsible.

    (a) hold
    (b) took
    (c) got
    (d) kept

47. He came from a perfectly _____ middle-class family.

    (a) respectful
    (b) respectable
    (c) respective
    (d) respecting

48. Natural gas is _____ from a field under specific conditions.

    (a) tracked
    (b) extracted
    (c) detracted
    (d) contracted

49. Previously we thought that was simply built as a military _____, but we now see it was a very complex ceremonial center.

    (a) annihilation
    (b) fortification
    (c) oxidization
    (d) constitution

50. The Minister's _____ remarks about the rest of the Cabinet have made them furious.

    (a) bewailing
    (b) impeaching
    (c) uncompromising
    (d) disparaging

This is the end of the Vocabulary section. Do NOT move on to the Reading Comprehension section until instructed to do so. You are NOT allowed to turn to any other section of the test.

Part I Questions 1~25

Choose the best answer for the blank.

1. A: What was your son _____ from school for?

B: He was caught cheating on exam.

(a) suspended
(b) evacuated
(c) dispelled
(d) hedged

2. A: When my student went to Spain he said there were a lot of _____ there.

B: I noticed that when I was there last year. You really have to keep an eye on your valuables.

(a) stalkers
(b) robbers
(c) bog-pocket
(d) pickpockets

3. A: Why wasn't the room reserved available?

B: Because the hotel _____ our room for the same night. Now we have to find another room.

(a) double-decked
(b) double-booked
(c) double-dribbled
(d) double-checked

4. A: The computer chip technology here in South Korea is amazing!

B: The new chips being developed here are a real _____ in technology.

(a) breakthrough
(b) takeover
(c) overpass
(d) breakout

5. A: How did the customers respond to the new sales ad?

B: The _____ wasn't good. The sales numbers are still pretty low.

(a) drawback
(b) feedback
(c) return
(d) revenue

6. A: How was the presentation?

B: We need to get us on the right _____. We don't know what we are doing.

(a) path
(b) street
(c) bridge
(d) grade

7. A: Can you _____ this? I can't do this alone.

B: Sure, no problem. It looks like you're going to need some help.

(a) take away with
(b) give me a hand with
(c) make off with
(d) run away with

8. A: What do I need to do to get my passport?

B: You need to go to the naturalization office and get your birth certificate _____.

(a) authenticated
(b) reviewed
(c) proved
(d) oriented

9. A: I didn't think the movie Greg
       directed was going to be that bad.
    B: Neither did I. In fact, when he
       showed it at the movie festival, it
       was a complete _____ .
    (a) mishap
    (b) error
    (c) fiasco
    (d) coup

10. A: You don't need to know every
       detail. Just try to understand the
       main points.
    B: Ok, no problem. Once I get the
       _____ of it, I think I'll be
       able to understand a lot better.
    (a) basement
    (b) gist
    (c) statement
    (d) estimate

11. A: What happened to you yesterday?
       Why didn't you show up?
    B: I'm sorry. I had an urgent
       _____ with my professor.
    (a) promise
    (b) schedule
    (c) appointment
    (d) notification

12. A: Why did the criminal commit the
       crime again?
    B: They said it was because he was
       _____ by outside
       influences.
    (a) discovered
    (b) stirred
    (c) enticed
    (d) discouraged

13. A: Let's go see the movie
       Enchantment.
    B: That sounds like a good choice. It
       was critically _____
       as the best movie to see this year.
    (a) acclaimed
    (b) specialized
    (c) ramified
    (d) appreciated

14. A: How much money do you make
       at your company?
    B: Keep your _____
       out of my business.
    (a) nose
    (b) eyes
    (c) ears
    (d) hand

15. A: What are you doing?
    B: I'm getting ready for graduation.
       Tomorrow is going to be a
       _____ day for me.
    (a) large
    (b) big
    (c) boast
    (d) one

16. A: I need to stop at the office supply
       shop to pick up some paper. Do
       you want to _____ along?
    B: I'd better. I need to get some
       pens anyways.
    (a) tag
    (b) go
    (c) happen
    (d) get

17. A: Where have you been _____?
    You don't go out much these days.
    B: I've been enjoying the comforts of my own home.
    (a) hiding
    (b) running
    (c) training
    (d) beholding

18. A: Where do I need to go next?
    B: Once you get to the corner you need to make a right hand _____.
    (a) lane
    (b) turn
    (c) single
    (d) side

19. A: What size shirt do you usually wear?
    B: I usually buy a _____.
    (a) large
    (b) big
    (c) tall
    (d) short

20. A: How much money were we able to raise so far?
    B: $9,000! That brings us one _____ further to reaching our goal of $10,000!
    (a) step
    (b) stage
    (c) part
    (d) level

21. A: I made a big mistake today.
    B: No use crying over spilt milk. Try to _____. Every cloud has a silver lining.
    (a) look on the bright side
    (b) put up or shut up
    (c) walk the talk
    (d) make both ends meet

22. A: Did he give you the go-ahead on the business deal?
    B: Yes, I was so happy when he gave us the _____ light.
    (a) blue
    (b) red
    (c) yellow
    (d) green

23. A: I read in the news the other day that Walmart is _____ over K-mart.
    B: Soon there will be no more K-mart stores.
    (a) bringing
    (b) taking
    (c) running
    (d) going

24. A: What do you like to do on Sundays?
    B: I like to _____ around and watch football.
    (a) go
    (b) come
    (c) sit
    (d) turn

25. A: What is the use of handcuffs?
    B: They are used to _____ the suspect from using their hands.
    (a) return
    (b) recheck
    (c) restrain
    (d) resume

Part II **Questions 26~50**

Choose the best answer for the blank.

26. Military police were called in to _____ the mob on the streets.
    - (a) take down
    - (b) put down
    - (c) look up to
    - (d) keep in with

27. My printer has _____ third time this week and I had to go upstairs to use another one.
    - (a) crashed down
    - (b) turned out
    - (c) broken down
    - (d) worn out

28. Not all applicants make _____ of the open doors for them.
    - (a) usage
    - (b) avail
    - (c) advance
    - (d) use

29. She was still a screen goddess at the _____ of her career.
    - (a) corner
    - (b) bottom
    - (c) pinnacle
    - (d) pinpoint

30. Rwanda had been chosen to _____ the summit because its progressive economic policies make it attractive to investors.
    - (a) keep
    - (b) have
    - (c) open
    - (d) host

31. One story that's _____ headlines at the newspaper is the tale of MacKinzie Kline.
    - (a) writing
    - (b) making
    - (c) drawing
    - (d) attracting

32. She said Mr. Musharraf was _____ martial law, and Pakistanis would protest against it.
    - (a) posing
    - (b) positioning
    - (c) imposing
    - (d) doing

33. Television _____ showed many residents standing on rooftops waiting to be rescued.
    - (a) air
    - (b) film
    - (c) time
    - (d) footage

34. She was _____ to seven years in prison on charges of supporting rebels in Georgia.
    - (a) denounced
    - (b) labeled
    - (c) executed
    - (d) sentenced

35. The impact of the new regulations has been _____ by the committee.
    - (a) harmed
    - (b) inflicted
    - (c) assured
    - (d) assessed

36. If something _____ me, I usually talk to someone about it and that makes me feel better.
   (a) reminds
   (b) whacks
   (c) amuses
   (d) bothers

37. There is a significant _____ between the average temperature and the growth speed of the trees.
   (a) similarity
   (b) gap
   (c) correlation
   (d) identification

38. The president went before the media to _____ Congress for wasting time while he was gone.
   (a) admonish
   (b) administrate
   (c) instruct
   (d) recommend

39. Backed by a veto power that's hard to _____, the President has taken to blistering Congress in a relentless fashion.
   (a) overview
   (b) overlap
   (c) override
   (d) oversee

40. Rapid changes in technology might mean that once-valued skills are now _____.
   (a) coherent
   (b) authentic
   (c) plausible
   (d) redundant

41. A professional pest control firm has been cleaning the pool area and putting down a powdered _____ to help control mosquitoes.
   (a) fertilizers
   (b) tranquilizers
   (c) herbicides
   (d) insecticides

42. He studied her face, but it _____ nothing.
   (a) offered
   (b) betrayed
   (c) covered
   (d) investigated

43. She was about to _____ a meeting of EU foreign ministers in London.
   (a) assume
   (b) suspend
   (c) chair
   (d) take

44. We've discussed how animals affect the environment, and now let's consider the _____ case; the effect of environment on animals.
   (a) convertible
   (b) reversible
   (c) converse
   (d) diverse

45. The waters around the island are habitats of many forms of _____ life.
   (a) arctic
   (b) antarctic
   (c) continental
   (d) aquatic

46. Their happiness was _____ when they made their vows at the wedding.
    (a) consumed
    (b) consummated
    (c) contaminated
    (d) construed

47. *High Noon* is a _____ western movie from Paramount Pictures directed by George Stevens and starring Gary Cooper.
    (a) classified
    (b) classical
    (c) classable
    (d) classic

48. We should enhance our efforts to devise ways of _____ water not to burden future generation.
    (a) limiting
    (b) conserving
    (c) presenting
    (d) observing

49. The _____ of starting up a new business is so high and you must first have a lot of capital.
    (a) allotment
    (b) abundance
    (c) expenditure
    (d) dividend

50. Statistically our chances of being the _____ of violent crime are remote.
    (a) preys
    (b) victims
    (c) goals
    (d) subjects

This is the end of the Vocabulary section. Do NOT move on to the Reading Comprehension section until instructed to do so. You are NOT allowed to turn to any other section of the test.

Actual Test 6

Actual Test 7

Actual Test 8

Actual Test 9

Actual Test 10

어휘 Vocabulary

Actual Test 1

Actual Test 2

Actual Test 3

Actual Test 4

Actual Test 5

TEPS세대여, 따져라!

책상영어인가 VS 실전영어인가

3, 4학년 선배님들이 가신 길, 점수가 목적인 책상영어의 길!
TEPS세대인 우리가 가는 길, 입과 귀가 트이는 실전영어의 길!
따질 것은 똑 부러지게 따지는 우리는 TEPS세대!
선배님들, 우리가 많이 부러우시죠?

TEPS (Test of English Proficiency developed by
Seoul National University)는 실전영어능력을 지향합니다

해외여행 중 호텔에서 황당한 일을 당한
TEPS세대 이은서 양, 거침없는 영어로 당당하게 항의하다

TEPS Generation
TEPS

● 넥서스 수준별 TEPS 맞춤 학습 프로그램

서울대 기출문제

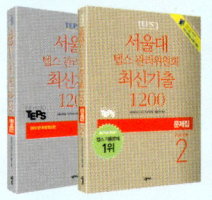

기출·독해

서울대 텝스 관리위원회 최신기출 500 VOL.1·2 | 서울대학교 TEPS관리위원회 문제 제공 · 양준희 해설 | 312쪽 | 16,000원
서울대 텝스 관리위원회 최신기출 1000 | 서울대학교 TEPS관리위원회 문제 제공 · 양준희 해설 | 628쪽 | 28,000원
서울대 텝스 관리위원회 제공 최신기출 시크릿 | 서울대학교 TEPS관리위원회 문제 제공 · 손진숙 해설 | 456쪽 | 20,000원
서울대 텝스 관리위원회 최신기출 1200/SEASON 2 문제집 | 서울대학교 TEPS관리위원회 문제 제공 | 352쪽 | 19,500원
서울대 텝스 관리위원회 최신기출 1200/SEASON 2 해설집 | 서울대학교 TEPS관리위원회 문제 제공 · 넥서스 TEPS연구소 해설 | 472쪽 | 25,000원

실전 모의고사

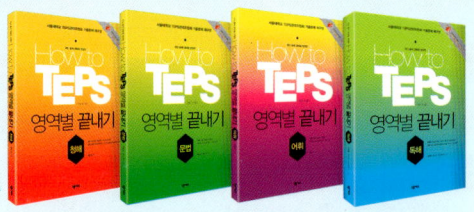

실전·어휘

How to TEPS 영역별 끝내기 청해 | 테리 홍 지음 | 424쪽 | 19,800원
How to TEPS 영역별 끝내기 문법 | 장보금 · 써니 박 지음 | 260쪽 | 13,500원
How to TEPS 영역별 끝내기 어휘 | 양준희 지음 | 240쪽 | 13,500원
How to TEPS 영역별 끝내기 독해 | 김무룡 · 넥서스 TEPS연구소 지음 | 504쪽 | 25,000원

How to TEPS 시험 직전 리얼 청해 | 넥서스 TEPS연구소 지음 | 296쪽 | 19,500원
How to TEPS 시험 직전 리얼 문법 | 장보금 · 써니 박 지음 | 260쪽 | 14,000원
How to TEPS 시험 직전 리얼 어휘 | 양준희 지음 | 252쪽 | 14,000원
How to TEPS 시험 직전 리얼 독해 | 넥서스 TEPS연구소 지음 | 504쪽 | 25,000원

초급 (400~500점) | 중급 (600~700점)

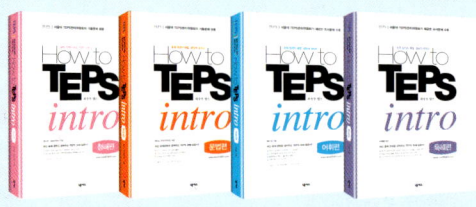

영역별

How to TEPS intro 청해편 | 강소영 · Jane Kim 지음 | 444쪽 | 22,000원
How to TEPS intro 문법편 | 넥서스 TEPS연구소 지음 | 424쪽 | 19,000원
How to TEPS intro 어휘편 | 에릭 김 지음 | 368쪽 | 15,000원
How to TEPS intro 독해편 | 한정림 지음 | 392쪽 | 19,500원

How to TEPS 실전 600 청해편·문법편·어휘편·독해편 | 각 권 서울대학교 TEPS관리위원회 문제 제공 | 청해: 19,500원, 문법: 17,500원, 어휘: 15,000원, 독해: 19,000원
How to TEPS 실전 700 청해편 · 문법편 · 독해편 | 강소영 · 넥서스 TEPS연구소(청해), 이신영 · 넥서스 TEPS연구소(문법), 오정우 · 넥서스 TEPS연구소(독해) 지음 | 청해: 16,000원, 문법: 15,000원, 독해: 19,000원

종합서

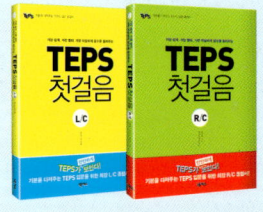

How to TEPS New Starter | 넥서스 TEPS연구소 지음 | 584쪽 | 25,900원(MP3 CD 1장 포함)
TEPS 첫걸음 L/C | 유니스 정 지음 | 312쪽 | 15,000원
TEPS 첫걸음 R/C | 김무룡 · 넥서스 TEPS연구소 지음 | 612쪽 | 22,000원

서울대학교 TEPS관리위원회 기출문제 재구성

최신 출제 경향을 반영한

How to TEPS

하우 투 텝스

영역별 끝내기

정답 및 해설   **어휘**

실제 시험 유형과 동일한
고난도 Actual Test 10회 수록

양준희 지음

넥서스

How to TEPS 영역별 끝내기

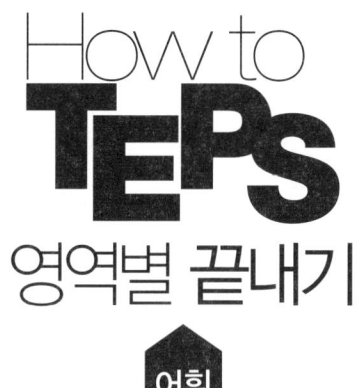

어휘

정답 및 해설

넥서스

Answers

Part I

1. (b) 2. (b) 3. (c) 4. (b) 5. (a)
6. (a) 7. (b) 8. (c) 9. (c) 10. (d)
11. (b) 12. (a) 13. (d) 14. (c) 15. (d)
16. (c) 17. (d) 18. (b) 19. (b) 20. (c)
21. (b) 22. (d) 23. (a) 24. (a) 25. (c)

Part II

26. (b) 27. (a) 28. (d) 29. (a) 30. (b)
31. (a) 32. (c) 33. (a) 34. (b) 35. (a)
36. (d) 37. (b) 38. (a) 39. (b) 40. (a)
41. (d) 42. (c) 43. (b) 44. (b) 45. (b)
46. (a) 47. (a) 48. (c) 49. (c) 50. (d)

Part I

1

A Roget restaurant, reservations. How may I help you, sir?
B I'd like to _____ a reservation for dinner tomorrow. Party of six, please.
(a) book
(b) make
(c) accept
(d) get

해석 A 로제 레스토랑 예약부입니다. 어떻게 도와드릴까요?
　　 B 내일 저녁으로 예약을 하고 싶은데요. 6명으로요.

해설 '예약을 하다'라는 표현은 명사 reservation과 함께 동사 make를 쓴다. reservation(예약)과 흔히 어울려 쓰는 동사에는 이 외에도 confirm~(예약을 확인하다), cancel~(예약을 취소하다) 등이 있다.

어구 make a reservation 예약하다
　　 book 예약하다(= reserve)

정답 (b)

2

A I noticed he's lost a lot of weight. Good for him!
B Yeah, he has been trying to _____ some weight.
(a) gain
(b) shed
(c) raise
(d) get

해석 A 그 사람 살이 많이 빠졌더라고요. 그를 위해 잘된 것 같네요.
　　 B 그래요. 그 동안 체중을 줄이려고 노력했죠.

해설 '체중을 줄이다(또는 늘리다)'라고 말할 때 가장 일반적인 영어 표현은 lose(gain) weight이다. 그 외에도 shed라는 단어 역시 '떨어지게 하다'라는 뜻으로 shed extra pounds, shed weight 등이 '체중을 줄이다'는 의미로 쓰인다.

어구 notice 알아채다, 인지하다
　　 raise 올리다, 증가시키다

정답 (b)

3

A Sorry if I disturbed you. I didn't know that you were having a meeting.
B That's fine. Actually, thanks for getting me off the _____. The meeting was really boring.
(a) place
(b) room
(c) hook
(d) group

해석 A 방해해서 죄송합니다. 회의 중인지 몰랐어요.
　　 B 괜찮습니다. 사실은, 벗어나게 해줘서 고마워요. 회의가 정말 지루했거든요.

해설 회의를 방해한 것에 대해 괜찮다고 말하고 있는 것으로 보아 상황을 모면하게 해준 것에 대해 고마워하는 내용임을 알 수 있다. off the hook은 '궁지를 벗어나'라는 관용표현으로 문맥상 어울리는 표현이다.

어구 disturb 방해하다(= interrupt, interfere with)

정답 (c)

4

A I heard that your son got hurt in a bike accident. Is it serious?

B Well, he broke his arm, so he had to get it _____.
(a) stitched
(b) plastered
(c) framed
(d) projected

해석 A 아들이 자전거 사고가 나서 다쳤다구요. 많이 다쳤나요?
　　 B 네, 팔이 부러져서 깁스를 했어요.

해설 팔이 부러진 것은 골절(fracture)이다. 골절의 치료는 붕대(plaster)를 감아 깁스 치료를 해야 하며 이는 제3자에 의해 이루어지는 것이므로 위의 보기에서와 같이 have(get) + 목적어 + plastered와 같은 사역형으로 표현할 수 있다. 참고로 stitch는 상처를 꿰맬 때 쓸 수 있는 표현이다.

어구 stitch 바느질하다, 봉합하다
plaster 깁스로 고정하다, 회반죽을 바르다
cf. wear a cast(plaster) 깁스 붕대를 하다
frame 틀을 잡다, (누구에게) 누명을 씌우다
project 계획하다, 투사하다, 투영하다

정답 (b)

5

A I can't stop thinking about what I did last night.

B If I were you, I wouldn't _____ on it any more.
(a) dwell
(b) pause
(c) think
(d) pass

해석 A 어젯밤 내가 저지른 일이 계속 머리에서 떠나지를 않아.
　　 B 내가 너라면 더 이상 그 일을 염두에 두지 않겠어.

해설 dwell on은 '어떤 일을 곰곰이 생각하다'의 의미다. 동사 think도 '생각하다'라는 뜻이 있지만 뒤의 전치사 on과는 잘 쓰지 않고 think of(about)~의 형태로 쓴다.

어구 pause 멈추다

정답 (a)

6

A I'd like to apply for the secretarial position.

B I'm afraid it's already been _____.
(a) filled
(b) named
(c) applied
(d) resumed

해석 A 비서직에 지원하고 싶습니다.
　　 B 유감스럽지만 그 자리는 이미 충원되었습니다.

해설 B에서 I'm afraid~라는 표현이 문제를 푸는 핵심이다. 일자리에 있어서 지원하는 사람에게 부정적인 상황은 그 자리가 이미 다른 사람을 통해 충원된 경우라는 것을 짐작할 수 있다. '어떤 자리가 충원되다'라는 뜻은 동사 fill을 써서 표현할 수 있다. 단골 출제되는 문제에 해당하므로 반드시 알아두자.

어구 secretarial 비서직의
managerial 관리직의
resume 다시 시작하다
apply 지원하다

정답 (a)

7

A Hi, haven't we met before? You look familiar.

B Yeah, I think so. I _____ your face.
(a) realize
(b) recognize
(c) perceive
(d) notice

해석 A 혹시 우리 전에 만나지 않았나요? 낯이 익은데요.
　　 B 예, 그런 것 같아요. 얼굴을 알아보겠어요.

해설 '(특정 사람을) 알아보다'라고 표현할 때 동사 recognize를 써서 표현할 수 있다.

어구 realize 깨닫다
perceive 지각하다
notice 알게 되다(= become aware of~)

정답 (b)

8

A The police is installing more security cameras to _____ crime in the city.

B I think that's a good idea. I've been afraid of going out late recently.

    (a) counter
    (b) avoid
    (c) deter
    (d) monitor

해석 A 경찰은 도심에서의 범죄를 저지하기 위해 보안 카메라를 더 설치하고 있는 중입니다.

    B 좋은 생각인 것 같네요. 최근 늦게 다니기가 겁이 났었거든요.

해설 deter는 '(뭔가에 겁을 먹어) 단념하거나 그만두게 하다'라는 뜻이므로 문맥상 보안 카메라를 설치하는 이유로 가장 자연스럽다. 동사 counter는 뭔가에 좀 더 적극적으로 맞서는 의미며, monitor는 진행상태를 '감시하다, 관리하다'는 뜻으로 모두 문맥과 어울리지 않는다.

어구 counter 맞서다, 무효로 하다
monitor 관리, 감시하다

정답 (c)

9

A May I speak to Tony?

B He's talking to other customers at the moment. Should I _____ your message?

    (a) make
    (b) leave
    (c) take
    (d) send

해석 A 토니 좀 바꿔주세요.

    B 지금 다른 고객분과 상담 중이신데요. 메시지를 남기시겠어요?

해설 일상적으로 많이 쓰는 표현으로 출제 가능성 또한 높다. 전화 메시지와 관련해서 내가 메시지를 받는 입장일 때는 take a message로, 남기는 입장일 때는 leave a message로 씀에 유의하자.

어구 at the moment 현재

정답 (c)

10

A Hi, may I help you?

B Yes, I'd like to extend my car _____. for an additional month.

    (a) maintenance
    (b) terms
    (c) purchase
    (d) lease

해석 A 안녕하세요. 도와드릴까요?

    B 네, 자동차 렌트 기간을 한달 더 연장하고 싶은데요.

해설 보기 모두 자동차와 관련해서 쓸 수는 있지만 기간을 한 달 연장한다는 말과 어울리는 단어는 lease(임대)다. lease는 건물, 토지 등과 관련해서도 쓸 수 있으며, 비슷한 표현으로 rent가 있다.

어구 maintenance 유지, 보수
purchase 구매(매입)하다
terms 용어, 협약

정답 (d)

11

A How could you fail the test? You really could have done better than that.

B I know I _____ that I didn't try my best.

    (a) remember
    (b) regret
    (c) commend
    (d) remit

해석 A 어떻게 시험에 떨어질 수가 있어? 그것보다는 잘 할 수 있었잖아.

    B 알아. 최선을 다하지 못한 것이 후회스러워.

해설 충분히 붙을 수 있는 시험에 최선을 다하지 못해 떨어졌다는 것은 '후회할만한' 것이다. 단순히 기억 (remember)하거나 칭찬(commend)하는 것은 문맥상 어울리지 않는다. 동사 remit은 모양은 비슷하나 전혀 다른 '송금하다'의 뜻이다.

어구 commend 칭찬하다
remit 송금하다

정답 (b)

12

A Do you know anything about Leena's boyfriend?

B Not much, but he's probably _____ because he gave her an expensive diamond bracelet.

(a) loaded
(b) insolvent
(c) golden
(d) precious

해석 A 리나의 남자친구에 대해 뭐 아는 거 있어?

　　 B 별로. 하지만 그녀에게 값비싼 다이아몬드 팔찌를 사준 걸 보면 아마 부자인가 봐.

해설 값비싼 선물을 해주었으므로 경제적 여유가 있다는 내용으로 연결되어야 한다. loaded는 원래 '짐을 실은, 장전한' 등의 뜻이 있지만 구어에서 '돈이 무척 많은'의 뜻을 갖는다. TEPS에서는 구어체를 묻는 문제가 종종 출제되므로 흔히 쓰이는 의미표현은 능동적으로 알아두어야 한다. 참고로 insolvent는 '지불불능의, 파산한'이라는 정반대의 의미를 가진 어휘다.

어구 insolvent 지불불능의, 파산한
　　 precious (특히 양이 적거나 제한을 이유로) 귀중한

정답 (a)

13

A Once I finished law school, I hope to open my own _____.

B I'm sure you'll make a great lawyer.

(a) store
(b) business
(c) career
(d) practice

해석 A 로스쿨을 마치면 변호사 사무실을 개업하려고 해요.

　　 B 당신은 틀림없이 훌륭한 변호사가 될 것이라 확신해요.

해설 변호사나 의사가 개업하는 것은 동사 practice를 써서 나타낼 수 있다. 즉 practice law(medicine)라고 쓰면 '변호사(의사) 개업을 하다'의 의미가 된다. 또한 practice는 명사로 의사나 변호사의 일 또는 일하는 장소를 의미한다. store, business, career는 모두 어울리지 않는다.

어구 career 경력

정답 (d)

14

A I'm going to throw away the old bottles.

B Don't just put them in the garbage can; _____ them instead.

(a) remake
(b) reimburse
(c) recycle
(d) refresh

해석 A 다 쓴 병들을 버리려고 해.

　　 B 그냥 쓰레기통에 버리지 말고 재활용해.

해설 같은 접두어 re-로 시작되는 유사단어들을 구분해야 하는 문제다. 문맥은 쓰레기통에 그냥 버리지 말라고 했으니 재활용(recycle)하라는 말이 들어가야 한다.

어구 remake 고쳐 만들다, (영화를) 리메이크하다
　　 reimburse 변제, 상환하다
　　 recycle 재활용하다
　　 refresh 상쾌하게 하다

정답 (c)

15

A Peter Jackson was notorious for his racist attitudes towards African Americans and other minorities.

B Yes, that was a terrible mistake that _____ his name.

(a) erased
(b) bored
(c) hurt
(d) blackened

해석 A 피터 잭슨은 흑인들과 기타 소수인종들에 대한 인종차별적 태도로 악명이 높아요.

　　 B 그래요. 자신의 이름을 더럽힌 치명적인 실수였죠.

해설 blacken은 문자 그대로 '검게 하다'라는 뜻이지만 character, name 등과 함께 하면 '비방하다, 더럽히다'의 뜻이 된다. a terrible mistake라는 말로 보아 뒤에는 부정적인 내용이 나와야 함을 알 수 있다. hurt는 '감정을 상하게 하거나 다치게 하다'라는 의미다.

어구 blacken(= smear) 비방하다, 더럽히다
　　 erase(= remove, wipe, rub out) 지우다

정답 (d)

16

A I heard that you're selling your bike.
B Yes, but I hate to _____ it.
  (a) pass with
  (b) depart with
  (c) part with
  (d) leave with

해석 A 모터사이클을 판다고 들었다.
　　 B 그래, 하지만 정말 내놓기가 싫어.

해설 bike는 '자전거'뿐 아니라 '오토바이'라는 뜻으로도 쓰인다. 팔기 싫다라는 것은 정든 물건을 내놓기 싫다라는 의미로 바꿔 해석할 수 있다. 그러한 의미는 바로 part with로 표현할 수 있다. 원래 part는 leave의 뜻으로 depart 역시 '떠나다'라는 뜻이지만 with와 함께 쓰지는 않는다.

어구 part 떠나다, 헤어지다
　　 part with~ (아끼는 물건 등을) 내놓다
　　 depart 떠나다
　　 depart from (기존의 방식, 관습 등에서) 벗어나다

정답 (c)

17

A With all due _____, I must say that there is still room for compromise.
B I understand your position, but I cannot make any concession.
  (a) period
  (b) course
  (c) concerns
  (d) respect

해석 A 당신 의견도 일리가 있습니다만 여전히 타협의 여지가 있다고 생각합니다.
　　 B 당신의 입장을 이해합니다. 하지만 저는 어떠한 양보도 할 수 없습니다.

해설 with all due respect는 '일리가 있으나'라는 뜻으로 이후 자신의 확고한 의견을 피력할 때 쓰는 관용어구다. 영화나 드라마의 법정 장면 등에서 종종 들을 수 있는 표현이다. 이 표현이 나오면 실은 반대 의견을 내세울 것이라고 짐작하면 된다. A의 compromise는 B에서 make concession으로 바꿔 표현되었다.

어구 concern(= worry about a situation) 걱정하다

정답 (d)

18

A How was the movie?
B It was so funny. I was _____ throughout the movie.
  (a) stepping up
  (b) cracking up
  (c) making up
  (d) laughing up

해석 A 영화는 어땠어요?
　　 B 너무나 재미있었어요. 영화보는 내내 웃음이 터져 나왔어요.

해설 crack up은 '웃음을 터뜨리다'라는 뜻이다. (d)의 laugh up이라는 표현은 존재하지 않으며 laugh 또는 laugh out loud라고 표현해야 옳다.

어구 step up (노력을) 강화하다
　　 make up 구성하다; 만들어내다; 꾸며내다

정답 (b)

19

A Can you come to see me now? I need to talk to you right away.
B Sure. I'll be there _____.
  (a) in the long run
  (b) in no time
  (c) in person
  (d) in the same boat

해석 A 지금 보러 올 수 있어요? 당장 할 얘기가 좀 있어요.
　　 B 그러죠. 곧 그리로 갈게요.

해설 right away(당장 가겠다)라는 말을 통해 (b) in no time을 답으로 선택할 수 있다. in the long run은 '장기적으로, 결국은'이라는 뜻이고, in person은 '직접, 몸소'의 뜻이다. in the same boat는 '같은 배를 탄, 같은 운명인'이라는 뜻인데 흔히 좋지 않은 상황에 쓴다.

어구 in person 직접

정답 (b)

20

A I can't believe this. I won the scholarship for this semester!

B Really? Congratulations! You _____ it.

(a) allow
(b) reserved
(c) deserve
(d) worth

해석 A 믿을 수가 없어. 내가 이번 학기 장학금을 타다니!
B 정말? 축하해! 너는 받을 만해.

해설 장학금을 받는 상황에서 축하와 동시에 할 수 있는 말은 상대를 인정하고 격려해주는 것이다. 이는 You deserve it으로 표현할 수 있다. worth는 가치가 있다는 말의 형용사이므로 주어진 문장의 빈 칸에는 들어갈 수 없다.

어구 worth ~할 가치가 있는
cf. for all one is worth 전력을 다해서, 최대한으로
ex. Push for all you're worth!

정답 (c)

21

A Has Michael still got in _____ with you?

B No, he hasn't. I don't think he has my new cell phone number.

(a) trouble
(b) touch
(c) turn
(d) tune

해석 A 마이클이 너한테 계속 연락하니?
B 아니, 연락이 없네. 내 새 휴대전화 번호를 모르는 것 같아.

해설 전화번호를 모른다라는 내용에서 연락이 끊겼을 것이라는 사실을 짐작할 수 있다. '연락을 계속하다'는 stay in contact(touch) with를 써서 표현할 수 있다.

어구 be in trouble 문제가 있다
in tune with(opp. out of tune with) ~와 동조하는, 동의하는

정답 (b)

22

A I'll _____ this report by tomorrow. It's not a thing.

B Stop bragging. Just meet the deadline.

(a) hand
(b) bring
(c) deliver
(d) submit

해석 A 이 보고서를 내일까지 제출할게요. 일도 아닙니다.
B 큰소리 치지 마. 제출기한이나 지켜

해설 문맥상 '제출하다' 뜻의 동사가 필요하다. hand가 '제출하다'의 의미로 쓰이려면 hand in이 되어야 한다.

어구 deliver 배달하다, 전달하다
submit (특히 공식적으로) 제출하다
cf. submit to ~에 굴복하다

정답 (d)

23

A Have you ever _____ your girlfriend?

B No, that is unthinkable.

(a) deceived
(b) received
(c) perceived
(d) represented

해석 A 여자 친구를 속여본 적 있니?
B 아니, 생각조차 할 수 없는 일이야.

해설 생각할 수도 없는 일이라 했으니 부정적인 어감의 단어가 나와야 한다. 따라서 '속이다'라는 뜻의 deceive가 문맥상 가장 어울린다.

어구 deceive 속이다
perceive(= see, notice, realize) 깨닫다, 인식하다
represent 대표하다, 대변하다

정답 (a)

24

A I don't think Jenny takes a hint very well.

B No, you really have to _____ things out for her. Otherwise, she would get you wrong.

(a) spell
(b) speak
(c) sign
(d) step

해석 A 제니는 넌지시 하는 말을 잘 못 알아듣는 것 같아.

    B 맞아. 제니한테는 명확하게 말을 해줘야 해. 아니면 네 말을 제대로 이해하지 못 할거야.

해설 take a hint는 '암시를 알아차리다'라는 뜻이며 반면 '암시를 주다'는 give(drop) a hint라고 쓴다. 넌지시 말해서 못 알아듣는다면 좀 더 분명하게 말해주는(spell out) 수밖에 없다.

어구 spell out 분명하게 말하다
speak out 거리낌없이 말하다
cf. speak up
1) speak more loudly
2) say something to defend someone

정답 (a)

25

A Something smells really bad. I can hardly breathe.

B Yeah. You're right. Where is this _____ coming from?

(a) taste
(b) fragrance
(c) odor
(d) aroma

해석 A 뭔가 아주 고약한 냄새가 나. 숨을 쉬기조차 힘드네.

    B 그래. 이 악취가 어디서 나는 거지?

해설 숨을 쉴 수 없을 정도로 나쁜 냄새라면 '악취'이므로 이를 나타내는 단어를 찾아야 한다. fragrance, aroma는 좋은 '향기'를 의미하는 단어들이다. 이에 반해 odor는 중립적 내지는 좋지 않은 '냄새'를 표현할 때 쓸 수 있다. 그밖에 악취에 해당하는 단어로는 stink, stench 등이 있다. 같은 냄새라 해도 이같은 미묘한 어감 차이가 있음에 유의하자.

어구 fragrance(→ a pleasant or sweet smell) 꽃, 향수 등

ex. the fragrance of his cologne
aroma(→ a strong, pleasant smell) 커피, 빵 등
ex. the wonderful aroma of freshly baked bread

정답 (c)

Part II

26

Give me some _____ on your work.
(a) perspectives
(b) references
(c) arrangement
(d) reverence

해석 귀하의 경력에 대해 설명해 줄 참조인을 알려주세요.

해설 구직을 위해 지원할 때 자신의 이전 경력이나 업무에 대해 확인해줄 수 있는 사람, 즉 '참조인 또는 신원보증인'을 reference라고 한다. reverence는 비슷하게 보이지만 전혀 다른 '존경'이라는 뜻을 갖고 있다.

어구 perspective 관점, 견해
reverence 존경, 경의

정답 (b)

27

Janine _____ the sort of hotels that have garbage rotting in their elevators and rats running on their furniture.
(a) abominated
(b) accommodated
(c) accomplished
(d) implemented

해석 제닌은 엘리베이터에서 쓰레기가 썩어가고 쥐가 가구 위로 뛰어다니는 그런 여관을 질색했다.

해설 '질색하다'라는 표현이 필요하다. 동사 abominate로 표현할 수 있다. 다소 난이도가 있는 단어지만 어휘 파트 2에서 이 같은 어휘들도 가끔 출제되고 있다.

어구 abominate 혐오하다, 매우 싫어하다(= hate, abhor, detest, be loath)
accommodate 수용하다
implement 이행하다, 실행하다

정답 (a)

28

The Watergate scandal was the ostensible cause of Nixon's decision to _____ the presidency.

(a) abhor
(b) precede
(c) defer
(d) abdicate

해석 워터게이트 스캔들은 닉슨 대통령이 사임한 표면적인 이유다.

해설 닉슨 대통령은 워터게이트 스캔들로 대통령직에서 물러나게 된다. 하지만 그런 배경 지식이 없다 해도 다른 선택지들은 모두 답이 될 수 없다. abhor(매우 싫어하다)나 precede(선행하다)는 문맥상 연결되지 않는다.

어구 ostensible 표면적인, 허울상의
presidency 대통령직
abhor 매우 싫어하다
precede 선행하다
defer 미루다(= postpone, delay); ~의 의견에 따르다(to~)
abdicate 퇴위하다

정답 (d)

29

He was _____ as saying he would veto the bill.

(a) quoted
(b) designated
(c) referred
(d) preferred

해석 그는 그 법안에 거부권 행사를 할 것이라고 말했다고 인용 보도되었다.

해설 be quoted as saying~은 '~라고 말한 것으로 인용 보도되었다'는 표현이다. 언론에서 취재원의 말을 옮길 때 흔히 사용하는 표현이다.

어구 refer 언급하다, 부르다
designate 지정하다, 지명하다

정답 (a)

30

In 2005, a lot of credit card companies went _____ as massive defaults on card loans occurred.

(a) insolent
(b) insolvent
(c) incisive
(d) insoluble

해석 2005년도에 카드 부채 부실이 대량으로 발생하면서 많은 신용카드 회사가 파산했다.

해설 default란 '채무 불이행'을 뜻하고 대량 발생하면 회사들이 지불능력이 없어지므로 파산(go insolvent)하게 된다. 비슷한 철자의 insolent는 전혀 다른 '무례한'이라는 뜻이다.

어구 insolent 무례한(= rude)
ex. The bank was declared insolvent.
incisive 기민한, 명민한, 날카로운

정답 (b)

31

TV is a(n) _____ for "television."

(a) abbreviation
(b) symbol
(c) oxymoron
(d) paradigm

해석 TV는 'television'의 약어다.

해설 TV와 같이 두문자어(acronym)를 이용해 축약하는 것을 abbreviation이라고 한다. symbol은 '상징', oxymoron은 서로 양립할 수 없는 '모순'을 뜻한다.

어구 abbreviation 약어, 축약
oxymoron 모순

정답 (a)

32

The two sisters were very different; the older one was _____ and good-natured, while the younger one was very quick-tempered.

(a) enthusiastic
(b) diligent
(c) affable
(d) inert

해석 두 자매는 매우 달랐다. 언니는 매우 상냥하고 성격이 좋았던 반면, 동생은 매우 성미가 급했다.

해설 두 자매가 매우 달랐다는 것이 힌트다. 동생의 성격이 급했으므로 언니는 뭔가 부드러운 성격의 내용이 나와야 한다. enthusiastic도 긍정적인 내용이지만 문맥상 어울리지 않는다.

어구 affable 상냥한(= amicable)
inert 둔한, 느린, 움직일 수 없는

정답 (c)

33

Joan _____ when she got the acceptance letter from Princeton University.
(a) exulted
(b) exalted
(c) executed
(d) exempted

해석 조앤은 프린스턴 대학으로부터 입학허가 편지를 받고 의기양양했다.

해설 프린스턴 대학의 입학허가를 받은 것은 매우 기쁜 일이므로 exult가 답이다. 이때 헷갈리는 보기로 모양이 비슷한 exalt를 내세우니 주의하자.

어구 exult 매우 기뻐하다, 의기양양하다
exalt 칭송하다
exempt 제외시키다

정답 (a)

34

St. Matthew, the oldest university in Canada, was _____ in 1455.
(a) invented
(b) founded
(c) operated
(d) created

해석 캐나다에서 가장 오래된 대학인 세인트 매튜는 1455년에 설립되었다.

해설 문맥상 설립되다라는 표현이 들어가야 하므로 founded가 어울리는 답이다. found-founded-founded의 형태로 동사변화하므로 find-found-found(찾다)와 혼동하지 않도록 하자. 특정대학이 invented(발명), 또는 created(창조)되었다고 하는 것은 어울리지 않는다.

어구 operate 운영하다; 수술하다

정답 (b)

35

One of the first things to do in a foreign country as a tourist is to find a place that will exchange foreign _____ .
(a) currency
(b) finance
(c) cashiers
(d) accounts

해석 관광객이 외국에 나가서 제일 먼저 할 일 중 하나는 환전할 곳을 찾는 것이다.

해설 통화에 해당하는 단어는 currency이며 외환은 foreign currency라고 한다. account는 '구좌, 계좌'의 뜻이다.

어구 account 구좌, 계좌

정답 (a)

36

The police _____ the criminal with the evidence because he denied the allegations against him.
(a) confound
(b) confide
(c) conform
(d) confront

해석 경찰은 범죄자가 혐의를 부인했기 때문에 그에게 증거를 들이댔다.

해설 용의자가 혐의사실을 부인해 증인을 대질시키거나 증거를 들이대어 자백을 끌어낼 때 쓰는 표현이 confront이다. 물론 confront에는 '직면하다'라는 뜻도 있다.

어구 confound 혼동하다(= confuse)
confide 비밀을 털어놓다(~in)
conform 준수하다, 따르다

정답 (d)

37

No amount of argument could _____ her from pursuing her seemingly impossible dream.
(a) alienate
(b) dissuade
(c) cure
(d) dissident

해석 아무리 논쟁을 해도 그녀가 불가능해 보이는 그녀의 꿈을 좇는 것을 포기하도록 할 수는 없었다.

해설 '누군가가 ~하는 것을 설득시켜 포기하도록 하다'는 dissuade someone from -ing로 나타낸다. 반대로 '설득시켜 ~하도록 하다'는 동사 persuade로 나타낼 수 있다. 참고로 dissident는 '반체제인사'라는 뜻이다.

어구 alienate 떼어놓다
cf. cure A of B A로부터 B를 없애다

정답 (b)

38

Since the secretary could not attend the conference, he sent one of his staff as a _____.

(a) deputy
(b) deluge
(c) temperament
(d) travesty

해석 장관은 회의에 참석할 수 없었기 때문에 직원 한명을 대리로 보냈다.

해설 자기 대신 누군가를 대리로 보낼 때 쓰는 표현은 deputy다. deputy에는 이외에도 '부-'라는 뜻이 있어 'deputy prime minister(부총리), deputy mayor(부시장)'와 같이 쓰인다.

어구 deluge (a deluge of = a lot of)
temperament 기질
travesty 희화, 풍자화

정답 (a)

39

He is always good at _____ a feasible excuse for being late.

(a) conversing
(b) concocting
(c) conceding
(d) calculating

해석 그는 항상 늦는 것에 대한 그럴듯한 핑계를 만들어내는 데 일가견이 있다.

해설 '핑계를 만들어내다'는 concoct(make up) an excuse로 표현할 수 있다. concoct는 뭔가를 거짓으로 만들어낼 때나 여러 재료를 섞어 음료 등을 만들 때 concoct a cocktail와 같이 쓴다.

어구 converse 이야기하다
concoct 만들어내다, 날조하다

concede (마지못해) 인정하다

정답 (b)

40

His ship sank under the Pacific Ocean just a month after his insurance policy had _____.

(a) lapsed
(b) elapsed
(c) relapsed
(d) collapsed

해석 그의 배는 보험계약이 만료된 바로 한달 뒤에 태평양 밑으로 가라앉았다.

해설 insurance policy는 '보험 증서'를 뜻한다. 어떤 계약 기간 등이 만료되는 것을 동사로 expire 또는 lapse로 표현한다.

어구 relapse (병이 회복되다가) 도로 악화되다, 재발하다
elapse(= pass)
collapse 붕괴하다

정답 (a)

41

The police _____ the blame on the driver for the accident.

(a) took
(b) caught
(c) held
(d) laid

해석 경찰은 운전자에게 그 사고 책임을 돌렸다.

해설 blame은 '나무라다, 비난하다'의 뜻이다. 문형은 '~에게 탓을 돌리다'란 뜻으로 to ascribe[assign, attribute] blame to someone 또는 to lay[place, put] blame on someone과 같은 형태로 쓴다.

어구 blame ~에게 탓을 돌리다

정답 (d)

42

I don't' have time to tell you the whole story now, but _____, she's getting married.
(a) in the shell
(b) in a nutcracker
(c) in a nutshell
(d) in the bush

해석 지금 구구절절이 이야기할 시간은 없는데 한마디로 말하면 그녀가 결혼한다는 거야.

해설 '요컨대, 간단히 말해서'는 in a nutshell, to put it simply, in short 등으로 표현할 수 있다. bush는 '덤불'이라는 뜻으로 관련표현으로는 A bird in the hand is worth two in the bush(숲의 새 두 마리보다 내 손안의 한 마리가 더 낫다), beat about[around] the bush(핵심을 찌르지 않고 에두르다) 등이 있다.

어구 in the shell 미숙하게
nutcracker 호두까기
bush 덤불

정답 (c)

43

In Oslo, the Nobel Peace Prize _____ received their Nobel Peace Prize from the Chairman of the Norwegian Nobel Committee.
(a) laurels
(b) laureates
(c) nominees
(d) finalists

해석 노벨평화상 수상자들은 오슬로에서 노르웨이 노벨상 위원회 의장으로부터 노벨평화상을 수여받았다.

해설 노벨평화상을 수여받은 사람들은 '수상자'다. laureate, winner, awardee 등을 쓸 수 있다. nominee(지명자, 후보), finalist(최종 후보) 등은 아직 수상 여부가 결정되지 않은 사람들이다.

어구 laurels 월계관, 영광

정답 (b)

44

Thick, creamy smoke _____ from holes in the ground.
(a) dissolved
(b) emanated
(c) eluded
(d) elucidated

해석 짙고 하얀 연기가 땅 속 구멍들로부터 뿜어나왔다.

해설 '(연기, 빛, 냄새 등이) 발산되다'의 뜻은 emanate, release, radiate, emit, give off 등의 동사로 표현할 수 있다.

어구 elude 회피하다, 벗어나다
elucidate 분명히 하다

정답 (b)

45

One of the members of the committee _____ it's time to begin a FTA negotiation with Japan.
(a) contented
(b) contended
(c) contrived
(d) complemented

해석 위원회 위원들 중 하나가 이제 일본과 FTA협상을 시작할 때라고 주장했다.

해설 contend, argue, insist 등이 '주장하다'의 뜻을 나타내는 동사다. 비슷한 형태의 content는 '~에 만족하다'라는 뜻이다.

어구 contented 만족한(= satisfied, happy, pleased, content)
contrive 획책하다, 고안하다

정답 (b)

46

Given the Secretary of State's _____ toward the president's foreign policies, she has no choice but to resign.
(a) antipathy
(b) reliance
(c) concurrence
(d) pretense

해석 국무장관이 대통령의 외교정책에 대해 갖는 반감을 생각한다면 장관은 사임하는 것밖에 선택의 여지가 없다.

해설 사임해야한다는 내용이 뒤에 나오므로 국무장관과 대통령 사이에 반감(antipathy) 내지는 불일치가 있어야 논리적이다. 의존하고 있거나(reliance), 일치하거나 (concurrence) 한다면 사임할 필요가 없다.

어구 antipathy 반감(= hostility, a strong feeling of dislike)

정답 (a)

47

The letter had been addressed incorrectly and had gone _____ .
(a) astray
(b) restless
(c) differently
(d) oddly

해석 그 편지는 주소가 잘못 기재되었기 때문에 엉뚱한 곳으로 가버렸다.

해설 주소를 잘못 쓰는 경우 우편물이 잘못 배달될 경우 go astray라고 표현한다.

어구 go astray 엉뚱한 곳으로 가버리다(= get lost)
cf. lead a person astray 누군가를 나쁜 길로 이끌다, 타락시키다
restless 불안한(= uneasy)

정답 (a)

48

It is rude to _____ while others are talking.
(a) bring in
(b) enter in
(c) cut in
(d) rub in

해석 남이 이야기할 때 말을 끊는 것은 무례한 짓이다.

해설 bring in은 '영입하다' cut in은 '말을 끊다(interrupt)' rub은 '문질러 바르다'의 뜻이다.

어구 rub 문지르다, 비비다

정답 (c)

49

It was not until recently that average people realized that the sun does not _____ around the earth.
(a) resolve
(b) rebound
(c) revolve
(d) reverse

해석 일반인들이 태양이 지구 주위를 돌지 않는다는 사실을 깨닫게 된 것은 그리 오래되지 않았다.

해설 지구가 태양 주위를 '돌다, 회전하다'라고 할 때 revolve around로 표현한다. 물론 기본 동사를 써서, go(turn, move) around라고 써도 된다. rebound는 '되튀다'라는 뜻으로 경기나 주가가 회복되는 것을 뜻하고 resolve는 '해결하다', reverse는 '뒤집다'의 의미다.

어구 resolve 해결하다(= find a solution to~)
cf. resolve to ~할 것을 결심하다
reverse 뒤집다

정답 (c)

50

His term of office as Prime Minister will _____ next year.
(a) accelerate
(b) experience
(c) jerk
(d) terminate

해석 그의 수상으로서의 임기는 내년이면 종료된다.

해설 term(임기)이라는 단어와 collocation을 이루어 쓸 수 있는 단어는 보기 중에서 terminate(종료하다)뿐이다. accelerate는 '가속하다', jerk은 '갑자기 움직이다'는 뜻이다.

어구 terminate (= end completely)

정답 (d)

ACTUAL TEST 2

Answers

Part I

1. (b)	2. (d)	3. (c)	4. (d)	5. (d)
6. (c)	7. (b)	8. (c)	9. (b)	10. (a)
11. (c)	12. (c)	13. (b)	14. (c)	15. (d)
16. (a)	17. (b)	18. (a)	19. (a)	20. (b)
21. (b)	22. (b)	23. (c)	24. (a)	25. (b)

Part II

26. (d)	27. (b)	28. (c)	29. (c)	30. (b)
31. (a)	32. (d)	33. (b)	34. (b)	35. (b)
36. (a)	37. (b)	38. (d)	39. (a)	40. (d)
41. (a)	42. (d)	43. (b)	44. (b)	45. (a)
46. (b)	47. (b)	48. (a)	49. (c)	50. (d)

Part I

1

A You shouldn't have _____ him like that.

B Why not? He needs to know that the world does not revolve around him.

(a) made
(b) punished
(c) destroyed
(d) approached

해석 A 그 애를 그렇게 벌주지 말았어야 했어.
B 왜? 그 아이도 이제 세상이 자기 중심으로 돌지 않는다는 것을 알아야 해.

해설 should have p.p.는 '~하지 말았어야 했다'라는 뜻으로 과거에 대한 후회를 나타낸다. '세상이 그 아이를 중심으로 돌지 않는다(the world does not revolve around him)'는 것을 알아야 한다고 했으므로 자기중심적인 행동이나 태도를 고쳐야 한다는 꾸중이나 징계 등 부정적인 내용이 앞에 나와야 한다. destroy는 '파멸시키다'는 뜻으로 그 의미가 지나치게 강하다.

어구 approach 접근하다, 가까워지다
destroy 파멸시키다

정답 (b)

2

A How was the test?

B It was so hard that I didn't even have enough time to _____ all the questions.

(a) check
(b) retake
(c) raise
(d) answer

해석 A 시험이 어땠어요?
B 너무 어려워서 문제를 다 풀 시간이 모자랐어요.

해설 명사 questions와 함께 쓸 수 있는 동사는 check, raise, answer다. 이 중에서 동사 raise는 '(문제를) 제기하다'는 뜻이고, check는 '확인하다'는 뜻이다. 적절한 답은 '문제에 답하다'란 의미의 answer다. retake는 retake the test와 같이 '(시험을) 다시 치르다'의 뜻으로 쓴다.

어구 retake (시험을) 다시 치르다

정답 (d)

3

A I have only one more day before the midterm but I don't feel like I'm prepared yet.

B Well, you still have time to _____ things into your brain.

(a) jam
(b) pack
(c) cram
(d) shove

해석 A 중간고사까지는 하루밖에 안 남았는데 준비된 것 같지 않아.
B 글쎄, 아직 벼락치기할 시간은 있잖아.

해설 시험 하루 전에 공부해 벼락치기한다고 했으므로 '머릿속에 지식을 억지로 채워 넣다'는 의미인 cram을 써야 한다. 단순히 한글 뜻만 외우지 말고 문맥 속에서 각각의 단어들이 어떻게 쓰이는지 관찰하는 습관을 기르자.

어구 cram 벼락치기하다
pack 채우다
jam 혼잡하게 만들다

정답 (c)

4

A Shall we schedule the meeting for Monday or Tuesday?

B As far as I am _____, Monday would be more convenient.

(a) considered
(b) regarded
(c) related
(d) concerned

해석 A 미팅을 월요일로 잡을까요 아니면, 화요일로 잡을까요?

B 저로서는 월요일이 더 편합니다.

해설 '제 경우에는, 저에 관한한'이라는 의미로 자신의 입장을 말할 때 쓰는 표현은 as far as I am concerned 이다. relate도 concern과 같이 '관련되다'라는 뜻이 있지만 함께 어울려 쓰이지 않으므로 주의하자. 유사 표현으로 As for me가 있다.

어구 relate 관련시키다
cf. be related 친척이다

정답 (d)

5

A Have you _____ a horse?

B No, can you show me how?

(a) driven
(b) taken
(c) run
(d) ridden

해석 A 말 타본 적 있어요?

B 아니요. 어떻게 하는 건지 가르쳐주실래요?

해설 collocation을 묻는 문제다. 탈 것에 관련된 표현의 연어관계는 자주 출제되고 있다. ride a horse(bike) 등과 같이 쓰인다. ride-rode-ridden과 같이 동사변화한다는 것도 기억해두자. 그밖의 교통수단은 Take the bus(subway, taxi) 등으로 동사 take와 같이 쓰는 경우가 많다.

어구 ride (말, 자전거, 모터사이클 등을) 타다

정답 (d)

6

A You look like you're fuming. What's wrong?

B The boss is being so unreasonable! She flared up at me, making a mountain out of a _____!

(a) hillock
(b) knoll
(c) molehill
(d) pile

해석 A 굉장히 화가 난 것 같은데, 무슨 일이에요?

B 상사가 너무 어처구니없어서요! 아무 것도 아닌 일을 과장하면서 나한테 화를 내잖아요.

해설 make a mountain out of a molehill이란 '두더지가 파놓은 흙두덕으로 산을 만든다', 즉 '아무 것도 아닌 일을 과장하다'라는 뜻이다. hillock이나 knoll도 단어 자체는 비슷한 작은 언덕이라는 뜻이지만 이를 대신할 수는 없다. fuming은 말 그대로 김을 뿜는 것인데 노발대발 화가 났을 때의 느낌을 연상해보면 쉽게 기억할 수 있는 단어이다. 이 외에도 '화를 내다'라는 뜻의 기본 단어들이 많으므로 함께 알아두도록 하자.

어구 fume over ~에 대해 화를 내다[= be mad(annoyed, furious, enraged, irate, infuriated, outraged)]
unreasonable 비합리적인, 부당한, 부적절한
flare up (질병, 상처, 분노 등이) 격발하다

정답 (c)

7

A I'm afraid you're getting overweight. Do you watch what you eat?

B I try to, but it's easier _____ than done.

(a) told
(b) said
(c) looked
(d) seemed

해석 A 체중이 너무 늘고 있는 것 같아요. 다이어트를 하고 있나요?

B 애는 쓰는데 말처럼 쉽지가 않네요.

해설 '말처럼 쉽지 않다'라는 표현은 easier said than done이라고 한다. overweight은 '과체중'이라는 뜻이며 병적으로 비만이 심한 경우에는 obese을 쓴다. 반대로 저체중은 underweight으로 표현한다. watch what you eat라는 건 말 그대로 식사를 주의

한다는 말이므로 '다이어트를 하다'는 뜻이 된다.

어구 seem ~처럼 보이다(=appear, give the impression of, look)

정답 (b)

8

A John, what's wrong with your face? It looks swollen.
B I had to go see a dentist to get a cavity _____. It really killed me.
(a) stuffed
(b) blocked
(c) filled
(d) plugged

해석 A 존, 얼굴이 어떻게 된 거예요? 부은 것 같아요.
B 충치를 치료하러 치과에 갔었어요. 아파서 죽는 줄 알았어요.

해설 '충치를 치료하다'는 표현은 get(have) a cavity filled이다. 보기 모두 '채우다, 막다'의 뜻이지만 cavity와 어울려 쓰이는 동사는 fill이다. 한국어 뜻이 같은 동사라고 해도 이처럼 문맥에 따라 다양하게 쓰이므로 각 동사에 어울리는 목적어를 함께 기억해야 한다.

어구 swell-swelled-swollen 붓다, 부풀다
stuff 쑤셔 넣다
block 막다, 봉쇄하다
plug (구멍을) 막다

정답 (c)

9

A I'll _____ you to dinner tonight.
B Thanks. I'll return the favor.
(a) buy
(b) treat
(c) serve
(d) cook

해석 A 오늘 밤 저녁을 살게요.
B 고마워요. 나중에 신세 갚을게요.

해설 '무언가를 사다, 대접하다'라고 할 때 treat을 써서 표현하기도 한다. 이밖에 '내가 사겠다'는 표현으로는 This is on me가 있고, 같은 맥락으로 '(가게에서) 공짜로 서비스한다'는 의미로 쓸 때는 ~on the house라고 한다.

어구 treat someone to something 무언가를 사다, 대접하다

serve (음식을) 내다, 주다(= serve up)

정답 (b)

10

A Why did you buy such an expensive car?
B The sales clerk _____ me into it.
(a) talked
(b) cheated
(c) persuaded
(d) bought

해석 A 왜 그렇게 비싼 차를 샀어요?
B 판매사원의 말에 혹해서 넘어갔어요.

해설 누구를 말로 설득해서 어떤 행동을 하도록 하는 것을 talk someone into -ing로 표현한다. persuade도 같은 뜻이지만 persuade someone to~와 같은 형태로 써야 하며, cheat는 '속인다'는 의미로 쓰인다.

어구 buy 사다
cf. buy into ~을 믿다, 받아들이다
persuade 설득하다

정답 (a)

11

A He insulted the boss in his _____.
B That guy! He's impossible.
(a) front
(b) nose
(c) presence
(d) eyes

해석 A 그가 면전에서 상사를 모욕했지 뭐예요.
B 그 사람은 참! 못 말린다니까.

해설 '면전에서, 그 사람이 있는 곳에서'는 in one's presence로 나타낸다. under one's nose 또는, in front of ~라고 해도 마찬가지 뜻이 된다. 비교해서 before one's eyes라고 하면 바로 내 눈앞에서 어떤 일이 일어났다는 사실을 강조해서 하는 말이다.

어구 presence 존재, 현존
before one's eyes ~의 눈 앞에서

정답 (c)

12

A I hear that you're going to break up with your girlfriend again.

B _____ your own business. I don't want you to butt in my private life.

(a) take
(b) run
(c) mind
(d) care

해석 A 여자친구하고 또 헤어진다고 들었는데.
B 네 일이나 신경 써, 내 사생활에 끼어들지 말고.

해설 mind one's own business는 '자신의 일을 잘하다, 남의 일에 참견하지 않다'는 의미이다. 여기서 '신경 쓰지 말라'는 의미로, None of your business라는 말이 나왔다. '사업을 운영하다'라고 쓸 때는 run a business와 같이 동사 run과 함께 쓴다.

어구 butt in 끼어들다
care 마음을 쓰다(~about)

정답 (c)

13

A Relax, Kelly won't _____ going to prison.

B You never know until the verdict comes out.

(a) end in
(b) end up
(c) turn out
(d) turn in

해석 A 걱정하지마. 켈리가 감옥에 가게 되지는 않을 거야.
B 어떻게 알아. 평결이 나와봐야 알지.

해설 end up –ing(또는 명사)는 '(의도와 상관없이) ~한 처지에 놓이게 되다'라는 뜻이다. 주로 문제에서와 같이 좋지 않은 상황(감옥 등)에서 쓴다. verdict는 배심원단이 유죄 여부를 심의해서 내리는 '평결'을 뜻한다.

어구 end up ~로 끝나다
turn 어떤 결과가 되다, ~로 판명되다(out)
cf. turn in 넘기다, 제출하다
ex. I want everybody to turn a report in.

정답 (b)

14

A I'm _____ up with those mischievous boys at school.

B Why? Did they hide your textbooks again?

(a) kept
(b) signed
(c) fed
(d) made

해석 A 학교의 말썽꾸러기 남자 애들한테 질렸어요.
B 왜? 또 교과서를 숨기기라도 했니?

해설 또 교과서를 숨겼냐는 질문에서 반복되는 행위에 대해 '질렸다'라는 표현이 올 것임을 짐작할 수 있다. keep up with는 '뒤지지 않다', sign up with는 '~와 함께 등록하다', made up with는 '~와 화해하다'는 뜻이다.

어구 mischievous 장난이 심한, 개구쟁이인, 해를 끼치는 (= playful, misbehaving, harmful)
up to ~할 역량이 되다; ~(일을) 꾸미다; ~의 책임이다

정답 (c)

15

A You've made up your mind to drop the chemistry class, right?

B No, I've changed my mind to _____ .

(a) hold it up
(b) pick it up
(c) rule it out
(d) stick it out

해석 A 화학 수업 수강을 취소하기로 결정했지?
B 아니, 마음을 바꿔서 그냥 듣기로 했어.

해설 수강을 취소하기로 결정했다가 마음을 바꿨다는 것이므로 계속해서 유지한다는 표현이 나와야 한다. pick up은 '집어 들다, 선택하다', rule out은 '배제하다'는 뜻으로 어울리지 않는다.

어구 hold up 높이 들다; 검증되다(= prove valid); 포기하지 않고 버티다

정답 (d)

16

A Mr. Brown is running for Congress. Do you think he will win the election?

B I doubt it. He is out of _____ with the current political trend.
    (a) sync
    (b) rhythm
    (c) timing
    (d) point

해석 A 브라운 씨가 국회의원에 출마한다네요. 당선될 수 있을 거 같아요?
    B 어려울 겁니다. 현재의 정치 조류와 잘 맞지 않거든요.

해설 '(시류, 동향 등과) 맞다, 맞지 않다'라고 할 때 in(out of) sync (with~)를 쓴다. 여기서 sync는 '동시성(synchronization)'의 축약이다.

어구 run for 출마하다

정답 (a)

17

A Why was the arrival of your plane delayed?

B _____ was almost zero at the airport because of the thick fog.
    (a) Audibility
    (b) Visibility
    (c) Perception
    (d) Vision

해석 A 비행기가 왜 연착되었어요?
    B 안개가 짙게 껴서 공항의 시계가 거의 0에 가까웠거든요.

해설 안개가 짙으면 앞이 잘 보이지 않는다. 즉 '시계(visibility)'가 떨어진다. audibility는 '(들을 수 있는) 가청도', perception은 '지각', vision은 '시력, 시각'이란 뜻이다.

어구 vision 시력, 시각

정답 (b)

18

A Do you mind if I break in and raise a question?

B Please _____ whenever you have something to ask.
    (a) speak out
    (b) tell out
    (c) talk out
    (d) talk back

해석 A 잠시 중간에 질문을 해도 괜찮을까요?
    B 질문이 있으면 언제든지 거리낌 없이 말씀하세요.

해설 speak out(up)은 '터놓고 말하다'. break in은 '침입하다, 말참견하다'의 뜻이다. 즉, 남이 말하는 중간에 끼어들어서 질문을 한다는 뜻이 된다.

어구 talk out (문제를 해결하기 위해 철저히) 의논하다
talk back 말대꾸하다

정답 (a)

19

A How do you manage to stay in _____?

B I work out regularly at the gym.
    (a) shape
    (b) balance
    (c) trend
    (d) fitness

해석 A 어떻게 항상 건강을 유지하세요?
    B 헬스클럽에서 규칙적으로 운동을 하고 있거든요.

해설 in shape은 '건강 상태가 좋은, 날씬한' 등의 뜻이다. 반대표현은 out of shape이다. stay in shape(fit)과 같이 쓰면 '건강을 유지하다, 몸매를 유지하다'라는 뜻이 된다. 참고로 work out(= exercise)은 '운동하다'라는 뜻이다.

어구 in balance 균형잡힌, 조화된
off balance 균형을 잃고

정답 (a)

20

A Wow, it certainly is an _____ day. I hate this rainy season.

B Yeah, I'm getting tired of all this rain, too.

(a) awesome
(b) awful
(c) awkward
(d) amazing

해석 A 오늘은 정말 끔찍한 날이다. 장마철은 정말 싫어.
　　 B 그래, 나도 이젠 비가 지긋지긋해.

해설 장마철이 매우 싫다는 내용으로 부정적인 어감의 단어가 들어가야 한다. awkward는 '어색한, 불편한'의 뜻이므로 어울리지 않는다. awesome과 awful은 철자가 비슷하지만 뜻은 전혀 반대로 특히 구어에서 아주 좋을 때 awesome을, awful은 '끔찍하게 싫다'는 뜻으로 쓴다.

어구 awesome 좋은, 훌륭한(= awe-inspiring, amazing, stunning, impressive, astonishing)
awkward 어색한, 다루기 힘든

정답 (b)

21

A Does your son get along with the kids at the new school?

B No, he is the type who doesn't mix with people. He is a _____.

(a) homebody
(b) loner
(c) night owl
(d) morning person

해석 A 아이가 새 학교에서 다른 아이들과 잘 어울리나요?
　　 B 아뇨. 그 애는 사람들과 잘 섞이지 않는 타입이에요. 외톨이라니까요.

해설 사람들과 잘 어울리지 못하는 사람, 혼자 있는 것을 더 좋아하는 사람을 loner(외톨이)라고 한다. homebody도 비슷한 느낌이 있지만 좀 더 집에서 시간을 많이 보내는 '가정적'이라는 것에 초점이 맞춰져 있다. night owl은 밤시간에 주로 활동하는 사람이며 morning person은 반대로 일찍 일어나고 일찍 자는 사람을 말한다.

어구 loner 외톨이
ex. I'm very much a loner. I never go out.

정답 (b)

22

A Well, I had a slight problem with my assignment.

B _____ it to me straight. Don't make any excuses.

(a) Bring
(b) Give
(c) Take
(d) Spell

해석 A 음, 숙제에 약간의 문제가 생겼는데요.
　　 B 돌려 말하지 말고 얘기해. 핑계도 대지 말고.

해설 숙제를 제출해야 하는데 미적미적 말을 돌리고 있는 상황이다. '말을 돌리지 않고 직접적으로 말하다'라고 할 때 give~straight를 써서 표현한다. spell out은 '분명하게 설명해주다'라는 뜻이다.

어구 assignment 과제
excuse 구실, 핑계

정답 (b)

23

A Do you have a(n) _____ girlfriend?

B Yeah, I've been dating my girlfriend for three years now.

(a) stable
(b) old
(c) steady
(d) persistent

해석 A 정식으로 사귀는 여자친구가 있어요?
　　 B 네, 그리고 그 여자친구와 지금 3년째 사귀고 있어요.

해설 한 사람과 꾸준히 사귀는 것을 go steady라고 하고 그런 상대를 steady girlfriend(boyfriend)라고 한다. stable도 '안정적'이라는 뜻이 있지만 어휘 문제를 풀 때 단지 한국말 해석이 비슷한 것은 큰 의미가 없다. 어떤 특정 맥락에서 쓰이는지를 아는 것이 중요하다. old girlfriend라고 하면 지금은 헤어진 옛 여자친구(= old flame)라는 뜻이 된다.

어구 stable 안정적인, 변하지 않는
persistent (주로 부정적 상황에서) 지속적인

정답 (c)

24

A Hey, can you help me move this suitcase upstairs? It's too heavy for me.

B Sorry, I'm _____ up at the moment.

(a) tied
(b) fastened
(c) bound
(d) linked

해석 A 저기요, 이 가방을 위층으로 옮기는 데 도와줄래요? 너무 무거워서요.
B 미안해요, 지금 다른 일을 하는 중이라서요.

해설 도움을 요청하는데 거절하는 것은 주로 다른 일로 너무 바쁘기 때문이다. 이 경우 쓰는 표현이 be tied up(= be busy)이다. 손발이 꽉 묶였다는 걸 연상하면 쉽게 접근할 수 있다. fasten up은 단추나 끈으로 맬 때 쓰는 표현이고 bind up은 '붕대 등으로 감싸다'의 의미고, link up은 '연결하다, 접속하다'는 뜻으로 쓰인다는 것을 알아두자.

어구 turn out ~한 결과가 되다

정답 (a)

25

A I heard you got lost in the woods the other night.

B Yes, it was a really _____ experience.

(a) embarrassing
(b) frightening
(c) delightful
(d) pleasant

해석 A 지난 밤에 숲에서 길을 잃었다면서요.
B 네, 정말 무서웠어요.

해설 밤에 숲에서 길을 잃는다면? 혹여 귀신이라도 튀어나오지 않을까 굉장히 두려울 것(frightening)이다. delightful하거나 pleasant한 것과는 거리가 먼 경험일 것이므로 (b)가 답이다. 기본 감정 표현을 묻는 일상 표현 문제는 늘 출제되는 아이템임을 기억하자.

어구 embarrass 당황시키다
delightful 매우 기쁜(= lovely, pleasant)
pleasant 유쾌한, 기분 좋은

정답 (b)

26

Legends are part of a(n) _____ tradition before finally being put down in print.

(a) vocal
(b) visual
(c) written
(d) oral

해석 전설은 문자로 인쇄되기 전까지 구전되던 전승의 일부분이다.

해설 문자로 인쇄되기 전이라면 입에서 입으로 전해지는 구전 상태로 보는 것이 적절하다. 즉 oral tradition이 답이다. 그밖에 구술 시험(oral test), 구술 증거(oral testimony)와 같은 형태로도 쓰인다. 반대의 뜻으로는 보통 written을 써서, written test(서면 시험)와 같이 표현한다.

어구 vocal 목소리의; 목소리를 높인, 목소리를 내는, (의견을) 소리 높여 내세우는

정답 (d)

27

This novelist has been _____ as one of the most talented writers in Japan.

(a) accounted
(b) acclaimed
(c) abridged
(d) acceded

해석 이 소설가는 일본에서 가장 재능 있는 작가 중 한 명으로 칭송되었다.

해설 가장 뛰어난 재능을 가진 사람이므로 '칭송하다'로 연결 되는 것이 어울린다. acclaim A as B는 'A를 갈채하여 B로 맞아들이다'는 뜻이다. The people acclaimed him as a national hero와 같은 형태로 쓴다.

어구 accede 동의하다(= agree, ascent)
abridge 요약하다, 초록하다

정답 (b)

28

The strict discipline and superior leadership of the Spartan soldiers made them all but _____.

(a) mercenary
(b) meticulous
(c) invincible
(d) impulsive

해석 엄격한 규율과 뛰어난 지도력으로 스파르타의 군인들은 무적이 되었다.

해설 엄격하게 훈련하고 지도부가 뛰어나다면 그 병사들은 '천하무적'일 것이다. invincible외에도 impregnable, indomitable, unbeatable, insurmountable 등도 같은 뜻이다.

어구 all but 거의 ~나 다름없는
mercenary (돈을 받고 싸우는) 용병
meticulous 꼼꼼한, 세심한
impulsive 충동적인; 추진력 있는

정답 (c)

29

Islamic family laws in Iran should be _____ because they discriminate against women.

(a) regained
(b) renewed
(c) reformed
(d) restored

해석 이란의 이슬람 가족법은 개혁되어야 하는데 그 법이 여성들을 차별하기 때문이다.

해설 법은 여성을 차별(discriminate)하기 때문에 개혁(reform)의 대상이 되어야 한다. 따라서 (c)가 답이다.

어구 Islamic 회교도인인
reform 개혁하다
discriminate 차별하다

정답 (c)

30

The book is _____ "*Crime and Punishment*."

(a) treated
(b) entitled
(c) recited
(d) written

해석 이 책의 제목은 '죄와 벌'이다.

해설 '제목'은 title이고 그 동사형태가 entitle이다. 명사나 형용사에 'en-' 접두어를 붙여 흔히 타동사를 만든다. 따라서 entitle은 '~라고 제목을 붙이다'라는 뜻이 된다.

어구 entitle 이름 붙이다; 자격을 주다

정답 (b)

31

The magician opened the big box where a woman standing but she was _____ from sight.

(a) vanished
(b) banished
(c) appeared
(d) emerged

해석 마술사가 여자가 서있던 큰 상자를 열자 여자는 사라지고 없었다.

해설 여자가 서있었고 but으로 연결되어 있으므로 시야로부터 '사라졌다'고 보는 것이 문맥상 자연스럽다. appear와 emerge는 '나타나다'는 뜻이고 banish는 혼동되는 유사어로 '추방하다'는 뜻이다.

어구 banish(= expel) 추방하다

정답 (a)

32

The threat of war has _____ business activity.

(a) accelerated
(b) improved
(c) relieved
(d) depressed

해석 전쟁의 위협 때문에 사업이 위축되었다.

해설 전쟁의 위협이 있다면 사업은 어떻게 될까? 침체되거나 위축될(depress) 것이다. accelerate는 활발해질 때 쓰는 표현이며, improve도 마찬가지이다.

어구 relieve 약화시키다, 경감하다; 덜어주다(~of)

정답 (d)

33

The court made a decision to _____ the criminal suspects under the Immigration and Nationality Act.

(a) retain
(b) detain
(c) contain
(d) regain

해석 법정은 이민 및 국적법령에 따라 범죄 용의자들을 구금하기로 결정했다.

해설 문맥상 용의자를 '구금하다'가 어울린다. retain은 '계속 보유하다', regain은 '다시 얻다'라는 뜻으로 모두 어울리지 않는다.

어구 suspect 용의자
retain(= maintain, reserve, preserve, keep up, continue to have) 계속 보유하다

정답 (b)

34

Because there was much disparity among the members of the jury, they were not able to reach a common _____.

(a) deliberation
(b) verdict
(c) agreement
(d) discussion

해석 배심원들 간에 의견차가 많았기 때문에 그들은 공통된 평결에 이를 수 없었다.

해설 미국의 사법제도는 배심제도를 채택하고 있어 배심원단(jury)이 심의(deliberation) 끝에 유무죄(guilty or not guilty)의 '평결(verdict)'을 내린다. 정해진 법률용어이면서 자주 쓰이는 것이므로 정리해두자. 반면 판사(judge)가 내리는 것은 '판결(ruling)'이다.

어구 disparity 불일치, 불균형
deliberate 심의하다; 신중히 생각하다

정답 (b)

35

If there is a way to _____ the fog that sits over the airports, air travel would probably be much safer.

(a) dissent
(b) dissipate
(c) dissect
(d) disrupt

해석 공항에 낀 안개를 사라지게 할 방법이 있다면 항공기를 통한 여행이 훨씬 더 안전해질 것이다.

해설 dis-라는 접두어는 흔히 '반대, 분리, 부정'의 의미를 만든다. 이를테면 dissent는 '반대하다', dissect는 '해부하다', dissipate는 '사라지다, 약화되다'의 뜻이 된다. 안개는 사라지는 것이므로 dissipate가 옳다. 안개와 관련된 표현을 좀 더 정리해보면 '짙은 안개'는 dense[heavy, thick] fog이라고 하고, 옅은 안개는 light fog이라 하며, '안개가 걷히다'는 fog clears[lets up, lifts]라고 한다.

어구 dissipate 약화되다
dissect 해부하다

정답 (b)

36

As men encroaches on their breeding grounds, the number of the birds has _____ and scientists worry that the species may become extinct.

(a) dwindled
(b) increased
(c) surged
(d) soared

해석 인간이 산란장소를 침해하기 시작하면서 그 새의 수가 줄어들어 과학자들은 그 종이 멸종되지 않을까 우려하고 있다.

해설 여기서 men은 human, 즉 '인간'이라는 뜻이다. extinct, 즉 멸종될 것을 우려할 정도라면 숫자가 '줄어들어야' 한다. 나머지 보기는 모두 '증가하다'의 의미이므로 답이 될 수 없다. 참고로 멸종위기에 처한 종은 endangered species라고 한다.

어구 surge (갑자기 대량으로) 증가하다; 몰려나오다, 쏟아져 나오다
soar 치솟다

정답 (a)

37

Police fired shots and used teargas to _____ the demonstrators.

(a) displace
(b) disperse
(c) dispose
(d) disregard

해석 경찰은 시위대를 해산시키기 위해 총을 쏘고 최루탄을 발사했다.

해설 시위대에 최루가스를 쏘는 것은 해산을 목적으로 하는 것이다. 사람들을 '흩어놓다'고 할 때 disperse(= break up)를 쓴다.

어구 fire shot 발포하다
the teargas 최루탄
the demonstrators 시위대
displace 대체하다
disregard 무시하다, 경시하다
dispose (of) 처분하다; 다루다, 해결하다

정답 (b)

38

Mrs. Lee makes it a point to notice the parents when students are absent without prior notice, and she will not _____ from this rule in your case.

(a) ignore
(b) meet
(c) reveal
(d) deviate

해석 리 선생님은 학생들이 미리 통보하지 않고 결석했을 때는 부모에게 알리는 것을 원칙으로 하고 있으니 너의 경우만 예외로 해주지는 않을 것이다.

해설 make it a point(rule) to~ 는 '~를 원칙으로 하다, 예외가 없다'라는 뜻이다. deviate는 '일탈하다, 정도에서 벗어나다'는 뜻이므로 문맥과 가장 어울린다.

어구 notice 통보, 통지
reveal 밝히다, 누설하다
deviate (~로부터) 벗어나다, (관습과) 다르게 하다

정답 (d)

39

City officials are trying to _____ alcohol use in public places.

(a) crack down on
(b) hit the nail on
(c) let off steam of
(d) hit the ceiling of

해석 시 관계자들은 공공장소에서의 술을 먹는 것을 단속하려한다.

해설 공공장소에서 술을 먹는 행위를 '단속'한다는 것이 논리적으로 적절하다. 적절한 숙어는 보기 중에서 (a)다.

어구 crack down on 단속하다
hit the nail on the head 정곡을 찌르다
let off steam 억눌린 감정을 해소하다
hit the ceiling 화를 내며 소리지르다

정답 (a)

40

The volcano _____ in 1990, devastating a large area of Washington state.

(a) exploded
(b) appeared
(c) dismissed
(d) erupted

해석 화산이 1990년 폭발하여 워싱턴 주의 넓은 지역을 황폐화시켰다.

해설 collocation을 묻는 문제다. 화산(volcano)은 '폭발(erupt)'하는 것이므로 (d)가 정답이다. 같은 폭발이라 해도 explode와는 함께 쓰지 않음에 유의하자.

어구 erupt(= break out) 폭발하다
dismiss 해산하다

정답 (d)

41

If you _____ all the items as much as possible, you can hold everything within a single suitcase.

(a) compress
(b) encumber
(c) comprehend
(d) comprise

해석 모든 품목을 가능한 최대로 압축하면 슈트케이스 하나

에 전부 집어넣을 수 있다.

해설 가방 하나에 모두 집어넣으려면 최대한 압축해야
(compress) 한다. '글을 줄이다'는 의미로도 쓰이는데
이때는 condense와 같은 의미가 된다.

어구 compress 압축하다
encumber 방해하다(= hinder, hamper)
comprise 구성하다

정답 (a)

42

He heard men crying out, _____
Allah to save them.
(a) bewitching
(b) surrounding
(c) enriching
(d) beseeching

해석 그는 사람들이 울부짖으며 알라신에게 구원해달라고
탄원하는 소리를 들었다.

해설 울부짖으며 구원해달라고 하는 것은 '탄원, 청원'이다.
bewitch는 '마법을 걸다', enrich는 '풍요롭게 하다'의
뜻이다. 특히 아주 간곡하게 청하는 것이 beseech다.

어구 beseech 탄원하다
bewitch 요술을 걸다, 호리다

정답 (d)

43

He knew that it would not be smooth, but
never expected to _____ so many
problems.
(a) enchant
(b) encounter
(c) encircle
(d) enrich

해석 그는 그것이 순탄하지는 않을 것이라는 것을 알고 있
었지만 그토록 많은 문제에 부딪칠 거라고는 예상하지
못했다.

해설 smooth는 '순탄한'의 뜻이며, rosy라고도 한다. 반
대로 길이 험하다는 표현은 rough, tough를 쓴다.
'문제에 부딪치다'라고 할 때 encounter problems
로 표현할 수 있다. 이를 대신해서 쓸 수 있는 동사로는
bump into, come across, confront, face 등이
있다.

어구 enchant 마법을 걸다, 매혹시키다
encircle 에워싸다

정답 (b)

44

Delegates accused them of trying to
_____ taxes as a Florida real-estate
speculator.
(a) execute
(b) evade
(c) assign
(d) accomplish

해석 대리인단은 플로리다에서 부동산 투기를 하면서 세금
을 회피하려 했다고 그들을 비난했다.

해설 비난의 대상이 되었으므로 세금과 더불어 부정적인 내
용은 회피(tax evasion, tax aversion)하는 것이다.
참고로 '면세'는 tax-exempt로 표현한다.

어구 delegate 대표, 사절
real estate speculator 부동산 투기꾼
evade 회피하다
assign 과제를 주다, 할당하다

정답 (b)

45

The factory owner _____ a deaf ear
to the demand of the workers.
(a) turned
(b) had
(c) set
(d) put

해석 공장주는 직원들의 요구를 무시했다.

해설 '~를 무시하다'라고 할 때 turn a deaf ear라고 쓴다.
또는 소 귀에 경읽기와 같은 느낌으로 ~fall on deaf
ears라고도 한다. 참고로 turn a blind eye to~가
있는데 '눈감아주다'라는 뜻이다.

어구 turn a deaf ear to(= fall on deaf ears) ~를 무
시하다

정답 (a)

46

The Thanksgiving Sale is based on a first-come first-served _____.

(a) rule
(b) basis
(c) plan
(d) pattern

해석 추수감사절 세일은 먼저 오는 고객에게 먼저 봉사한다는 원칙으로 진행된다.

해설 '어떤 원칙이나 기반으로'는 on a ~ basis로 표현한다. on a first-come first-served basis 외에도 on a free-lance basis(프리랜스로), on a regular basis(정기적으로) 등 다양하게 쓸 수 있다.

어구 basis 기초, 기반
pattern 패턴, 유형

정답 (b)

47

The person who orchestrated the bombing is still on the _____.

(a) race
(b) loose
(c) spiral
(d) chase

해석 폭격을 배후조종한 인물은 여전히 도주 중이다.

해설 폭격을 배후조종한 인물은 용의자이며 이와 함께 '도주 중'이라는 표현이 어울린다. be on the loose는 '(죄수가) 도망치다'라는 뜻이다. 관련표현으로 break loose(도망치다)가 있다.

어구 spiral 나선

정답 (b)

48

After years of service in the Riyadh embassy, he became extremely _____ at Middle Eastern diplomacy.

(a) adept
(b) ambiguous
(c) tricky
(d) ambivalent

해석 리야드 대사관에서 수년을 재직한 후 그는 중동 외교 문제에 아주 능통해졌다.

해설 수년을 한 지역에서 근무하다보면 관련 분야에 능통 (adept, versed, skillful, expert)해질 것이다.

어구 ambiguous 애매한
tricky 교묘한
ambivalent 양면 가치의, 서로 용납하지 않는

정답 (a)

49

Many factory workers are being _____ due to the country's deteriorating economy.

(a) laid on
(b) laid up
(c) laid off
(d) laid out

해석 국가경제가 침체되면서 많은 공장노동자들이 대량해고 되고 있다.

해설 경기가 안 좋아지면 임직원들의 대량해고 내지 감원이 발생한다. 이때 lay off는 개인을 해고하는 fire, ax 등과는 다르게 경기가 좋지 않아 하는 수없이 하는 감원을 뜻한다.

어구 lay on 공급하다
lay up 사용하지 않다
lay out 구성하다

정답 (c)

50

When the news of his _____ with the enemy became known, he was hanged in effigy.

(a) involvement
(b) conversations
(c) bickering
(d) collusion

해석 적과 공모했다는 소식이 알려지자 사람들이 그를 닮은 인형을 만들어 처형하였다.

해설 collusion은 '결탁, 공모'의 뜻이다. 인형을 만들어 처형할 정도의 일이 되려면 단순한 개입 정도 의미인 involvement보다 collusion이 더 확실하다고 할 수 있다.

어구 effigy 우상, 초상; 닮은 인형
bicker 말다툼하다(= quarrel, argue)
collusion 결탁, 공모

정답 (d)

Answers

Part I

1. (b)	2. (b)	3. (d)	4. (d)	5. (b)
6. (b)	7. (a)	8. (b)	9. (b)	10. (a)
11. (b)	12. (d)	13. (c)	14. (d)	15. (d)
16. (c)	17. (b)	18. (a)	19. (b)	20. (c)
21. (d)	22. (b)	23. (a)	24. (c)	25. (c)

Part II

26. (b)	27. (a)	28. (a)	29. (d)	30. (b)
31. (a)	32. (b)	33. (d)	34. (b)	35. (c)
36. (c)	37. (a)	38. (d)	39. (b)	40. (c)
41. (c)	42. (b)	43. (b)	44. (c)	45. (b)
46. (d)	47. (a)	48. (c)	49. (b)	50. (a)

Part I

1

A Are you of the same opinion about the matter?

B No, no agreement was _____.

(a) resolved
(b) reached
(c) got
(d) taken

해석 A 그 문제에 대해 같은 의견입니까?
B 아니오, 합의에 도달하지 못했습니다.

해설 of the same opinion은 '~에 대해 의견이 같은'이라는 뜻이다. 이 문제의 단서는 agreement다. 한국말로 '합의에 이르다'라는 collocation이 있듯이 영어로는 reach an agreement라고 한다. 그밖에 reach 대신 come to, conclude, enter into, negotiate, work out을 써도 된다.

어구 resolve 해결하다; 결의하다

정답 (b)

2

A I always go to sleep around the same time each night.

B Me, too. If I _____ late, I tend to oversleep the next day and be late for work.

(a) wake up
(b) stay up
(c) stand out
(d) set up

해석 A 저는 매일 밤 같은 시간에 잠자리에 듭니다.
B 저도요. 늦게까지 깨어있는 날이면 늦잠을 자고 회사에 지각하곤 하지요.

해설 대화 내용과 if 절로 연결된 부분에서 힌트를 얻을 수 있다. 늦잠을 자게 되는 것은 늦게까지 깨어있었을 경우고 이는 stay up late이라고 표현한다. stand out은 '~이 두드러지다', set up은 '설정하다'의 뜻이다.

어구 oversleep 늦잠 자다

정답 (b)

3

A I haven't heard from Pete for the last few weeks.

B He must be _____, with work.

(a) washed
(b) clouded
(c) snowed
(d) swamped

해석 A 지난 몇 주 동안 피트한테서 소식을 듣지 못했어요.
B 직장에서 일 때문에 꼼짝달싹 못하고 있을 거에요.

해설 A가 피트로부터 통 소식이 없다고 말하고 있으므로 그가 몹시 바빠서 연락할 틈이 없을 거라는 말이 이어져야 자연스럽다. washed는 washed-out, washed-up과 같이 써서 '지친, 기진맥진한'의 뜻이 된다. clouded는 구름이 낀 것처럼 머리가 흐릿한 상태를 표현할 때 쓴다. snowed는 be snowed under와 같이 써서 '눈에 묻히다, 수량으로 압도 당하다'의 뜻이 된다.

어구 hear from ~로부터 소식이 있다
clouded 멍한, 흐릿한, 침울한
snowed 눈에 묻힌, 압도된
swamped 쇄도하는, 꼼짝달싹 못하는

정답 (d)

4

A There's a rumor around that you're getting a divorce. Is it true?

B I'm afraid you're getting too _____ ____.

(a) prejudiced
(b) selfish
(c) private
(d) personal

해석 A 이혼한다는 소문이 돌던데. 사실이에요?
　　 B 너무 개인적인 문제에 끼어드는 거 같네요.

해설 There is a rumor that~은 '~라는 소문이 돈다'라는 뜻이다. '개인적인(사생활) 문제'는 personal matter 라고 한다. 하지만 become personal이 되면 개인적인 인신공격을 하는 것의 의미도 된다. private은 '공적인(public)'과 구별되는 '사적인'의 의미로 private car, private life와 같이 쓴다.

어구 prejudiced 편견이 있는
　　 selfish 이기적인

정답 (d)

5

A There are serious _____ in the way we teach communication in the university.

B Yes, our professors are mainly focusing on theories not related to real-life situations.

(a) losses
(b) flaws
(c) misdeeds
(d) consequences

해석 A 대학에서 커뮤니케이션을 가르치는 방식에 심각한 결함이 있어요.
　　 B 그래요. 교수들이 주로 실제 상황이 아닌 이론에만 집중하지요.

해설 loss는 '손실', misdeed는 '악행, 비행'의 뜻으로 문맥상 적절치 못하다. 이론 또는 방법의 '결함(flaw)'이 적절하게 어울린다.

어구 communication 의사소통, 커뮤니케이션

정답 (b)

6

A You know what! Jane _____ my proposal.

B Congratulations. I hope everything works out well.

(a) helped
(b) accepted
(c) wanted
(d) dreamed

해석 A 있잖아! 제인이 내 청혼을 받아들였어.
　　 B 축하해! 모든 일이 다 잘되길 바란다.

해설 빈 칸 뒤의 명사 proposal과 함께 연어 관계를 이뤄 '제안을 받아들이다'는 뜻이 되도록 하는 동사는 accept 다.

어구 work out 강구하다; 산출하다; 성취하다; 운동하다
　　 congratulation 축하

정답 (b)

7

A Oh my goodness, all the data on this hard drive has been destroyed.

B Did you _____ it anywhere else?

(a) save
(b) make
(c) bring
(d) contain

해석 A 이런. 이 하드 드라이브에 있던 자료가 다 손상됐어.
　　 B 어디 다른 곳에 저장해 두었어?

해설 데이터 등을 저장할 때는 save를 쓴다. 예비로 또 한 벌의 데이터를 저장해두는 것, 즉 백업하는 것은 그대로 back up으로 표현한다.

어구 destroy 파괴하다
　　 contain 포함하다

정답 (a)

8

A Do I need the membership card to _____ movies here?

B Yes, but it's free. It's just to help us keep track of customer billing.

(a) lease
(b) rent
(c) borrow
(d) lend

해석 A 여기서 영화를 빌리려면 회원 카드를 만들어야 하나요?

B 네, 하지만 돈은 받지 않아요. 고객 정보를 보관하기 위해서 만들 뿐이에요.

해설 lease와 rent는 비슷한 뜻이지만 movie와 같이 쓸 때는 rent movies라고 한다.

어구 membership 회원권, 회원자격
track 흔적, 궤도, (사건의) 연속
ex. keep track of ~의 진로를 쫓다; ~을 놓치지 않고 따라가다; ~의 소식을 알고 있다

정답 (b)

9

A What's the best _____ to get the City Hall from here?

B Why don't you take the subway? It would be the fastest when traffic is bad like this.

(a) route
(b) way
(c) road
(d) path

해석 A 여기서 시청에 가는데 가장 좋은 방법이 뭔가요?

B 지하철을 타지 그래요? 이렇게 교통이 혼잡할 때는 그게 가장 빨라요.

해설 '길'을 의미하는 여러 단어가 제시되고 있다. 일반적인 '방법'의 의미일 때는 way를 쓰면 된다.

어구 route 길, 노선
path 길, 보도, 코스, 행로

정답 (b)

10

A Why didn't you _____ up yesterday?

B Something unexpected came up.

(a) show
(b) get
(c) go
(d) pop

해석 A 어제 왜 나오지 않았어요?

B 예상하지 못한 일이 갑자기 생겼어요.

해설 show up(= appear)은 '나타나다, 모습을 보이다'의 의미다. pop up은 '불쑥 나타나다'는 뜻이다. get up은 '(자리에서) 일어나다'의 뜻이므로 거리가 멀다.

어구 unexpected 예기치 않은, 예상치 못한

정답 (a)

11

A Please _____ it to yourself until we announce it officially.

B Don't worry. My lips are sealed.

(a) stop
(b) keep
(c) remain
(d) know

해석 A 우리가 공식적으로 발표할 때까지는 혼자만 알고 계십시오.

B 걱정하지 마세요. 아무 말도 하지 않겠습니다.

해설 lips are sealed라고 하면 말 그대로 '입을 봉하고 있다, 비밀을 지키다'라는 뜻이므로 keep ~ to oneself와도 내용이 어울린다. announce는 공식적으로 발표하는 것이니 정반대의 뜻이 된다.

어구 announce 공표하다, 발표하다
seal 봉하다; 도장을 찍다

정답 (b)

12

A How many books can I check out?

B Up to four books at a time but they should be _____ in two weeks.

(a) over
(b) due
(c) finished
(d) returned

해석　A　책을 몇 권이나 빌려갈 수 있나요?
　　　B　한 번에 네 권까지고 2주 내로 반납하셔야 합니다.

해설　대화 내용으로 보아 도서관에서 책을 빌리는 것에 관한 이야기임을 알 수 있다. 대출한 뒤에 2주 후에는 반납 (return)해야 한다고 보는 것이 옳다. due는 청구서, 대출 등의 '기한'을 말할 때 쓰는 표현이다. 참고로 '늦어지는 것(연체)'은 overdue라고 한다.

어구　due 때가 된, 만기가 된
　　　ex. This bill is due.
　　　up to ~까지

정답　(d)

13
A　When did you go to the dry cleaner's?
B　I went yesterday to _____ my dress.
　　(a) receive
　　(b) snap
　　(c) get
　　(d) buy

해석　A　세탁소에는 언제 갔었어요?
　　　B　내 드레스를 찾으러 어제 갔었어요.

해설　세탁소에 가서 드레스를 '찾아왔을 것'이라고 짐작할 수 있다. 받거나(receive), 사거나(buy) 하는 것은 어울리지 않는다.

어구　dry cleaner's 세탁소
　　　snap 잡아채다

정답　(c)

14
A　How was the interview?
B　They _____ me a great offer!
　　(a) settled
　　(b) demonstrated
　　(c) determined
　　(d) proposed

해석　A　인터뷰는 어땠어요?
　　　B　그쪽에서 멋진 제안을 해왔어요!

해설　문제에서 단서가 되는 단어는 offer로서, offer를 목적어로 가질 수 있는 동사 중에서 내용이 맞는 것을 찾으면 된다. '제안하다'는 make(propose) an offer로 표현할 수 있다.

어구　offer 제공, 제안

settle 해결하다, 정착하다
demonstrate 논증하다, 설명하다

정답　(d)

15
A　In my view, professional wrestling should be banned.
B　I agree. It's so dangerous. Wrestlers sometimes suffer _____ brain damage.
　　(a) unabashed
　　(b) invincible
　　(c) invaluable
　　(d) irreversible

해석　A　제 생각으로는 프로 레슬링은 금지되어야 해요.
　　　B　맞아요. 너무 위험해요. 때때로 레슬러들이 돌이킬 수 없는 뇌손상을 입거든요.

해설　위험하다는 말에 초점을 맞추고, '손상(damage)'이라는 표현과 어울리는 단어를 찾으면 된다. 돌이킬 수 없는 손상은 irreversible damage로 표현한다. 그밖의 선택지들은 damage와 전혀 어울리지 않는다.

어구　ban 금지하다
　　　unabashed 뻔뻔한, 태연한
　　　invincible 무적의
　　　invaluable 소중한

정답　(d)

16
A　Mom, can I stay at Steve's place over the weekend?
B　No, that's out of the _____.
　　(a) inquiry
　　(b) asking
　　(c) question
　　(d) curiosity

해석　A　엄마, 주말에 스티브네 집에 가서 자고 와도 돼요?
　　　B　안 돼. 생각도 마라.

해설　Can I~하면서 허락을 구했는데 No라고 거절했다. 그렇다면 아예 '생각도 하지 마라'는 의미의 That's out of the question이 어울린다. out of the curiosity는 '호기심에서'라는 뜻이다.

어구　inquiry 연구, 조사, 질문

정답　(c)

17

A I don't mean to be nosy, but both of you are wrong in my opinion.

B This is none of your _____. You have nothing to do with this.

(a) matters
(b) concern
(c) things
(d) affairs

해석 A 참견하고 싶은 건 아니지만 내 생각엔 둘 다 틀렸어.
B 이건 네가 참견할 문제가 아니야. 넌 이 문제랑 아무 상관도 없잖아.

해설 mean to는 '~할 의도이다'의 뜻이다. nosy는 '참견하는'이란 뜻으로 'none of your concern(상관하지 마)'와 어울리는 단어다.

어구 nosy 참견하는
affair 사건; 일

정답 (b)

18

A She is a lot faster than Jane.

B That's beside the _____. We want accuracy, not speed.

(a) point
(b) problem
(c) sight
(d) remark

해석 A 그녀가 제인보다 훨씬 빨라요.
B 그건 요점에서 벗어나는 거죠. 우리는 속도가 아니라 정확성을 원해요.

해설 문맥상 '논점에서 벗어난'이란 뜻의 beside the point거 정답이다. point가 들어가는 빈출 숙어들의 뜻을 정리해두자.
to the point 적절한, 딱 들어맞는
beside the point 요점에서 벗어난

어구 accuracy 정확도, 정밀도
ex. accuracy of information

정답 (a)

19

A Dad, if I don't clean out the garage, does that mean I don't get any allowance?

B That's about the _____ of it.

(a) form
(b) size
(c) length
(d) square

해석 A 아빠, 제가 만일 차고를 청소하지 않으면 용돈을 받을 수 없다는 뜻인가요?
B 그렇다고 볼 수 있지.

해설 That's about the size of it는 '사정, 실상이 대략 그렇다'는 뜻으로 질문에 대한 답변으로 어울린다.

어구 garage 차고 cf. garage sale (차고 등에서) 집에서 쓰던 물건을 파는 것
allowance 용돈, 수당

정답 (b)

20

A I can't stand Marry.

B _____ off it! You asked her out last week.

(a) Go
(b) Make
(c) Come
(d) Bring

해석 A 메리 때문에 참기가 힘들어.
B 속 보이는 소리 그만 둬. 지난주에 메리한테 데이트 신청을 했었잖아.

해설 데이트 신청을 해놓고 남들 앞에서는 반대로 이야기하고 있으므로 '속 보이는 뻔 한 거짓말 그만둬라'라는 come off it으로 표현한다.

어구 Come off it 뻔 한 거짓말 하지 마

정답 (c)

21

A　Pamela, you really look haggard.

B　Yes, I caught a bad flu last week, and I'm still feeling under the _____.

(a) blue
(b) cloud
(c) tree
(d) weather

해석　A　파멜라, 정말 수척해 보여요.

　　B　그러게요. 지난주에 악성 독감에 걸려서 아직도 몸이 편칠 않아요.

해설　'수척한(haggard), 독감(flu)' 등의 단어를 통해 짐작할 수 있는 B의 상태는 몸이 좋지 않은 것이므로 under the weather가 적절한 답이다. feel blue는 '우울하다', under a cloud는 '비난을 받는, 풀 죽어 있는'의 뜻이다.

어구　haggard 여윈, 수척한

　　　flu 독감(=influenza)

정답　(d)

22

A　What do you want me to tell him?

B　I don't care what you say; just _____.

(a) bring it up
(b) make it up
(c) bring it out
(d) make it out

해석　A　내가 그에게 뭐라고 말하길 바라세요?

　　B　뭐라 하든 상관없어요. 아무거나 만들어내요.

해설　아무거나 상관없으니까 대충 만들어내라고 말하고 있으므로 make up으로 표현하는 것이 자연스럽다. 관련해서 make up excuses는 '핑계거리를 꾸며대다'의 뜻이 된다.

어구　bring up 제기하다, 꺼내다

　　　make out 이해하다(= understand)

정답　(b)

23

A　What happens if we don't get that contract?

B　Do I have to _____ for you? We might lose our jobs.

(a) spell it out
(b) stand it up
(c) think it aloud
(d) speak it up

해석　A　그 계약을 따내지 못하면 어떻게 돼요?

　　B　일일이 말을 해줘야 알아요? 우리가 일자리를 잃을지도 모른다고요.

해설　대화로 보아 A는 당연한 사실을 묻고 있으므로 '일일이 말을 하다, 하나하나 설명하다'에 해당하는 spell out이 답으로 적절하다. speak up은 '목소리를 크게 내서 말하다'의 뜻이다.

어구　contract 계약(서)

　　　think aloud 혼잣말하다

정답　(a)

24

A　I realize you're upset, but _____ yourself together.

B　But I just lost my favorite watch!

(a) put
(b) get
(c) pull
(d) bring

해석　A　화가 나는 건 알겠지만 좀 자신을 수습하도록 해봐요.

　　B　하지만 방금 내가 제일 아끼는 시계를 잃어버렸다구요!

해설　좋아하는 시계를 잃어버린 상황이라면 화나고 당황스러울 것이지만 정신을 차려야 한다는 내용으로 연결될 때 자연스럽다. pull together는 '정신을 수습하다'는 뜻이다. 나머지 선택지들은 get together(모이다), put together(조합하다, 조립하다), bring together(한자리에 모으다) 등으로 각각 의미가 다르다.

어구　upset 화난

정답　(c)

25

A If we all contribute $10 each, we can give her a going-away gift.
B Great idea. I'll _____ that.
(a) get along with
(b) get away with
(c) go along with
(d) get away from

해석 A 각자 10달러씩 보태면 그녀에게 송별 선물을 사줄 수가 있어.
B 좋은 생각이야. 나는 찬성이야.

해설 좋은 생각(great idea)이라고 했으니 '동의한다(go along with)'는 표현이 자연스럽다. get along with~는 '~와 잘 지내다', get away with는 '~를 가지고 도망가다, 벌받지 않고 넘어가다'의 뜻이다.

어구 contribute 기여하다, 기부하다
going-away 송별
get away from ~로부터 벗어나다

정답 (c)

26

Travelers to Sub-Saharan Africa expect to _____ certain deprivations.
(a) do away with
(b) make do with
(c) go in with
(d) come down with

해석 사하라 이남으로 여행하는 사람들은 어느 정도 부족한 대로 견뎌야 하는 것을 예상한다.

해설 make do with는 '~ 없이 그럭저럭 꾸려나가다'라는 뜻으로 빈 칸에 적절히 어울린다.

어구 Sub-Saharan 사하라 이남 지역의
deprivation 결핍, 궁핍
do away with ~를 없애다
go in with ~에 참가하다
come down with ~(병에) 걸리다

정답 (b)

27

The solar panel captures sunlight to _____ electricity.
(a) generate
(b) diffuse
(c) emit
(d) extract

해석 태양전지판은 태양빛을 포착해 전기를 만들어낸다.

해설 전기 등을 만들어내는 것은 명사 electricity와 함께 동사 generate를 써서 (collocation을 이뤄) 표현한다.

어구 extract 추출하다, 뽑아내다
emit 방사하다
electricity 전기

정답 (a)

28

70% of those _____ replied that they spend time with their colleagues outside the workplace.
(a) surveyed
(b) searched
(c) pretended
(d) made

해석 조사에 답한 70%는 직장 밖에서도 동료들과 시간을 보낸다고 했다.

해설 다수의 사람들에게 설문을 돌려 조사하는 것을 survey 라고 한다. search는 '탐색(검색)하다', pretend는 '~인 체하다'로 모두 어울리지 않는다.

어구 search 탐색하다, 찾다.

정답 (a)

29

A cold _____ is blamed for the drenching rain storms.

(a) field
(b) survey
(c) emission
(d) front

해석 억수같은 폭우는 한랭전선 탓으로 여겨진다.

해설 폭우의 원인은 '한랭전선'으로 볼 수 있으며 빈 칸 앞의 형용사 cold와 함께 이는 명사 front를 써서 나타낸다.

어구 drenching 억수같이 쏟아지는
emission 방사, 방출

정답 (d)

30

A Paris judge _____ that Wikipedia is not responsible for article content because it acts only as an Internet host.

(a) imposed
(b) ruled
(c) banned
(d) remarked

해석 파리의 재판관은 위키피디아가 인터넷 호스트의 역할을 할 뿐이므로 기사 내용에는 책임이 없다는 판결을 내렸다.

해설 판사가 내리는 판결은 rule이다. impose는 a sentence, ban, embargo 등을 '가한다'는 의미의 동사다. ban은 '금지하다'의 뜻으로 의미상 어울리지 않는다.

어구 impose 부과하다, 가하다.
remark 언급하다

정답 (b)

31

A team of experts recently has _____ a set of guidelines to help people reduce their risk of cancer.

(a) issued
(b) showed
(c) started
(d) advertised

해석 전문가 그룹이 최근 암의 위협을 줄이는 방법에 대한 지침을 발표했다.

해설 공식적으로 어떤 내용을 발표할 때 동사 issue로 표시한다. 예를 들어, '성명을 발표하다'는 issue a statement로 나타낸다.

어구 guideline 지침, 안내서
advertise 광고하다

정답 (a)

32

Due to the sluggish economy, hotel _____ has been as low as 40%.

(a) residence
(b) occupancy
(c) stay
(d) duration

해석 경기 침체로 호텔 이용률이 40%로 낮아졌다.

해설 경기가 좋지 않아 이용되는 호텔 객실의 비율이 줄어든 것이므로 occupancy로 표현해야 한다. occupancy는 일정 기간 동안 객실, 건물 등을 '점유, 이용하는' 것을 의미한다. residence는 '거주'의 뜻으로 문맥과 어울리지 않는다.

어구 residence 주거, 거주
duration (~이 지속되는) 동안, 기간.

정답 (b)

33

She couldn't resist the temptation of the _____ fruit of an illicit romance.

(a) scant
(b) forbidden
(c) endangered
(d) lurid

해석 그녀는 부정한 로맨스라는 금단의 열매의 유혹을 이겨낼 수 없었다.

해설 아담과 이브가 따먹은 선악과, 즉 '금지된 열매'를 forbidden fruit이라고 하며 '금지된 쾌락'으로 번역되기도 한다.

어구 scant 빈약한, 부족한
endangered 위험에 처한
ex. endangered species 멸종위기의 종
lurid 끔찍한, 야한

정답 (b)

34

The main _____ of the new products workshop is to keep the sales crews informed of relevant products and services.

(a) objection
(b) objective
(c) cause
(d) occasion

해석 신상품 워크숍의 주요 목적은 회사내 영업사원들에게 관련제품에 대한 정보를 계속 제공하기 위한 것이다.

해설 의미상 들어가야 하는 단어는 목적을 의미하는 objective이다. (a) objection은 철자는 비슷하지만 '반대, 이의'라는 전혀 다른 뜻을 갖고 있다. 경우(occasion), 원인(cause) 등도 모두 들어갈 수 없다.

어구 objective(= goal, aim)
objection 반대, 의의
cause 원인, 이유
ex. cause and effect
occasion 경우, 호기, 특별한 행사

정답 (b)

35

He hadn't slept a(n) _____ because of a wild animal grunting and moaning in the woods.

(a) eye
(b) finger
(c) wink
(d) tip

해석 한 야생 동물이 숲속에서 울고 있어서 그는 한숨도 잘 수가 없었다.

해설 빈 칸 앞의 동사 sleep과 함께 not sleep a wink가 되면 '한숨도 못자다'는 의미가 된다. 따라서 (c)가 정답이다.

어구 not sleep a wink 한숨도 못자다
grunt 으르렁거리다
moan 끙끙거리다, 신음하다

정답 (c)

36

Once fundamental investments are made, it has a very direct _____ on social and economic development in the region.

(a) affluence
(b) incidence
(c) impact
(d) imprint

해석 한번 근본적인 투자가 이루어지면 그 지역의 사회 경제적 발전에 매우 직접적인 영향을 미친다.

해설 비슷하게 보이는 단어들 중에서 의미의 적합성을 살펴 정답을 골라내야 한다. affluence(부유함)는 influence와 형태가 유사하지만 뜻은 전혀 맞지 않으며, incidence는 '범위, 발생, 빈도'의 뜻을 갖는다.

어구 affluence 부유함; 번영(= prosperity, wealth)
incidence 빈도, 발생(= frequency, occasion)
imprint 인상, 모습

정답 (c)

37

Simply _____ this coupon and we will apply the discount.

(a) present
(b) clip
(c) save
(d) place

해석 이 쿠폰만 제시하면 할인을 적용해드립니다.

해설 쿠폰으로 할인을 받으려면 쿠폰을 보여주어야(제시해야) 한다. 이는 동사 present로 표현할 수 있다. clip은 '잘라내는' 것으로 쿠폰을 오려내는 것만으로는 할인받을 수 없다. 참고로 차표에 구멍을 뚫는 것도 clip이라고 한다.

어구 place 놓다, 두다(= put)
clip 잘라내다

정답 (a)

38

The patient refused to give up his _____ belief that everybody was trying to hurt him.

(a) tenable
(b) innocent
(c) audacious
(d) absurd

해석 그 환자는 모든 이들이 자신을 해치려 하고 있다는 망상(황당한 믿음)을 포기하려 하지 않았다.

해설 모든 사람들이 자신을 해치려 하고 있다고 믿는 것은 '황당한(absurd)' 생각이다. tenable(조리 있는, 유지할 수 있는)하거나 audacious(몰염치한, 뻔뻔한)한 것과는 거리가 멀다.

어구 tenable 논쟁에 버틸 수 있는(= reasonable)
innocent 순진한, 결백한
audacious 뻔뻔한, 대담한

정답 (d)

39

When you go to Tokyo, you have to _____ up with smog and heavily crowded city streets.

(a) keep
(b) put
(c) come
(d) make

해석 도쿄에 가면 혼잡한 도시의 거리나 스모그 등을 참아내야 한다.

해설 '참아내다, 이겨내다'의 의미로 쓰이는 숙어표현은 put up with다. 이러한 숙어표현문제는 매회 2~3문항씩 일정하게 출제되고 있으므로 관련 동사표현들은 외워두어야 한다.

어구 crowded 혼잡한, 조밀한
keep up with ~에 뒤쳐지지 않다
come up with ~을 고안해내다
make up with ~와 화해하다

정답 (b)

40

Keeping a wild animal in a residential area without permission is a _____ of the Animal Protection Law.

(a) brim
(b) ballot
(c) breach
(d) brink

해석 야생 동물을 허가 없이 주거지역에서 키우는 것은 동물보호법에 위반된다.

해설 '법률(law), 규정(regulation)' 등을 '위반'하는 것은 breach, 또는 violation이라고 한다.

어구 brim 가장자리, 언저리
ballot 투표(용지)
brink 가장자리

정답 (c)

41

The President is so _____ that the agreement will be worked out soon.

(a) reserved
(b) courteous
(c) positive
(d) courageous

해석 대통령은 너무나 긍정적이어서 그 협의가 곧 타결될 것이라고 말했다.

해설 that절 이하의 내용이 긍정적이므로 빈 칸 또한 긍정적인 의미의 단어가 필요하다.

어구 reserved 내성적인
courteous 예의 바른, 정중한(= polite)
courageous 용기 있는

정답 (c)

42

She _____ the sack early because she had to get the kids to school the next morning.

(a) slap
(b) hit
(c) nail
(d) punch

해석 다음날 아침에 아이들을 학교에 데려다 줘야 했기 때문에 그녀는 일찍 잠자리에 들었다.

해설 보기 모두 '때리는' 것의 의미를 나타내는 단어들로 제시되고 있다. 뒤의 명사 sack과 함께 어울리는 동사이면서 문맥상 '잠자다'의 뜻으로 자연스럽게 연결되는 것은 (b)다.

어구 slap 때리다
hit the sack 잠자리에 들다

정답 (b)

43

The new subway station features easy _____ to its platforms for wheelchair users.
(a) usage
(b) access
(c) approach
(d) parking

해석 새 지하철역은 휠체어 사용자들이 쉽게 플랫폼에 접근할 수 있도록 하는 기능을 갖추고 있다.

해설 '어떤 시설물이나 서비스를 이용할 수 있는 것을 access(접근)'라고 한다. approach는 '접근방법'이라는 의미가 있고 usage는 단순한 '사용'의 의미를 가진다.

어구 access 접근

정답 (b)

44

The poor old lady is so _____ that she can hardly walk without a cane.
(a) clumsy
(b) bereft
(c) decrepit
(d) crude

해석 그 가난한 노파는 너무나 노쇠해서 지팡이가 없이는 거의 걸을 수가 없다.

해설 노령으로 쇠약하고 거동이 불편한 것을 decrepit이라고 한다. decrepit은 건물 등이 '노후한'의 의미로도 쓸 수 있다. clumsy는 행동 등이 '둔하고 서툰'의 의미다.

어구 clumsy 서툰
bereft 빼앗긴
crude 조야한

정답 (c)

45

King Sejong, who reigned between 1418~1450, is more respected than any other _____ in Korean history.
(a) autocrats
(b) monarchs
(c) dictators
(d) statesmen

해석 1418~1450 사이에 재위한 세종대왕은 한국 역사상 어떤 군주보다도 더 많은 존경을 받았다.

해설 중립적인 의미의 '군주(왕)'는 monarch이다. autocrat은 '독재(전제) 군주', dictator는 그보다도 더 부정적인 함의를 가진 '독재자', statesman은 넓은 의미의 '정치가'를 말한다. 모두 유사하지만 이처럼 뉘앙스차이가 있다.

정답 (b)

46

When a presenter _____ too much, the audience finds it hard to focus on the topic.
(a) leaps
(b) misses
(c) distracts
(d) digresses

해석 발표자가 너무 주제에서 자꾸 벗어나면 청중은 주제에 집중하기가 힘들다.

해설 주제에 집중하기 어려운 이유 중에 하나는 주제를 벗어나 지엽으로 흐르는 경우다. 이는 digress(본 주제에서 빗나가다)로 표현할 수 있다.

어구 digress 빗나가다, 탈선하다
distract 흐트러뜨리다, 어지럽히다

정답 (d)

47

Honey is basically a _____ of water, two types of sugar, vitamins and enzymes.
(a) compound
(b) complexity
(c) component
(d) compartment

해석 꿀은 기본적으로 물, 두 가지 당류, 비타민, 효소의 화합물이다.

해설 서로 다른 요소들이 혼합되어 만들어진 화합물은 compound라고 한다.

어구 compound 혼합물, 화합물
component 구성요소
compartment 구획
ex. a first-class(second-class) compartment
(배 · 열차 따위의) 1(2)등실

정답 (a)

48

They were spotted by a rescue team after three hours _____ in a small boat.

(a) afoot
(b) ashore
(c) adrift
(d) aloft

해석 그들은 작은 보트로 3시간 동안 표류한 끝에 구조팀에 발견되었다.

해설 spot은 '발견하다, 탐지하다'의 의미. 바다에 표류하고 있는 작은 배가 점처럼 눈에 띄게 되는 장면을 연상하면 답을 고르기 수월할 것이다.

어구 afoot 움직여, 기동하여
ashore 해안에
adrift 표류하여
aloft 위에, 높이, 공중에

정답 (c)

49

A report _____ by the Fed's Philadelphia branch described the economy as weak.

(a) conjoined
(b) compiled
(c) correlated
(d) combined

해석 필라델피아 지사의 연준위가 편찬한 보고서에 따르면 경제상황이 좋지 않은 것으로 기술하고 있다.

해설 보고서는 작성(create)하거나, 편찬(compile)하는 것이다. 또한 describe A as B는 'A를 B로 묘사하다'의 뜻으로 describe 대신 depict, paint, picture 등의 동사로 대신할 수 있다.

어구 conjoin 결합(연합)하다
correlate 상관되다, 연관시키다

정답 (b)

50

The UN Secretary General urges the rich countries to help African nations to _____ their poverty.

(a) alleviate
(b) exacerbate
(c) exasperate
(d) allege

해석 유엔 사무총장은 부국들에게 아프리카 국가들이 빈곤을 완화할 수 있도록 도와줄 것을 촉구했다.

해설 poverty라는 단어와 짝을 이뤄 쓸 수 있는 동사는 alleviate와 exacerbate 뿐인데 exacerbate는 '악화시키다'는 뜻이므로 문맥과 어울리지 않는다.

어구 exasperate 분개하게 만들다
allege 추정하다

정답 (a)

Answers

Part I

1. (c) 2. (b) 3. (a) 4. (b) 5. (b)
6. (d) 7. (c) 8. (b) 9. (b) 10. (d)
11. (c) 12. (b) 13. (c) 14. (a) 15. (b)
16. (c) 17. (c) 18. (b) 19. (b) 20. (b)
21. (b) 22. (c) 23. (c) 24. (c) 25. (a)

Part II

26. (c) 27. (d) 28. (a) 29. (c) 30. (a)
31. (b) 32. (a) 33. (d) 34. (b) 35. (c)
36. (a) 37. (a) 38. (d) 39. (a) 40. (b)
41. (b) 42. (b) 43. (b) 44. (c) 45. (c)
46. (d) 47. (d) 48. (b) 49. (d) 50. (a)

Part I

1

A I called Mary but I couldn't get a hold of her.
B Did you _____ her a message?

(a) send
(b) give
(c) leave
(d) present

해석 A 메리한테 전화했지만 연락이 닿지 않았어요.
　　　B 메시지를 남겼나요?

해설 get a hold of는 '~를 입수하다, 이해하다, 사람에게 연락을 취하다'의 의미다. 전화해서 찾는 사람이 없으면 메시지를 남길 것(leave a message)이고 받는 사람 입장에서는 메시지를 받게(take a message)된다.

어구 present 제시하다, 증정하다

정답 (c)

2

A Don't worry too much about the driver's test. You'll do fine.
B Really? Do you think I really have a _____ of passing?

(a) choice
(b) chance
(c) design
(d) luck

해석 A 운전면허 시험 너무 걱정하지 마. 잘될 거야.
　　　B 정말? 통과할 가능성이 정말 있을 거라고 생각해?

해설 운전면허 시험을 보는데 걱정하지 말라고 하는 것은 '붙을 가능성(chance, possibility)'이 있다고 보는 것으로 바꿔 표현할 수 있다.

어구 luck 운, 행운
　　　chance 기회(= opportunity), 가능성(= prospects)

정답 (b)

3

A The hotel staff was very kind.
B I agree. They seemed very _____.

(a) considerate
(b) commanding
(c) inquisitive
(d) decisive

해석 A 호텔 직원들이 매우 친절했어요.
　　　B 맞아요. 매우 사려 깊게 보이더군요.

해설 호텔 직원들이 'kind(친절하다)'는 것에 동의하고 있으므로 관련 유사어가 나와야 한다. 문맥상 '사려 깊은(considerate)'이 어울린다.

어구 commanding 당당한, 전망이 좋은
　　　inquisitive 탐구적인, 호기심이 많은(= curious)
　　　ex. be inquisitive about everything 무엇이든지 알고 싶어하다
　　　decisive 결정적인

정답 (a)

4

A Did you make it to the bank this afternoon?

B I couldn't go because I seemed to have _____ my debit card.

(a) returned
(b) misplaced
(c) credited
(d) mismanaged

해석 A 오늘 오후에 은행에 갔었어요?
B 갈 수가 없었어요. 현금카드를 어디다 두었는지 몰라서요.

해설 make it에는 다양한 뜻이 있지만 어떤 장소에 '가다, 성공하다' 등의 뜻으로 많이 쓰인다. 대화에서는 은행에 갈 수 없었던 이유가 나와야 하므로 debit card(현금카드)를 '잘못두거나, 잃어버렸다'로 연결되는 것이 자연스럽다. 신용카드는 credit card, 현금카드(직불카드)는 debit card라고 표현하는 것도 기억해두자.

어구 credit 신용하다; 금액을 대변에 기입하다; ~에게 외상으로 주다

정답 (b)

5

A The stocks _____ to an all time low today.

B I hope you were able to sell them off before they got any lower.

(a) expanded
(b) dwindled
(c) downsized
(d) raised

해석 A 주식이 오늘 사상 최저치를 기록했어요.
B 더 주가가 떨어지기 전에 파셨으면 좋았을 텐데요.

해설 all time low는 '사상최저치'로 record low라고도 한다. 최저치로 '떨어지다(또는 하락하다)'는 표현이 와야 하므로 dwindle이 정답이다. downsize는 기업의 '인원삭감' 등을 의미하며 expand, raise는 '확대, 상승'의 뜻으로 이 문맥에서는 어울리지 않는다.

어구 dwindle(= lessen, decline, fade, shrink, diminish, decrease) 점차 감소하다, 작아지다

정답 (b)

6

A The weather report said the weather is going to be _____ all day tomorrow.

B That bad huh? I hope it doesn't rain.

(a) satisfactory
(b) blemished
(c) corrupted
(d) dismal

해석 A 기상 예보를 보니까 날씨가 내일 온종일 음산할 거라고 하네요.
B 그렇게 심하데요? 비나 오지 않았으면 좋겠군요.

해설 대화내용을 통해 보아 날씨가 다소 나쁜 것을 알 수 있다. 따라서 dismal(음산한)이 정답이다. satisfactory는 '만족스러운'이란 뜻이므로 반대의 의미다. corrupted는 '부정, 부패한'이라는 의미로 날씨에는 쓰지 않는다.

어구 blemished 흠이 난, 오점이 있는
ex. without blemish(= defect) 완전히, 흠없이

정답 (d)

7

A I really don't like the color of this shirt.

B Then you should go back to the store and have it _____.

(a) replenished
(b) exacerbated
(c) exchanged
(d) materialized

해석 A 이 셔츠 색깔이 정말 마음에 들지 않아요.
B 그러면 상점에 다시 가서 교환하세요.

해설 구입한 물건이 마음에 들지 않으면 반품(return)하거나 교환(change, exchange), 또는 환불(refund, get a refund)할 수 있다.

어구 replenish 보충하다, 다시 채우다(= refill)
exacerbate 악화시키다(= worsen)
materialize 구체화하다, 체현시키다

정답 (c)

8

A The wildfires in the State of California seem to be _____.

B I wonder how they can stop them.

    (a) maximizing

    (b) spreading

    (c) stretching

    (d) extending

해석 A 캘리포니아 주의 산불이 번지고 있는 거 같아요.

    B 어떻게 불을 잡을 수 있을지 모르겠네요.

해설 캘리포니아에 불이 번지는 것을 걱정하고 있다. '번지다, 퍼지다'라는 의미로 spread를 쓸 수 있다. spread는 소문이나 전염병이 '퍼지는' 것에도 쓴다. extend는 기간이 '연장'되는 것을 의미하며, stretch는 줄 따위를 '잡아늘이다', maximize는 '최대화하다'의 뜻이다.

어구 stretch 늘이다; ~에 걸쳐있다

정답 (b)

9

A I called again to _____ our seats in the restaurant. They're still reserved in our name.

B Well, I hope so! I called them only a few days ago.

    (a) confide

    (b) confirm

    (c) conversation

    (d) concur

해석 A 레스토랑 좌석을 확인하려고 다시 전화했었어요. 아직 우리 이름으로 예약되어 있더군요.

    B 그래야죠. 불과 며칠 전에 전화했으니까.

해설 예약을 확인하는 것은 confirm이다. make/confirm/cancel reservation의 형태로 주로 쓰이는 점에 유의하자.

어구 confide 비밀을 털어놓다

    concur 일치하다

정답 (b)

10

A How often do you go out with your friends?

B Not too often. I usually go out _____.

    (a) absolutely

    (b) regularly

    (c) especially

    (d) occasionally

해석 A 친구들하고 얼마나 자주 외출하세요?

    B 별로 자주는 아니에요. 보통 드문드문 나가요.

해설 그렇게 자주 나가지 않는다라고 말했으므로 그에 해당하는 빈도부사를 찾아야 한다. '때때로'에 해당하는 occasionally가 가장 적절하다. regularly는 일정한 간격을 두고 '정기적으로' 행하는 것을 뜻한다.

어구 absolutely 절대적으로, 확실히

정답 (d)

11

A The president _____ a lot of news with his request.

B I'm sure he did! Everyone was shocked when they heard about it.

    (a) distinguished

    (b) established

    (c) generated

    (d) commanded

해석 A 대통령의 새 요청은 뉴스거리가 되었어요.

    B 그랬겠죠! 그 소식을 들었을 때 모두 충격이었어요.

해설 모두가 충격을 받았다(shocked)는 것은 확실한 뉴스거리가 되었다는 얘기다. 문맥과 어울리고 news와 어울려 쓸 수 있는 동사는 generate이다.

어구 distinguish 구별하다

    establish 세우다, 수립하다

정답 (c)

12

A You shouldn't have said those things to Jim the other day.
B I don't worry too much about it. The things I said didn't _____ him.
(a) affiliate
(b) affect
(c) suggest
(d) submerge

해석 A 지난번에 네가 짐한테 그런 얘기를 해선 안 되는 건데.
B 나는 별로 신경 쓰지 않아. 내가 했던 말들은 그에게 별로 영향을 미치지도 않았으니까.

해설 should have p.p.(~했어야 했다), should not have p.p.(~하지 말았어야 했다)의 조동사 should의 완료형 의미를 반드시 알아두자. 말하지 말았어야 했다고 하는데 걱정하지 않는다는 것은 크게 상관없을 것이라는 뜻이므로 affect가 정답이다.

어구 affiliate 특별관계를 맺다
submerge 가라앉다, 침몰하다; 몰두하다

정답 (b)

13

A You _____ me of Albert Einstein.
B Yes, people often say I look like him.
(a) remember
(b) resemble
(c) remind
(d) refresh

해석 A 너를 보면 앨버트 아인슈타인이 생각나.
B 그래, 사람들이 아인슈타인 닮았다는 말을 가끔 해.

해설 누구를 닮았으므로(look like, resemble) 그(그녀)를 볼 때마다 그 사람 생각이 날(remind) 것이다. remind A of B는 'A에게 B를 상기시키다'는 의미의 구문이 된다.

어구 resemble 닮다
refresh 상쾌하게 하다, 새롭게 하다(renew)

정답 (c)

14

A Did he have a business plan prepared?
B No, he didn't even have a business _____.
(a) objective
(b) subjective
(c) elective
(d) detective

해석 A 그가 사업계획서를 준비했나요?
B 아뇨, 사업 목표조차도 없는데요.

해설 내용으로 보아 계획은 커녕 '~조차도 없다'라는 의미로 연결되어야 하므로 목표(objective)가 정답이다. 비슷한 형태의 오답들이 선택지로 제시되어있는 경우 의미까지 반드시 익혀두자.

어구 subjective 주관적인
elective 선택과목
detective 형사

정답 (a)

15

A Are you sure it's all right if I sit here?
B Sure, be my _____.
(a) host
(b) guest
(c) customer
(d) client

해석 A 정말 제가 여기 앉아도 될까요?
B 물론이죠. 얼마든지요.

해설 여기 앉아도 되겠냐고 허락을 구하는 말에 대한 응답이다. 같은 허락을 구하는 표현으로 Would you mind if I sit here? 라고도 쓸 수 있으며 이 경우 Not at all, Be my guest로 답할 수 있다.

어구 customer (상점, 비즈니스 등의) 고객
client (변호사, 컨설턴트 등의) 고객

정답 (b)

16

A Could you _____ us a big favor?
B Sure. What is it?

   (a) ask
   (b) say
   (c) do
   (d) get

해석 **A** 부탁 하나 드려도 될까요?
    B 물론이죠. 뭔데요?

해설 '호의를 베풀다'는 do a favor, '호의를 구하다'는 ask a favor이다.

어구 favor 호의, 선의

정답 (c)

17

A Who are all these people in this picture?
B They're just a _____ of my friends.

   (a) sort
   (b) quality
   (c) bunch
   (d) couple

해석 **A** 이 사진 속 사람들은 다 누구야?
    B 그냥 내 친구들이야.

해설 여러 명의 사람(무리) 들을 표현할 때 a bunch of~로 표현할 수 있다. a couple of는 단지 두 세 명을 말한다. all these people로 미루어 사진 속에 상당히 많은 수의 사람들이 있다는 것을 짐작할 수 있다.

어구 bunch 다발, 묶음, 그룹

정답 (c)

18

A There are _____ on NAFTA. Are you for it or against it?
B All in all, I'm for it.

   (a) meat and potatoes
   (b) pros and cons
   (c) p's and q's
   (d) do's and don'ts

해석 **A** NAFTA는 장단점이 있는 것 같아. 넌 찬성하니, 반대하니?
    B 여러 가지를 봤을 때 난 찬성이야.

해설 for or against~는 '~에 찬성인가, 반대인가'를 나타내는 표현이다. '좋은 점도 있고 나쁜 점도 있다'라는 말이 나와야 내용이 자연스러우므로 답은 pros and cons다. meat and potatoes는 고기와 감자이므로 '기본, 기초'라는 뜻이고 p's and q's는 '언행, 행동거지', do's and don'ts는 '해야 할 것과 하지 말아야 할 것'에 대한 권고사항을 가리킨다. 모두 알아두어야 할 TEPS 필수표현이다.

어구 all in all 대체로, 전반적으로

정답 (b)

19

A Someday I want to be President of the United States!
B You need to be more _____. You need to pass the 5th grade first.

   (a) vertical
   (b) realistic
   (c) artistic
   (d) dimensional

해석 **A** 언젠가 미국 대통령이 될 거예요!
    B 좀 더 현실적이 되렴. 먼저 5학년을 마쳐야지.

해설 대통령이 되는 것은 좋은 꿈이지만 일단은 현실에 충실해야 한다는 내용이므로 '현실적'이라는 뜻의 realistic이 정답이다.

어구 vertical 수직의
artistic 예술적인, 예술의
dimensional ~차원의, ~차수의
ex. multidimensional, three-dimensional

정답 (b)

20

A I like you a lot but I don't know well enough to marry you.
B Come on, why don't you talk _____ and say you don't love me any more?

   (a) chicken
   (b) turkey
   (c) cats
   (d) donkey

해석 **A** 당신을 무척 좋아하지만 결혼할 만큼 서로를 잘 알지는 못하는 것 같아요.
    B 됐어요. 그냥 솔직하게 더 이상 날 사랑하지 않는

다고 왜 말 못해요?

해설 I like you but~은 정작 뭔가 정말 하고 싶은 말을 하기 전에 돌려 말하는 경우에 쓸 수 있는 말이다. 대놓고 더는 사랑하지 않는다고 솔직하게 말하는 것은 talk turkey이다. 참고로 talk chicken이라는 말은 쓰지 않고 play chicken이라고 하면 '서로의 담력을 시험하는' 것을 말한다.

어구 talk turkey 솔직하게 털어놓다

정답 (b)

21
A OK, I'll not _____ the bush any more. I'll tell it like it is.
B All right. I'll let it all hang out, too.
(a) run around
(b) beat around
(c) turn around
(d) hit around

해석 A 좋아, 더 이상 말을 돌리지 않겠어. 그냥 있는 그대로 말할게.
B 좋아, 나도 다 털어놓겠어.

해설 B가 한 말의 의미를 알면 풀 수 있는 문제다. 나도 솔직하게 말하겠다고 했으니 A가 한 말은 B의 반대 의미가 되어야 한다(not과 함께 나왔으므로).

어구 beat around the bush 돌려 말하다, 요점을 피하다
let it all hang out 숨기지(감추지) 않고, 솔직하게 (모든 것을) 말하다
run around 뛰어 돌아다니다

정답 (b)

22
A I couldn't make it to the meeting yesterday.
B Don't worry, it was _____ off until next Tuesday.
(a) sent
(b) taken
(c) put
(d) left

해석 A 어제 미팅에 참석하지 못했어요.
B 걱정하지 말아요. 다음 화요일로 연기됐거든요.

해설 미팅에 참석 못했는데 걱정 말라고 하는 것은 연기(put off, delay, postpone)되었기 때문이다.

어구 take off 도약하다, 이륙하다
send off 발송(전송)하다; 쫓아내다

정답 (c)

23
A What should we do to maximize our profits?
B I think we should _____ a new branch.
(a) make up
(b) tip over
(c) open up
(d) spread out

해석 A 수익을 극대화하려면 어떻게 해야 할까요?
B 지사를 새로 열어야 할 것 같아요.

해설 '지사를 새로 연다(open up)'라고 말하는 것이 어울린다. make up은 '보충(벌충)하다, 작성하다, 창작하다'의 뜻이 있으나 역시 branch하고는 어울리지 않는다.

어구 tip over 뒤집다, 넘어뜨리다
maximize 최대화하다

정답 (c)

24
A What happened to your foot?
B A car was moving pretty fast and _____ across my foot.
(a) bump
(b) crash
(c) ran
(d) spun

해석 A 네 발 어떻게 된 거야?
B 꽤 속도를 내며 움직이던 차가 내 발 위로 밟고 지나갔어.

해설 차가 발 위로 지나갔다는 것은 차에 발을 치인 것이며 이는 run across my foot으로 표현할 수 있다. 일반적으로 차에 치이는 것은 run over라고 표현한다.

어구 crash 충돌하다

정답 (c)

25

A Why was the student kicked out of school?

B He didn't _____ with the school rules and regulations.
  (a) comply
  (b) consider
  (c) explain
  (d) detail

해석 A 그 학생이 왜 학교에서 쫓겨났어요?
    B 학교 규칙과 규정을 지키지 않았어요.

해설 be kicked out of the school(학교에서 쫓겨나다, 퇴학당하다)을 통해 규정을 지키지 않았기 때문일 것을 짐작할 수 있다. comply with는 '(법규 등을) 준수하다'는 표현이다.

어구 comply 지키다, 준수하다 n. compliance

정답 (a)

Part II

26

He will never _____, the fact that you cheated on the midterm unless you repeat the same mistake.
  (a) forgo
  (b) conceal
  (c) disclose
  (d) deny

해석 네가 같은 실수를 반복하지 않는 한 그는 절대 네가 중간고사에서 부정행위 한 것을 밝히지 않을 것이다.

해설 어떤 사실을 공개하거나 밝히는 것은 disclose, reveal 등을 쓰면 된다.

어구 forgo 버리다, 그만두다
    disclose 공개하다

정답 (c)

27

Tourists to Australia get particularly _____ when they come across such animals as kangaroos.
  (a) motionless
  (b) glum
  (c) gloomy
  (d) excited

해석 호주를 찾는 관광객들은 특히 캥거루와 같은 동물들을 맞닥뜨리게 되었을 때 즐거워한다.

해설 우연히 만나게 되는 것은 come across이다. 사물을 뜻하지 않게 발견하게 되었을 때도 이 같은 표현을 쓸 수 있다.

어구 particularly 특히
    tourist 관광객

정답 (d)

28

He had come to _____ with the fact that his wife would always be crippled.
  (a) terms
  (b) motions
  (c) clues
  (d) conclusion

해석 그는 자신의 부인이 계속 다리를 절게 될 거라는 사실을 받아들였다.

해설 come to terms with~(~와 타협하다, ~에 익숙해 지다)라는 숙어를 알고 있는지를 묻는 문제다. come to the conclusion~은 '~라는 결론에 도달하다'의 의미로 with the fact~와 이어 쓸 수 없다.

어구 motion 동의, 발의
    clue 단서

정답 (a)

29

Richard _____ his tongue, preferring not to speak out on a politically sensitive issue.
  (a) stopped
  (b) closed
  (c) held
  (d) ended

해석 리차드는 정치적으로 민감한 주제에 대해 이야기하고 싶지 않아서 입을 다물었다.

해설 hold one's tongue은 '입을 다물다, 아무 말도 하지 않다'라는 의미의 숙어다.

어구 prefer A to B B보다 A를 선호하다
    sensitive 민감한, 예민한

정답 (c)

30

Activists say they will not give up until their demands are _____ .

(a) met
(b) acquired
(c) drifted
(d) drawn

해석 운동가들은 그들의 요구가 관철될 때까지 포기하지 않겠노라고 선언한다.

해설 demand와 meet의 조합을 찾는 문제다. meet the demand(needs/expectation)는 '요구(기대)를 충족시키다'라는 뜻이다. meet 대신 동사 satisfy를 쓸 수 있다.

어구 activist 운동가; 정치적 행동주의자
acquire 획득하다, 습득하다
drift 표류시키다

정답 (a)

31

Because the epidemic was so _____ that it became widespread in a short period of time.

(a) sanitary
(b) contagious
(c) superfluous
(d) sustaining

해석 전염병은 매우 전염성이 강해서 단기간에 널리 퍼졌다.

해설 전염병이 강하다는 것은 그만큼 전염성이 있다는 뜻이므로 contagious로 표현할 수 있다.

어구 sanitary 위생의, 청결한
ex. It's not the most sanitary place one could swim.
superfluous 남아도는, 필요 이상의
sustain 지속하다

정답 (b)

32

Bob was planning to stay for only one year, but he couldn't _____ the city's quiet charm, and made it his permanent home.

(a) resist
(b) tempt
(c) deny
(d) refute

해석 밥은 일년만 머물 계획이었지만 그 도시의 조용한 매력을 거부할 수 없어 그곳에 눌러 살게 되었다.

해설 '어떤 매력(유혹)에 저항할 수 없어 굴복하다'라고 쓸 때 cannot resist ~ charm(temptation)'이라고 표현한다. 같은 의미의 형용사는 irresistible이다.

어구 permanent 영구적인
tempt 유혹하다
refute 반박하다
ex. refute an argument

정답 (a)

33

Jay's band recently _____ its 15th anniversary with the release of a live CD.

(a) published
(b) announced
(c) made
(d) celebrated

해석 제이의 밴드는 라이브 CD를 내는 것으로 15주년을 축하했다.

해설 '기념일'과 어울리는 동사는 celebrate이다. with~로 어떻게 축하하고 있는지 그 방법을 나타낸다.

어구 announce 공표하다
publish 발표(공표)하다

정답 (d)

34

He thought his mother was angry because he _____ with her jewels.

(a) abandoned
(b) absconded
(c) abominated
(d) approved

해석 그가 어머니의 보석을 훔쳐 달아났기 때문에 그의 어머니가 화가 났을 것이라고 생각했다.

해설 비슷하지만 뜻이 다른 단어를 구별하는 문제는 특히 Part 2에서 출제 비중이 높다. abscond는 leave and take something with ～ 즉, '뭔가를 가지고 달아나다'의 뜻으로 가장 적절하다.

어구 abandon 포기하다(= give up)
abominate 몹시 싫어하다, n. abomination

정답 (b)

35

It is now generally assumed that planets were formed by _____ of gas and dust in a cosmic cloud.

(a) acquiescence
(b) accomplice
(c) accumulation
(d) acclivity

해석 행성들이 우주 구름에 있는 가스와 먼지의 축적으로 구성되었다는 것이 오늘날 일반적으로 받아들여지고 있다.

해설 모두 ac(c)-로 시작하는 유사 단어지만 뜻은 모두 다르다. 문맥상 필요한 '축적'은 accumulation이므로 (c)가 정답이다.

어구 acquiescence 묵인, 묵종
accomplice 공범
acclivity 치받이, 경사

정답 (c)

36

The main artery for traveling in and out of Vancouver is Highway 401, a thoroughfare that expands from 10 to 12 _____ at its widest.

(a) lanes
(b) roads
(c) streets
(d) ways

해석 밴쿠버에 드나드는 주요 도로는 그 넓이가 10에서 12차선에 이른다.

해설 artery는 '동맥'이라는 뜻이 있지만 여기서는 혈관처럼 도시 요소요소를 연결해주는 '주요 도로'를 가리키는 말로 쓰였다. 한국어 해석으로는 모두 '길'이라는 같은 말이지만 쓰임이 다른 말들이 이 문제가 측정하고자 하는 것이다. 4차선, 8차선, 혹은 버스전용차선 등의 의미

의 길에는 lane을 써야 한다. road는 좀 더 일반적인 의미의 길이다. way는 어떤 '방법이나 수단'을 뜻하는 비유적 의미의 길이라는 점도 기억해두자.

어구 thoroughfare 주요도로, 한길

정답 (a)

37

The customers were so upset at the obvious _____ of the waiter that they refused to pay their check.

(a) ineptitude
(b) exigency
(c) skill
(d) kindness

해석 고객들은 너무 어리석은 행동을 하는 웨이터에 화가 나서 돈을 지불하기를 거부했다.

해설 난이도가 좀 높은 단어들이 제시어로 나왔다. TEPS 어휘에서는 후반부 5문제 정도에 난이도 높은 문제들을 출제하곤 한다. 손님들을 화나게 할만한 어떤 성질이 나와야 하므로 (c), (d)는 정답에서 제외된다는 방식으로 범위를 좁혀가면 설혹 모르는 단어가 섞여있다 해도 답을 찾을 수 있다.

어구 exigency 긴급사태, 위기
ineptitude 부적당, 어리석음
cf. eptitude 능력, 솜씨

정답 (a)

38

Next week there will be a _____ election to choose the next mayor.

(a) retroactive
(b) domesticated
(c) munificent
(d) municipal

해석 다음 주에는 다음 시장을 선출할 시 선거가 있을 것이다.

해설 시장(mayor)을 뽑는 것은 시 단위의 선거일 것이다. 따라서 municipal(시의, 자치정부의)이 정답이다.

어구 munificent 아낌없이 주는, 손이 큰
retroactive 반동하는, 소급하는
ex. retroactive to May 1 5월 1일로 소급해서
domesticated 길들여진

정답 (d)

39

ESPN will begin _____ coverage of the local racing beginning at 8 p.m.

(a) live
(b) turning
(c) alive
(d) going

해석 저녁 8시부터 ESPN에서 지역 경주를 생방송할 것이다.

해설 coverage와 어울리고 연어 관계를 이루는 적절한 분사는 (a)다. live coverage는 '생방송'의 의미가 된다.

어구 live coverage 생방송
local 지역의

정답 (a)

40

There are many countries whose annual per _____ income is barely above US $ 200.

(a) annum
(b) capita
(c) se
(d) cent

해석 1인당 연소득이 미화 200달러를 겨우 넘는 국가들이 많이 있다.

해설 per capita는 라틴어의 '머리 하나당'에서 나온 '1인당'이라는 뜻의 말이다. 우리 말에의 1인당을 '두당'이라고 표현한다는 것을 생각하면 기억하기 쉽다. annum은 annual의 명사형이다.

어구 per se 그 자체로(= in itself)

정답 (b)

41

The basic idea behind the program is _____ of a law that has been on the books since 1952.

(a) implementation
(b) enforcement
(c) definition
(d) legislation

해석 그 프로그램의 기본 아이디어는 1952년 이래 법규로 명문화되어 있는 사항을 시행하자는 것이다.

해설 on the books는 '기록되어, 등록되어'의 뜻이다.

implement도 '실행'하는 것이지만 implement changes/decisions/policies/reforms와 같이 쓰며, enforce는 enforce the law와 같이 특히 '법의 시행', 즉 사람들이 법을 준수하도록 하는 것을 뜻한다.

어구 legislation 입법

정답 (b)

42

The nagging landlady gets on everybody's _____ all the time.

(a) feet
(b) nerves
(c) shoulders
(d) heads

해석 그 잔소리가 심한 집주인은 항상 모두의 신경을 거슬리게 한다.

해설 get on one's nerve는 '~의 신경을 거스르다'라는 표현이므로 문맥상 (b)가 답이 되어야 한다.

어구 get on one's nerve ~의 신경을 거스르다
landlady 집주인, 지주(여자) cf. landlord

정답 (b)

43

That store's prices were so low that the computers were a total _____!

(a) cutback
(b) giveaway
(c) voucher
(d) auction

해석 그 상점의 가격은 워낙 낮아서 그 컴퓨터들은 거의 공짜나 마찬가지였다.

해설 giveaway는 원래 판촉을 위한 무료 견본을 말하는 것으로 at giveaway prices라고 쓰면 '공짜나 다름없는 헐값으로'라는 뜻이 된다.

어구 cutback 축소, 삭감
voucher 상품권, 할인권
auction 경매

정답 (b)

44

The general strongly believed his country would win the war and the others shared his _____.

(a) convoy
(b) perceptibility
(c) conviction
(d) information

해석 그 장군은 조국이 전쟁에서 승리할 것이라고 굳게 믿었고 다른 사람들은 그의 신념을 함께 했다.

해설 strongly believe하는 것은 conviction(신념)을 갖고 있다는 것으로 볼 수 있다. 때때로 주어진 문장 내에서 단서를 찾아 답을 고르는 것이 TEPS 어휘문제의 포인트가 되기도 한다.

어구 convoy 호송, 호위
perceptibility 지각상태
conviction 유죄판결; 설득; 확신(= firm belief)

정답 (c)

45

When the two clear chemicals were combined the liquid _____ red.

(a) fell
(b) got
(c) turned
(d) grew

해석 두 개의 투명한 화합물이 결합하자 액체는 붉게 변했다.

해설 원래는 투명한 색깔이었는데 빨간색으로 '변한' 것이므로 상태의 변화를 나타내는 동사 turn이 어울린다. 물론 go, get, grow, become 등도 모두 '~하게 되다'라고 똑같이 해석되지만 약간의 의미 차이가 있다. 아래 비교를 참조하자. 특히 turn은 '상태의 변화'를, grow는 '시간의 경과에 따른 변화'를 표현한다고 생각하자.

어구 turn(= turn to change into a particular state or condition) 변화하다
grow(= to begin to have a particular quality or feeling over a period of time) 발전하다

정답 (c)

46

Outside the airport, a _____ bus will be waiting to take your group to the conference center.

(a) transmitted
(b) bartered
(c) negotiated
(d) chartered

해석 공항 밖에서 여러분 일행을 회의장으로 안내하기 위해 전세 버스가 대기할 것입니다.

해설 공항에서 회의장으로 특정 일행을 데려다 주는 것은 '전세버스(chartered bus)'라 할 수 있다. 같은 개념으로 '전세기'는 chartered plane이라고 한다.

어구 transmit 전송하다
barter 물물교환하다
negotiate 협상하다

정답 (d)

47

He was so _____ that he could have done anything in order to make his voice heard during the conference.

(a) exhausted
(b) devastated
(c) obliged
(d) desperate

해석 그는 너무 절박해서 회의 중에 자기 의견이 반영되게 하기 위해서라면 무엇이든 할 수 있었을 것이다.

해설 could have done anything(무슨 일이라도 할 수 있었을 것)이라는 부분이 단서. 몹시 절박하기(desperate) 때문이라고 보는 것이 문맥에 어울린다. make one's voice heard라는 표현은 '자기 목소리를 들리게 하다', 즉 '자기 의견을 남이 고려하도록 하는 것'을 말한다.

어구 exhausted 매우 지친
devastated 황폐화된
obliged 강요된
desperate 절망적인, 절박한

정답 (d)

48

I started to move round her, but she _____ my way.

(a) checked
(b) blocked
(c) held
(d) bothered

해석 나는 그녀를 비켜 돌아가려고 했지만 그녀는 내 길을 막았다.

해설 피해가려고 했지만(but) 뭔가 그에 반대되는 행동이 기대되고 있다. 또한 way라는 목적어와 함께 쓸 수 있는 동사는 block이다. check는 '저지하다'의 뜻으로 쓸 수 있지만 check me in work와 같이 사람을 목적어로 쓴다.

어구 bother 성가시게 하다

정답 (b)

49

Overindulgence _____ both physical strength and character.

(a) improves
(b) stimulates
(c) encourages
(d) debilitates

해석 탐닉은 신체적 힘과 인격을 모두 허약하게 한다.

해설 overindulgence는 말 그대로 '지나치게(over) indulge(욕망을 만족시키다, 탐닉하다)하는' 것이다. 당연히 몸과 마음을 깎아먹는 것이므로 선택지에서 유일하게 부정적인 의미의 단어인 debilitate(쇠약하게 하다)가 답이 된다.

어구 stimulate 자극하다
encourage 격려하다

정답 (d)

50

It is not desirable to _____ a grudge against your coworkers.

(a) bear
(b) stand
(c) carry
(d) take

해석 동료직원들에게 앙심을 품는 것은 바람직하지 않다.

해설 전형적인 collocation관계를 묻는 질문으로 원한(grudge)은 품는(bear) 관계에 있다. bear 대신 쓸 수 있는 동사로 harbor, hold, nurse 등이 있다.

어구 desirable 바람직한
grudge 원한, 악의

정답 (a)

Answers

Part I

1. (a)	2. (b)	3. (b)	4. (b)	5. (b)
6. (c)	7. (b)	8. (b)	9. (a)	10. (b)
11. (b)	12. (b)	13. (b)	14. (b)	15. (b)
16. (b)	17. (b)	18. (d)	19. (d)	20. (c)
21. (a)	22. (a)	23. (a)	24. (c)	25. (c)

Part II

26. (a)	27. (d)	28. (d)	29. (d)	30. (a)
31. (c)	32. (d)	33. (a)	34. (a)	35. (b)
36. (d)	37. (d)	38. (b)	39. (c)	40. (a)
41. (d)	42. (d)	43. (a)	44. (a)	45. (a)
46. (b)	47. (d)	48. (b)	49. (c)	50. (b)

Part I

1

A **How did the fight between the fan and the player start?**

B **The fan _____ the player by insulting him.**

   (a) aroused
   (b) divulged
   (c) astounded
   (d) demised

해석 A 그 선수와 팬 사이의 싸움은 어떻게 시작된 거예요?
     B 팬이 선수를 모욕해서 그 선수를 화나게 했어요.

해설 그를 모욕했다면(insulting him) 화가 났을 것이므로 arouse가 정답이다. provoke, piss off도 같은 뜻이다.

어구 divulge 누설하다(= reveal)
    astound 몹시 놀라게 하다(= surprise)
    demise 양도하다; 사망하다; 유증하다

정답 (a)

2

A **What's the best way to get a _____ of you?**

B **You can call me at any time of the day.**

   (a) contact
   (b) hold
   (c) touch
   (d) reach

해석 A 당신에게 연락을 취하려면 어떤 방법이 가장 좋을까요?
     B 하루 중 언제라도 전화하세요.

해설 get a hold of~는 '연락을 취하다'라는 뜻으로 이를 통해 (b) hold를 답으로 선택할 수 있다. contact나 reach는 그 자체로 '연락하다'의 뜻이 되고, '계속 연락하고 있다, 연락이 끊겼다'라고 하려면 be in(↔ out of) contact, 또는 stay(keep) in touch라고 하면 된다.

어구 contact 접촉, 연락

정답 (b)

3

A **Why has the traffic stopped? Why are there police out on the road right now?**

B **I'm not exactly sure, but there seems to be some _____ up ahead.**

   (a) complexity
   (b) trouble
   (c) anxiety
   (d) pleasure

해석 A 차들이 왜 움직이질 않죠? 경찰이 왜 거리에 나와 있는 건가요?
     B 확실히는 모르지만 앞쪽에 무슨 문제가 있는 것 같아요.

해설 갑자기 차들이 멈추고 경찰이 보인다면 뭔가 문제(trouble)가 발생한 것이다. 문맥을 통해 답을 찾을 수 있다.

어구 anxiety 걱정; 불안; 갈망
    complexity 복잡성; 복잡한 것

정답 (b)

4

A How difficult is it for a student to enter a good college?

B For many students it's difficult to make the _____.

(a) meal
(b) grade
(c) salvation
(d) gratify

해석 A 학생이 좋은 대학에 들어가는 것이 얼마나 힘든가요?

B 많은 학생들의 경우 필요한 학점을 따기가 어렵죠.

해설 학생들이 좋은 대학에 들어가려면 성적이 좋아야 하므로, make the grade(학점을 따다)가 되어야 한다.

어구 salvation 구조; 구원; 구제
ex. work out one's own salvation 자력으로 구제책을 강구하다
gratify 기쁘게 하다, 충족시키다

정답 (b)

5

A Where did you get the prices for our flight to Japan?

B I called the travel agency and received the _____ over the phone.

(a) calculations
(b) estimates
(c) proximity
(d) awareness

해석 A 일본 항공편 가격을 어디서 알아본 건가요?

B 여행사에 전화해서 전화로 예상가격을 알아봤어요.

해설 '예상치 또는 견적'을 estimates라고 한다. calculation은 단순한 '계산'의 뜻이므로 적절치 않다.

어구 proximity 근접, 접근
awareness 인식, 자각

정답 (b)

6

A The coach seems to like that one player the most.

B I couldn't agree more. He seems to _____ him by letting him play more.

(a) apprehend
(b) suffocate
(c) favor
(d) suffix

해석 A 코치가 유독 저 한 선수를 좋아하는 것 같아요.

B 누가 아니래요. 그 선수만 더 많이 경기하도록 해서 편애하는 거 같아요.

해설 단서는 like that one player the most이다. 한 사람만을 유독 좋아하는 것은 편애(favor)로 바꿔 표현할 수 있다. 다른 선택지들은 전혀 다른 뜻을 갖는 단어들이다.

어구 apprehend 체포하다, 이해하다
suffocate 질식시키다
suffix 접미사를 붙이다

정답 (c)

7

A Where did you go for lunch?

B I stayed at work to _____ the front desk. The secretary is out sick today.

(a) sell
(b) mind
(c) create
(d) damage

해석 A 어디로 점심 먹으러 갔어요?

B 오늘은 프론트 데스크 지키느라 회사에 남아있었어요. 비서가 아파서 못나왔거든요.

해설 비서가 아파서 대신 프론트 데스크를 지켰다는 내용이다. 이때 desk 앞에 mind/take care of 등의 동사를 쓸 수 있다.

어구 damage 피해를 입히다

정답 (b)

8

A People who don't learn from their mistakes tend to _____ them.

B If that's true, my husband seems to never learn anything.

(a) establish
(b) repeat
(c) brandish
(d) demonstrate

해석 A 실수를 통해 배우지 못하는 사람들은 실수를 되풀이하는 경향이 있죠.

B 만일 그것이 사실이라면 제 남편은 전혀 아무 것도 배우지 못하고 있는 거 같군요.

해설 실수를 배움의 기회로 삼지 못한다면 계속해서 같은 실수를 '반복하게(repeat the same mistakes)' 될 것이라고 연결되는 것이 자연스럽다.

어구 brandish 휘두르다, 과시하다
demonstrate 논증하다, 설명하다

정답 (b)

9

A Many of the natural disasters are destroying a lot of the neighbors.

B As a result of these disasters much of the middle class is _____.

(a) diminishing
(b) contracting
(c) encapsulating
(d) erupting

해석 A 많은 자연재해로 다수의 인근 지역이 파괴되었어요.

B 재해 때문에 중간계층이 줄어들고 있어요.

해설 재해가 발생하면 안정된 중간계층은 줄어들게 (diminishing) 된다는 것을 짐작할 수 있다. contract는 '수축되다, 단축하다'의 뜻이므로 어울리지 않는다.

어구 disaster 재앙, 재난(= catastrophe, trouble, ruin, adversity, calamity)
the middle class 중간계층
encapsulate 캡슐에 넣다; 요약하다
erupt 폭발하다; 분화하다

정답 (a)

10

A What happened to that big company?

B They went out of business and filed for _____ last quarter.

(a) finance
(b) bankruptcy
(c) dividend
(d) deposit

해석 A 그 대기업에 무슨 일이 일어났나요?

B 파산해서 지난 분기에 파산 신청을 했어요.

해설 go out of business는 '파산하다, 문을 닫다'라는 뜻이다. 즉, 파산한 것이므로 '파산신청을 하다'라는 file for bankruptcy를 답으로 선택할 수 있다.

어구 dividend 배당금
deposit 예금, 퇴적물

정답 (b)

11

A What was the first thing the police officer did when you saw him?

B He _____ himself as "Officer Tim Brown".

(a) recognized
(b) identified
(c) displayed
(d) represented

해석 A 네가 경찰을 봤을 때 경찰이 제일 먼저 한 일이 뭐였어?

B 제일 먼저 한 일은 '팀 브라운 경관'이라고 자신의 신분을 밝혔던 거지.

해설 경찰은 가장 먼저 자신이 누구인지 신분을 밝힌다(identify oneself). 참고로 신분증은 ID(identification Card)라고 한다.

어구 recognize 알아보다; 인식하다; 깨닫다
represent 대표하다, 대변하다
identify 확인하다; 식별하다; 동일시하다

정답 (b)

12

A With the problems in real estate today, it's really difficult to buy or sell a home.

B Yea, I know. Many of the banks are affected by the _____ economy.

(a) sloppy
(b) sluggish
(c) reprieved
(d) maximized

해석 A 요즘 부동산 시장의 문제 때문에 집을 사고 팔기가 정말 힘들어요.
　　 B 알아요. 많은 은행들이 경제 침체의 영향을 받죠.

해설 '둔화되고 침체된 경제'는 slow/sluggish/dull economy 등으로 표현할 수 있다. 명사형으로는 recession/slump 등을 쓸 수 있다. sloppy라는 것은 원래 '질퍽한'의 뜻이지만 부실 공사 등을 나타낼 때도 쓸 수 있는 형용사다.

어구 real estate 부동산
　　 sloppy 너절한, 날림의
　　 reprieve 검색하다

정답 (b)

13

A I went to get some medicine from the doctor yesterday.

B Oh, really? What did he _____ for you?

(a) purchase
(b) prescribe
(c) persuade
(d) perspire

해석 A 어제 의사한테 약을 받으러 갔었어요.
　　 B 정말요? 의사가 어떤 약을 처방해주던가요?

해설 의사가 약을 '처방해주다'는 prescribe라고 표현한다. 또한 그 처방전에 따라 약을 지어주는 것은 fill a prescription이라고 한다.

어구 prescribe 처방하다
　　 ex. The attending physician prescribes the medicines for his patient. 주치의는 환자에게 약을 처방해 준다.
　　 purchase 구매하다
　　 perspire 땀을 흘리다, 증발하다

정답 (b)

14

A Did you go to the Department of Motor Vehicles yesterday and _____ your license?

B Yes, but the lines were really long.

(a) review
(b) renew
(c) revive
(d) replenish

해석 A 어제 자동차관리국 가서 운전면허를 갱신했어요?
　　 B 네, 하지만 줄이 정말 길었어요.

해설 운전면허(license)와 함께 어울려 쓸만한 동사들을 기억해두자. 운전면허는 발급하거나(issue), 갱신(renew)하거나, 정지되거나(suspend) 취소될(revoke) 수 있다.

어구 revive 되살리다, 부활하다
　　 replenish 다시 채우다(= refill)

정답 (b)

15

A I met with our son's principal yesterday.

B How did everything _____?

(a) turn
(b) go
(c) pass
(d) discuss

해석 A 어제 제 아들의 교장선생님을 만났어요.
　　 B 어떻게 되었나요?

해설 어떤 일이 어떻게 진행되었는지 물을 때 동사 go를 써서 How did everything go?(어떻게 되었어요?)나 It went well(잘 되었어요)의 형태로 쓴다.

어구 principal 교장

정답 (b)

16

A Do you still have some of that meat loaf leftover?

B Sure do! I'll _____ some up for you.

(a) deliver
(b) whip
(c) prop
(d) finish

해석 A 아직 그 미트로프가 좀 남아있나요?
B 물론이죠! 빨리 좀 차려드릴게요.

해설 먹다 남은 음식을 leftover라고 한다. 빨리 데워서 준비해주겠다는 뜻인 whip up이 문맥상 어울린다. deliver up은 '넘겨주다'는 뜻이다.

어구 whip up 음식 등을 재빨리 준비하다
prop up 지지하다
finish up 먹어치우다

정답 (b)

17

A May I see your driver's license and vehicle registration, please? You didn't stop at the stop sign.

B Oh, give me a _____, please.

(a) favor
(b) break
(c) stop
(d) hint

해석 A 운전면허증과 차량등록증을 볼 수 있을까요? 정지 신호를 무시하셨습니다.
B 한 번만 봐주시면 안 될까요?

해설 한 번 봐달라고 할 때나 좀 넘어가 달라고 할 때 쓰는 표현이 give me a break이다. 단, 호의를 베풀어달라고 부탁할 때는 give me a favor가 아니라 do me a favor를 씀에 유의하자.

어구 vehicle registration 차량 등록증

정답 (b)

18

A Welcome to our house! Please sit down and make yourself _____.

B Thanks! But we're only here for a few minutes.

(a) calm
(b) soothed
(c) right
(d) comfortable

해석 A 저희 집에 오신 걸 환영합니다. 앉아서 편하게 쉬세요.
B 고마워요. 하지만 그냥 아주 잠깐만 있을 건데요.

해설 손님이 집에 방문했을 때 흔히 '편히 하세요'라는 표현은 make yourself comfortable(또는 at home)이라고 한다.

어구 calm 고요한, 차분한
soothe 진정시키다, 달래다

정답 (d)

19

A How much do you want for the couch on the front lawn?

B Nothing! It's free for the _____.

(a) breaking
(b) making
(c) asking
(d) taking

해석 A 앞뜰에 있는 소파의 값으로 얼마나 받기 원하시나요?
B 공짜에요! 그냥 가져가셔도 됩니다.

해설 free for the taking은 '공짜로 가져갈 수 있다'는 의미다.

어구 lawn 잔디

정답 (d)

20

A Why did you do such a stupid thing?

B I guess I did it out of _____.

(a) craziness
(b) vanity
(c) curiosity
(d) context

해석 A 왜 그렇게 어리석은 짓을 했어요?

B 그냥 호기심에 그랬던 것 같아요.

해설 out of curiosity는 '호기심에서'라는 뜻이다. 이와 관련해 Curiosity killed the cat(지나친 호기심은 화를 부르기도 한다)이라는 표현도 함께 알아두자.

어구 craziness 광기
vanity 허영
context 문맥, 전후 관계

정답 (c)

21

A I wouldn't worry about him. He's really dependable.

B So you could _____ on him whenever you need him?

(a) count
(b) rat
(c) fall
(d) call

해석 A 그에 대해서라면 걱정하지 않겠어요. 그는 정말 믿을만해요.
B 그렇다면 언제든 그 사람이 필요할 때는 의지할 수 있나요?

해설 dependable하다는 것은 depend on(의지하다)할 수 있다는 것이므로 동의어인 count on을 선택하면 된다. 기타 같은 뜻으로는 rely on/turn to 등이 있다.

어구 rat on 배신하다
fall on 습격하다
call on 방문하다

정답 (a)

22

A What are you waiting for? Why don't you call him?

B I'm waiting for my dad to _____ the phone.

(a) get off
(b) move off
(c) turn off
(d) steer off

해석 A 뭘 기다리고 있는 거야? 왜 그에게 전화하지 않아?
B 아버지의 전화통화가 끝나기를 기다리고 있어.

해설 아버지가 전화통화를 끝내야 자신이 통화할 수 있으므로 기다린다고 보는 것이 옳다. turn off은 전자제품이나 히터 등을 '끄다'는 뜻으로 사용한다.

어구 get off the phone 전화를 끊다(= hang up)
steer 조종하다, 이끌다

정답 (a)

23

A What didn't you like about the talent contest?

B I thought the contestants were too _____ and they didn't have any talent.

(a) showy
(b) pessimistic
(c) poignant
(d) silent

해석 A 탤런트 경진대회의 무엇이 마음에 들지 않았던 거니?
B 내 생각에는 참가자들이 너무 화려하기만 했지 어떤 재능도 없었어.

해설 탤런트 경진대회인데 재능이 전혀 없다면 이와 반대되는 상황으로 보기 중에서 겉만 화려하다는 뜻인 showy를 선택할 수 있다.

어구 pessimistic 비관적인
poignant 통렬한, 신랄한

정답 (a)

24

A The presidential election deals with issues regarding the war and foreign policy. I think this will be a difficult election.

B I agree, but they need to stop bickering and concentrate on the _____ issues.

(a) inadmissible
(b) critical
(c) relevant
(d) resolved

해석 A 대통령 선거에서는 전쟁과 대외정책에 대한 문제들을 다루고 있어요. 이번에는 어려운 선거가 될 것 같네요.
B 그래요. 그들은 이제 다툼을 그만두고 관련 문제에 집중해야 해요.

해설 문맥상 관련 있는(relevant) 문제를 다루는 데 집중한다는 내용으로 연결될 때 자연스럽다.

어구 presidential 대통령의
bicker 말다툼하다(= quarrel)
inadmissible 용인할 수 없는
relevant 관련있는
resolved 단호한

정답 (c)

25

A   Why shouldn't I pet that cat?
B   Because she can become very _____ and bite your hand.
    (a) isolated
    (b) steadfast
    (c) volatile
    (d) disruptive

해석 A 왜 그 고양이를 쓰다듬으면 안되나요?
B 금방 신경질적이 되어 손을 물기도 하거든요.

해설 volatile은 원래 휘발성의 뜻을 갖지만 성질을 묘사할 때는 '변덕스러운' 면을 말하기도 한다.

어구 isolated 고립된
steadfast 확고부동한
disruptive 파괴적인, 분열시키는

정답 (c)

Part II

26

The team's offer of 8 million dollars for the star player was too good to _____ up.
(a) pass
(b) go
(c) pick
(d) get

해석 그 팀이 스타플레이어에게 제시한 8백만 달러는 그냥 놓치기에는 너무나 아까운 조건이었다.

해설 기회 등을 '놓치다, 무시하다'는 pass up something 으로 표현할 수 있다. 보통 pass up a chance/ opportunity/offer 등의 용례로 쓴다.

어구 offer 제안

정답 (a)

27

The Vice President will _____ in for the President during his absence.
(a) rush
(b) go
(c) fit
(d) fill

해석 부통령은 대통령 부재 시에 그 직위를 대행할 것이다.

해설 '~를 대신해서 그 일을 하는' 것은 fill(sit, stand) in for라고 한다. 이 문장에서 단서는 during his absence(부재 시에)다.

어구 Vice President 부통령
absence 부재, 결석
rush in 몰려들다
go in for ~에 찬성하다
fit in ~에 어울리다

정답 (d)

28

Former President Bill Clinton also told them they need to _____ an example for developing countries.
(a) take
(b) put
(c) get
(d) set

해석 빌 클린턴 전대통령은 또한 그들이 개발도상국의 모범이 되어야 한다고 말했다.

해설 '모범이 되다'는 set an example로 표현한다. 이때 set은 set an example/standard/precedent와 같은 용례로 쓰인다. (a)의 take an example은 '예를 들다'는 뜻이므로 혼동해서는 안된다.

어구 former 전의, 이전의

정답 (d)

29

China allows only 20 foreign films to be _____ in its movie theaters each year.
(a) exhibited
(b) displayed
(c) seen
(d) shown

해석 중국은 영화관에서 매년 20편의 외화만을 상영하도록 허용한다.

해설 선택지에 있는 단어들은 모두 '보여주다'라는 뜻이지만 exhibit, display는 공공장소에 '전시하다'의 뜻으로 쓰인다. see도 비슷한 뜻이지만 영화 상영은 show를 쓴다.

어구 allow someone/something to~ 누가 ~하도록 허락하다

정답 (d)

30

Despite her early lead in the _____, Clinton carries some heavy political baggage.

(a) polls
(b) votes
(c) scrutinies
(d) ballot

해석 여론 조사에서 초기 우세를 보이기는 했지만 클린턴은 약간의 심각한 정치적 문제를 안고 있다.

해설 문맥상 '여론 조사'를 의미하는 poll이 들어가야 한다. vote는 '투표'를 의미하고 scrutiny는 '정밀검사'를 의미하며, ballot은 '투표 용지'를 뜻한다.

어구 lead 솔선; 선두; 우세
baggage 짐, 수하물; 문제

정답 (a)

31

Engineers _____ much time and energy developing brilliant solutions.

(a) do
(b) save
(c) spend
(d) take

해석 엔지니어들은 훌륭한 해결책을 내기 위해 많은 시간과 에너지를 소비한다.

해설 시간은 소비/낭비/보내거나/절약한다. 즉, time은 spend/use/waste/kill/pass/save 등과 어울려 쓴다.

어구 brilliant 훌륭한

정답 (c)

32

Follow those steps and everyone can significantly reduce their chances of _____ cancer for the rest of their life.

(a) curing
(b) taking
(c) holding
(d) developing

해석 다음 단계를 수행하면 누구나 앞으로 살아가는 동안 암에 걸릴 확률을 크게 줄일 수 있다.

해설 병과 관련한 동사 표현도 주의해서 알아두어야 한다. 전염병, 감기 등에 걸리게 되는 것은 come down with, contract, catch~ 의 형태로 표현하고 보통 암은 동사 develop와 함께 쓴다.

어구 significantly 의미 있게, 상당히
chance 기회, 가능성

정답 (d)

33

Grey insists she is a(n) _____ but in private she prays when faced with a serious problem.

(a) atheist
(b) realist
(c) pedant
(d) logician

해석 그레이는 무신론자라고 주장하지만 어려운 문제에 봉착할 때면 내밀히 혼자 기도를 한다.

해설 단서는 but이다. 따라서 앞은 기도, 신 등을 부정하는 내용이 나와야 한다. 이 모두에 해당되는 것은 무신론자(atheist)다.

어구 realist 현실주의자
pedant 현학자, 탁상공론가
logician 논리학자

정답 (a)

34

The writer eliminated the third chapter because she thought its content did not fall within the _____ of the book about global warming.

(a) ambit
(b) ambiance
(c) ambivalence
(d) ambiguity

해석 그 작가는 세 번째 장의 내용이 지구온난화에 대한 책의 범위에 들어가지 않는다고 생각해서 그 장을 삭제했다.

해설 fall within~는 '~한 범위 내에 들어가다'의 뜻을 갖는다. 따라서 '구역(precincts), 범위, 영역(scope)'의 뜻을 갖는 ambit을 답으로 선택할 수 있다. 나머지는 의미가 다른 유사 단어다.

어구 ambiance 분위기, 환경
ambivalence 양면 가치; 모순; 반대감정 병존
ambiguity (두 가지 이상의 뜻으로 해석될 수 있는) 애매함

정답 (a)

35

One of the _____ spoken by my father is that he fought five high school students when he was fourteen and beat them all.

(a) antidotes
(b) anecdotes
(c) adobes
(d) epigrams

해석 아버지가 이야기해주신 일화 중의 하나는 열네 살 때 고등학생 다섯 명과 싸워서 다 때려눕혔다는 것이다.

해설 이 문제의 단서는 spoken이라는 단어와 that이하가 어떤 이야기라는 점이다. 따라서 숨겨진 이야기, 일화에 해당하는 anecdote를 답으로 고를 수 있다.

어구 adobe 아도비 벽돌
antidote 해독제, 치료수단(= remedy)
epigram 경구(a short saying or poem)

정답 (b)

36

If you tell us which bank you use, we can _____ the money directly into your account.

(a) express
(b) telegram
(c) consign
(d) wire

해석 어떤 은행과 거래를 하고 계신지를 알려주신다면 계좌로 직접 송금해드릴 수 있습니다.

해설 bank, account, money 등의 단어를 통해 '송금하다'란 뜻의 wire를 답으로 골라낼 수 있다. wire 대신 transfer/send (money)라는 좀 더 일반적인 표현을 쓰기도 한다. wire는 '전선'이란 뜻에서 '전보를 보내다, 돈을 송금하다'라는 뜻으로 그 의미가 확장되었다.

어구 telegram 전송하다
consign 인도하다(deliver), 위탁하다, 예금하다 (deposit)

정답 (d)

37

After two late night _____, Liberia's government has failed to reach agreement.

(a) secession
(b) section
(c) succession
(d) session

해석 두 번의 심야회의를 마친 후에도 리베리아 정부는 합의를 도출하지 못했다.

해설 합의를 보기 위해 회의를 하는데 회의의 한 단위인 '회기'를 session이라고 한다.

어구 secession 분리, 탈퇴
succession 계승, 연속

정답 (d)

38

The presidential _____ is scheduled to be held in January two months after the election.

(a) introduction
(b) inauguration
(c) commencement
(d) sanction

해석 대통령 취임식은 선거 2개월 후인 1월에 열리기로 예정되어 있다.

해설 대통령 선거 후에 일어날 수 있는 일은 대통령 취임식 (inauguration)이다.

어구 commencement 졸업식
sanction 제재

정답 (b)

39

We need to reduce the burden of taxes that _____ the economy.

(a) enshrine
(b) collaborate
(c) impoverish
(d) diminish

채석 우리는 경제를 피폐하게 하는 세금의 부담을 줄여야 한다.

해설 세금의 부담(burden)을 줄여야 한다(need to reduce)는 등의 표현에서 경제에 나쁜 영향을 미친다는 내용이 이어져야 함을 알 수 있다. 따라서 impoverish를 답으로 선택할 수 있다. diminish(= decrease)는 양이나 수가 줄어드는 것, 어떤 중요성이 덜해지는 것이라는 의미로 쓴다.

어구 impoverish 가난하게 하다, 피폐하게 하다(make somebody poor/make something worse in quality)
enshrine 모시다, 간직하다

정답 (c)

40

He was declared _____ after failing to pay the huge amount of loan guarantee.

(a) bankrupt
(b) deficient
(c) incompetent
(d) inactive

해석 그는 막대한 채무보증금을 변제하지 못한 이후 파산 선고를 받았다.

해설 보증금이나 부채 상환을 하지 못하면 파산하게 된다. 파산 선고는 declare bankruptcy로 표현한다.

어구 deficient 부족한, 결핍된(~ in Vitamin C)
incompetent 무능한(= incapable)
inactive 수동적인, 비활성의

정답 (a)

41

A placebo is usually a(n) _____ substance that could be a sugar tablet for example.

(a) dull
(b) inerrable
(c) potential
(d) inert

해석 위약은 보통 설탕 정제 등과 같은 비활성 물질이다.

해설 위약은 화학물질의 일종이므로 inert(비활성)라는 단어가 어울린다. inerrable은 '틀리지 않는'이란 뜻으로 언뜻 형태는 비슷해보이지만 전혀 다른 의미이므로 주의하자. inert 외에 쓸 수 있는 단어는 dormant, inactive 등이다.

어구 placebo 위약
tablet 알약, 정제
dull 둔한, 활기가 없는
inerrable 틀리지 않는
potential 잠재적인, 잠재력이 있는
inert 비활성의

정답 (d)

42

If your work requires you to have a lot of documents with you all the time, you're going to need something to _____ it all in.

(a) pull
(b) push
(c) turn
(d) carry

해석 일때문에 항상 많은 서류를 가지고 다녀야한다면, 서류들을 다 넣어 가지고 다닐 무언가가 필요할 것이다.

해설 carry의 여러 뜻 중 하나는 '무언가를 휴대하고 다니다'라는 것이다. 이 문장에서는 '담는다'는 뜻의 hold를 대신 써도 좋다.

어구 documents 서류, 문서
turn in 제출하다

정답 (d)

43

The attorney general is calling _____ assaults on public corruption one of his top priorities.

(a) rhetorical
(b) confidential
(c) widespread
(d) simplified

해석 법무장관은 공적 부정에 대한 비판을 그의 최우선 사항의 하나라고 부르고 있다.

해설 미 법무부 장관을 the attorney general이라고 한다. 빈 칸에 '수사학, 수사법'이라는 뜻을 갖고 있는 rhetorical을 쓰면 비유와 수사를 동원해서 말로 공격을 퍼붓는 것을 뜻한다. 다른 보기들은 의미상 어울리지 않는다.

어구 priorities 우선순위, 우선사항
rhetorical 수사적인
confidential 기밀의, 비밀의
widespread 널리 퍼진, 만연한
simplified 단순화된

정답 (a)

44

In a democratic society, more citizens should _____ their power as voters.

(a) exercise
(b) assume
(c) put
(d) make

해석 민주사회에서는 더 많은 시민들이 유권자로서 그들의 권리를 행사해야 한다.

해설 power라는 목적어와 어울려 쓰이는 동사를 생각해야 한다. '힘을 행사하다'는 exercise/wield power, '집권하다'는 assume/take power의 형태로 쓴다.

어구 democratic 민주적인
voter 유권자

정답 (a)

45

He got up and _____ himself another drink.

(a) poured
(b) had
(c) took
(d) drank

해석 그는 일어나서 자기 잔에 술을 한 잔 더 따랐다.

해설 술/음료를 따르는 것은 pour다. pour oneself는 '자기 잔에 따르다'는 뜻이다.

어구 drink (술이나 음료의) 한 잔

정답 (a)

46

The search for the missing crew had resumed this morning with tracker dogs working the area but was _____ at around 11.

(a) assumed
(b) suspended
(c) suspected
(d) presumed

해석 그 실종 승무원 수색은 오늘 아침 탐지견들과 그 지역을 탐색하면서 재개되었지만 11시경에는 중단되었다.

해설 수색이 재개되었고(resume) 중간에 but이 나오므로 반대되는 의미로 연결되어야 한다. 문맥상 suspend(중단되다)로 이어져야 자연스럽다.

search 탐색, 수색
missing 실종된
crew 승무원; 선원; 직원
resume 재개하다, 다시 시작하다
tracker dog 수색견
assume 가정하다, 떠맡다
suspend 중단하다, 일시 정지하다
suspect 의심하다
presume 가정하다

정답 (b)

47

Outsourcing remains high on the _____ but there is still a huge gulf between the predicted and actual cost savings.
(a) form
(b) rise
(c) menu
(d) agenda

해석 아웃소싱은 중요한 의제로 남아있지만 아직까지도 예측된 것과 실제의 비용절감 사이에는 큰 간극이 있다.

해설 on the agenda는 '의제가 되고 있는'의 의미다. high on the agenda라고 쓰면 의제 중에서도 높은 우선순위를 차지하는 중요한 이슈라는 뜻이 된다. a gap(gulf) between A and B(A와 B사이의 간극, 차이)라는 표현도 함께 기억해 두자.

어구 outsourcing 아웃소싱, 하청
cost savings 비용절감

정답 (d)

48

He died at the age of 73, _____ by his wife of 25 years, along with two sons and a daughter.
(a) left
(b) survived
(c) followed
(d) pursued

해석 그는 73세의 나이로 숨을 거두었으며 유족으로는 25년간 결혼생활을 한 아내, 두 아들, 그리고 딸 하나가 있다.

해설 세상을 떠날 때 '유족을 남기다'라는 표현은 survived by~로 표현할 수 있다. survive의 원래 뜻이 '~보다 오래 살다'이므로 다른 가족들이 그보다 더 오래 사는

유족의 의미로 확장되었다.

어구 pursue 추구하다

정답 (b)

49

The law enacted in 1990 prohibited the institution from _____ films in advance.
(a) protecting
(b) blocking
(c) censoring
(d) censuring

해석 1990년 시행된 법률은 기관에서 영화를 사전에 검열하는 것을 금지하고 있다.

해설 prohibit A from B는 'A가 B하는 것을 금지하다'의 뜻과 용법을 통해 어미가 -ing인 보기가 제시되고 있다. 영화는 제작/상영/검열 등을 하는 것이다. '사전에 (in advance)' 검열하는 것을 금지한다고 해야 내용이 자연스러우므로 censoring이 답이다.

어구 censor 검열하다. cf. censorship 검열
censure 비난하다; 혹평하다

정답 (c)

50

It is very important to practice contraception to prevent _____.
(a) abortion
(b) pregnancy
(c) divorce
(d) fetus

해석 임신을 방지하기 위해 피임을 실시하는 것은 매우 중요하다.

해설 contraception이라는 단어를 알아야 해결할 수 있는 문제다. '피임'의 목적은 '임신' 예방이라 할 수 있으므로 정답은 (b)다.

어구 contraception 피임
pregnancy 임신
abortion 낙태
fetus 태아

정답 (b)

ACTUAL TEST 6

Part I

1

A He tried to put the fire out with his garden hose and a bucket of water.

B Calling the Fire Department would have been a more _____ way of putting out the fire.
   (a) mediocre
   (b) persistent
   (c) accelerated
   (d) conventional

해석 A 그는 정원용 호스와 물 양동이로 불을 끄려고 했어요.
   B 보통 같으면 불을 끌 때는 소방서에 전화를 했을 텐데요.

해설 put out이 '불을 끄다(= extinguish)'의 의미로 쓰였다. 보통은 불이 나면 소방서에 전화를 했을 것(would have been)이므로 '일반적인, 관례적인'의 뜻에 해당하는 conventional이 답이다. would have p.p.는 '~했었을 것이다'라는 과거에 대한 가정의 의미를 갖는다는 사실도 기억해두자.

어구 mediocre 보통의, 평범한
   accelerate 가속하다, 기간을 단축하다
   persistent 꾸준한, 완고한

정답 (d)

2

A What happened to the floor?

B The children came in from the rain and _____ all over the floor with their dirty shoes.
   (a) appeared
   (b) pinched
   (c) squashed
   (d) stampeded

해석 A 마루 바닥이 어떻게 된 거야?
   B 아이들이 비를 맞고 들어와 흙투성이 신발로 우르르 돌아다녔어요.

해설 마루 바닥을 '밟고 돌아다니다'에 해당하는 동사를 골라야 한다. stampede는 가축, 군중 등이 우르르 몰려드는 모습을 나타낸다.

어구 stampede 우르르 몰려들다; 달아나다
   pinch 꼬집다
   squash 납작해지다

정답 (d)

3

A He seems like he's got a lot on his mind.

B He does and he needs to calm down and _____.
   (a) relax
   (b) excited
   (c) soften
   (d) expand

해석 A 그는 무슨 걱정거리가 많은 거 같아요.
   B 맞아요. 마음을 가라앉히고 좀 진정해야 해요.

해설 have something on one's mind는 '걱정거리가 있다'라는 의미이다. in one's mind는 말 그대로 마음 속에 어떤 생각(중립적)을 두고 있는 것을 말한다. calm down과 어울려 쓸 수 있는 표현을 생각해본다면 relax가 답임을 알 수 있다.

어구 soften 부드럽게 하다, 경감하다

정답 (a)

4

A　**The dentist needed some help with the patient yesterday.**

B　**So who was there to _____ him?**

(a) betray

(b) divorce

(c) assist

(d) explain

해석　A　어제 치과의사가 환자때문에 도움이 필요했어요.

　　　B　그래서 누가 그를 도왔나요?

해설　needed some help라고 했으므로 assist(= help)를 쉽게 답으로 찾을 수 있다. 종종 이런 방식으로 동의어를 바꿔가면서 문제를 출제하므로 이 같은 단서를 통해서도 답을 찾을 수 있다.

어구　betray 배신하다; 드러내다; (원치않는 것을) 보여주다
assist 돕다, 지원하다

정답　(c)

5

A　**When the bridge collapsed the roads were completely _____ .**

B　**When do you think they will have it fixed?**

(a) rebuilt

(b) destroyed

(c) dedicated

(d) satisfied

해석　A　다리가 무너졌을 때 길이 완전히 파괴되었어요.

　　　B　언제 보수가 될 거라고 생각해요?

해설　다리가 무너지면 길은 어떻게 될까? 내용으로 미루어 destroy라는 답을 쉽게 찾을 수 있다.

어구　collapse 무너지다, 붕괴하다
rebuild 다시 세우다
dedicated 헌신적인, ～에 바쳐진

정답　(b)

6

A　**What happened to your tire?**

B　**After driving over that nail, the tire lost all of its air and became _____ .**

(a) abundant

(b) deflated

(c) decreased

(d) increased

해석　A　타이어가 어떻게 된 거예요?

　　　B　못 위로 지나가서 바람이 다 빠져버렸어요.

해설　tire의 바람이 빠진 상태는 flat 또는 deflated라고 표현한다.

어구　abundant 풍부한, 넘쳐나는
deflated 바람이 빠진; 거품이 꺼진; (사람이) 자신감을 잃은

정답　(b)

7

A　**How do you stay looking so slim and good?**

B　**Well, I exercise and I eat _____ foods.**

(a) fast

(b) junk

(c) healthy

(d) great

해석　A　어떻게 하면 그렇게 날씬하고 보기 좋을 수 있어요?

　　　B　음, 운동을 하고 건강한 식생활을 하죠.

해설　stay slim(날씬함을 유지하는 것)하려면 건강한(healthy) 식생활을 하는 것이 중요하다. 반대로 junk는 원래 '쓰레기'라는 뜻으로 junk food는 영양가는 별로 없고 칼로리만 높은 스낵류, 패스트푸드류를 지칭한다.

어구　slim 날씬한(= fit, lean)
junk 쓰레기; 폐물; 마약

정답　(c)

8

A What happened after the riots?
B Police _____ people from staying out on the streets late at night.
   (a) permitted
   (b) settled
   (c) persuaded
   (d) restricted

해석 A 폭동 후에는 어떤 일이 일어났어요?
   B 경찰이 심야에 사람들이 거리에 나와 있지 않도록 통행을 제한했어요.

해설 폭동이 일어나면 위험하므로 심야 통행을 '제한(restrict)'한다고 해야 논리적으로 어울리는 표현이 된다.

어구 riot 폭동
   permit 허락(허가)하다
   restrict 제한하다(= limit)

정답 (d)

9

A I was quite surprised by the number of people that came to the conference.
B The _____ was quite impressive. I didn't expect to see that many people.
   (a) turnout
   (b) burnout
   (c) turnover
   (d) makeover

해석 A 회의에 참석한 사람 수에 꽤 놀랐어요.
   B 참석자 수가 꽤 많더라고요. 그렇게 많이 사람들이 올 줄은 예상하지 못했어요.

해설 the number of people that came을 하나의 단어로 turnout(참석자 수)이라고 한다. 비슷한 형태인 turnover는 '이직률, 전환'의 의미를 갖는 단어이다.

어구 makeover 변신, 외모개조
   burnout 소진, 소모
   turnout 참석자 수, 투표자 수

정답 (a)

10

A How much is that vase worth?
B Hard to tell. It's very difficult to assess the _____ of the vase without further research.
   (a) virtue
   (b) value
   (c) valuables
   (d) vice

해석 A 이 꽃병의 가치는 얼마나 되나요?
   B 말하기 힘들어요. 더 연구를 해보기 전에는 꽃병의 가치를 평가하기가 매우 어려워요.

해설 가치를 뜻하는 value가 적절한 답이다. 참고로 '~의 가치를 평가한다'는 assess the value of~ 로 표현한다.

어구 virtue 덕; 장점; 덕목
   valuables 귀중품
   vice 악덕; 악습; 결함, 약점(virtue and vice와 같이 짝을 이뤄 쓰기도 한다)

정답 (b)

11

A My girlfriend enjoys looking at herself in the mirror a lot.
B What's her problem? Is she _____?
   (a) pretty
   (b) ugly
   (c) vain
   (d) adorable

해석 A 내 여자 친구는 거울에 비친 자기 모습을 보는 걸 무척 좋아해.
   B 문제가 뭐야? 허영이 많아?

해설 겉치장에 신경을 많이 쓰는 것은 허영심이 많다(vain)고 표현할 수 있다. 거울과 예쁜 것을 연상할 수 있겠지만 problem이라고 했으므로 좋은 의미의 어휘는 답으로 기대하기 힘들다.

어구 vain 허영심이 많은; 헛된(= fruitless)
   adorable 매우 예쁜

정답 (c)

12

A What did you do before your friend's wedding?

B We _____ a huge bachelor party for him.

    (a) threw

    (b) opened

    (c) sent

    (d) showed

해석 A 친구 결혼식 전에 뭘 했어요?

    B 성대한 총각파티를 열어주었어요.

해설 collocation을 묻는 문제다. '파티를 열다'는 throw a party라고 표현한다. bachelor party는 결혼식을 앞둔 신랑을 위해 신랑친구들이 모여 마지막으로 즐기도록 하는 파티다. 보통 신부 친구들은 bridal shower라는 결혼 선물 주고받는 파티를 연다.

어구 bachelor 미혼, 독신남자 cf. spinster 독신여성

정답 (a)

13

A The children are difficult to teach.

B I heard that from other teachers. I've been told they are very _____.

    (a) ill-mannered

    (b) well-mannered

    (c) unmannered

    (d) mild-mannered

해석 A 그 아이들은 가르치기 힘들어요.

    B 다른 선생님들로부터 들었어요. 아주 예의가 없다더군요.

해설 가르치기 힘들다는 것은 '예의가 없다'는 말로 달리 표현할 수 있다. 따라서 ill-mannered가 답이다. 반대로 예의가 바른 것은 well-mannered로 표현한다. 참고로 unmannered는 '예의가 없는'이 아니라 '꾸미지 않은'의 뜻이다.

어구 ill-mannered 예의 없는

    mild-mannered 태도가 부드러운

정답 (a)

14

A I called to the bank to get an _____ on the loan repayment.

B I'm sure you'll get it. Your credit is fine.

    (a) extension

    (b) expansion

    (c) expulsion

    (d) excursion

해석 A 대출상환기간을 연장하려고 은행에 전화를 걸었어요.

    B 연장 받을 수 있을 거예요. 신용이 괜찮으니까요.

해설 신용(credit)이 좋으면 대출상환을 연장(extension) 받을 수 있다. extend의 명사형인 extension은 기간, 시간 따위를 늘려주는 것을 말한다. expansion은 '확대, 팽창'을 의미하므로 문맥과 어울리지 않는다.

어구 extension 연장

    expulsion 추방; 구축

    excursion 소풍, 유람

    ex. go on(for) an excursion 소풍 가다

정답 (a)

15

A Would you like to be in our wedding this April? We're looking for groomsmen.

B I'd be _____ to be a groomsman. What do I need to do?

    (a) deranged

    (b) compelled

    (c) delighted

    (d) bloated

해석 A 올 4월에 우리 결혼식에 참석해주시겠어요? 신랑 들러리가 되어주셨으면 합니다.

    B 신랑 들러리가 된다니 기쁩니다. 제가 어떻게 해야 되나요?

해설 be in one's wedding이라고 하면 들러리 등으로 결혼식에 참석하는 것을 말한다. 단순히 결혼식에 초대되는 것과는 다소 차이가 있다. 신랑 들러리는 groomsmen, 신부 들러리는 bridesmaid라고 하며 보통 가장 친한 친구에게 부탁하는 것으로, 부탁받는 사람들은 큰 영광으로 여긴다.

16

A _____ me to introduce my colleague, we've been working together for 10 years.

B Pleased to meet you. I started at this company just yesterday.

(a) Solicit
(b) Help
(c) Persuade
(d) Allow

해석 A 제 동료를 소개하겠습니다. 우리는 10년째 함께 일하고 있어요.

B 만나서 반갑습니다. 저는 어제 막 일하기 시작했어요.

해설 '~하겠습니다'라고 공식적인 자리에서 쓰는 표현으로 allow me to~가 있다. 직역하면 '~하도록 허락해주십시오'라는 말이므로 상당히 공손한 표현에 해당한다.

어구 colleague 동료
solicit 간청, 권유하다

정답 (d)

17

A When is our server going to be up again?

B We're working on it around the _____, but I can't give an exact date yet.

(a) time
(b) clock
(c) ways
(d) day

해석 A 저희 서버가 언제쯤 다시 재가동될까요?

B 쉬지 않고 종일 일하고 있지만 아직까지는 정확한 날짜를 말씀드릴 수가 없습니다.

해설 around the clock은 '하루 종일 계속해서'라는 뜻의 구어적인 표현이다. 24/7(twenty four seven)과 같은 표현도 있다. be up 은 '가동되다', be up and going 은 '가동되어 잘 운영되다(운행되다)'라는 뜻이다.

어구 exact 정확한

정답 (b)

18

A When do you think we will find another gas station.

B I don't know but we're running extremely _____ on gas.

(a) high
(b) low
(c) fast
(d) slow

해석 A 다음 주유소는 언제 나올까?

B 몰라, 하지만 지금 기름이 거의 바닥이 나고 있어.

해설 동사 run과 함께 '줄어들다'는 표현은 run low로 표현할 수 있다.

어구 동사 run과 함께 쓰이는 어구들
〈열이 나다〉
The little girl is running a fever and she needs help.
〈마르다 = dry up〉
Streams had run dry for the first time in memory.
〈부족하다〉
Government forces are running short of ammunition and fuel.
We are running low on drinking water.
extremely 극도로, 극단적으로

정답 (b)

19

A   **Do you know where smoking isn't allowed?**

B   **Smoking is _____ in many bars and restaurants.**

    (a) discouraged

    (b) approved

    (c) beat

    (d) promoted

해석 A 금연장소를 알고 계신가요?

      B 여러 술집과 레스토랑에서 금연하고 있습니다.

해설 흡연이 '허용되지 않는, 금지되는' 것은 banned, discouraged 등으로 표현할 수 있다. promoted는 '촉진된다'는 말로 반대말이다.

어구 discourage 낙담시키다(↔ encourage), 방해하다
approve 허락, 승인하다

정답 (a)

20

A   **George couldn't make it into work today because he was at home sick.**

B   **So who _____ him?**

    (a) intercepted

    (b) stopped

    (c) encapsulated

    (d) substituted

해석 A 조지는 오늘 아파서 집에 있기 때문에 일하러 나오지 못했어요.

      B 그럼 누가 그를 대신했나요?

해설 make it into(to) work은 '출근하다'의 의미다. 출근하지 못했으므로 누군가 대신 일을 해야 한다. 따라서 (d)가 정답이다. 아파서 출근하지 못한다고 전화한다는 뜻의 call in sick이라는 표현도 알아두자.

어구 intercept 가로채다
encapsulate 캡슐에 넣다, 요약하다

정답 (d)

21

A   **Is New York a good place to live?**

B   **Not in my _____. It's noisy, dirty, and dangerous.**

    (a) paper

    (b) hand

    (c) book

    (d) head

해석 A 뉴욕은 살기 좋은 곳인가요?

      B 제 생각으론 그렇지 않아요. 시끄럽고, 더럽고, 위험하죠.

해설 in one's book 또는 according to one's book이라고 하면 '~의 의견으로는' 이라는 의미가 된다. 참고로 ~in my hand는 '~가 내 손에 있다, 갖고 있다, 좌지우지하다'는 뜻이 된다.

어구 noisy 시끄러운, 소음이 많은

정답 (c)

22

A   **To _____ a long story short, Janine and I had a nice evening.**

B   **Come on, Harry. Let's hear some details.**

    (a) slit

    (b) cut

    (c) form

    (d) hold

해석 A 요점만 말하자면 제닌하고 나는 즐거운 저녁 시간을 보냈어.

      B 그러지 말고, 자세한 얘기좀 듣자, 해리.

해설 요약해서 개략적으로 얘기했기 때문에 자세한(details) 것을 원하고 있다. 빈 칸과 함께 '요약해서'는 to cut a long story short으로 표현한다.

어구 to cut a long story short 요약해서

정답 (b)

23

A I hate telling him to do things over and over again.

B I find that you really have to _____ things out for him by showing him exactly what you need him to do.

(a) talk

(b) spell

(c) sell

(d) say

해석 A 그에게 몇 번이고 되풀이해서 하라고 말하는 게 정말 싫어.

B 그한테는 정확하게 뭘 원하는지를 보여주면서 일일이 짚어서 말해줘야만 해.

해설 하나하나 일일이 짚어서 설명해주는 것을 spell out이라고 한다. say out은 '터놓고 말하다', talk out은 '철저하게 논의하다'는 뜻이다.

어구 exactly 정확히

sell out 다 팔아버리다

정답 (b)

24

A Who do you _____ in your family?

B My mother. She's always late for appointments just like me.

(a) look after

(b) call for

(c) care for

(d) take after

해석 A 가족 중에서 누구를 닮았니?

B 우리 엄마. 나처럼 항상 약속에 늦곤 하시지.

해설 '닮다'의 올바른 영어표현은 take after다.

어구 appointment 약속

look after ~을 돌보다, 주의하다

call for ~를 큰 소리로 부르다, 요구하다

care for 돌보다; 좋아하다; 바라다

ex. Do you care for social dancing?

정답 (d)

25

A What do you do in your free time?

B I started a new hobby and _____ up salsa dancing.

(a) gave

(b) took

(c) pulled

(d) put

해석 A 여가에는 뭘 하세요?

B 새 취미활동을 시작했어요. 살사를 추기 시작했죠.

해설 새 취미를 시작했다고 했으므로 같은 '시작하다'의 의미인 take up을 답으로 선택할 수 있다. give up은 '포기하다'는 의미로 문맥과 어울리지 않는다.

어구 take up (일, 연구 등을) 시작하다

salsa 살사(댄스)

pull up ~을 멈추다, 근절하다

정답 (b)

26

Several citizens made _____ of corruption against a police officer.

(a) views
(b) eyes
(c) allegations
(d) morals

해석 일부 시민들은 한 경찰관을 상대로 부패혐의를 주장했다.

해설 빈 칸 앞의 동사 make와 함께 '혐의를 주장하다'의 뜻은 make allegations로 표현한다.

어구 make allegations 혐의를 주장하다
corruption 부패
morals 도의, 도덕

정답 (c)

27

The Russian government is trying desperately to _____ an agreement to refinance its debts.

(a) make up
(b) hand over
(c) work out
(d) follow up

해석 러시아 정부는 국가 채무를 재조정하기 위한 합의를 도출해내려고 안간힘을 쓰고 있다.

해설 목적어인 an agreement가 단서다. '합의를 이루어 내다'라는 의미의 동사 표현이 들어가야 한다는 것을 일단 문맥으로 파악하고 work out을 답으로 선택하면 된다. work out은 주로 시간을 들여 노력한 끝에 어떤 결과물을 만들어내는 것을 말한다. agreement 외에도 work out a solution/answer/way/strategy 등과 같은 형태로 쓴다.

어구 desperately 절박하게
refinance 재정을 재건하다; (부채 등을) 다른 돈을 빌려 기존 부채를 정리하는 식으로 재조정하다
make up 보충하다
hand over 양도하다
follow up ~을 끝까지 추적하다

정답 (c)

28

Her condition took a sharp _____ for the worse.

(a) path
(b) flip
(c) turn
(d) road

해석 그녀의 상태는 급격히 악화되었다.

해설 for the worse(더 나쁘게)라는 비교급이 나왔으므로 문장에는 비교 내지 변화를 뜻하는 말이 나와야 한다. 변화를 나타내는 동사는 turn이다. take a turn for the better/worse(호전/악화되다)와 같은 형태로 활용되는 것도 기억해두자.

어구 flip 가볍게 튀김, 공중제비

정답 (c)

29

Hindu nationalists may return to _____ in India's next election.

(a) position
(b) power
(c) strength
(d) podium

해석 인도의 다음 선거에서 힌두 민족주의자들이 다시 집권할 수도 있다.

해설 정치인들은 선거를 통해서 집권(come to power)한다. 재집권하는 것은 return to power이다. strength는 주로 육체적 힘을 묘사할 때 많이 쓰며 podium은 강의나 연설을 하기 위한 '연단'을 뜻한다.

어구 Hindu 힌두교
nationalist 민족주의자
podium 연단, 단상

정답 (b)

30

He _____ the hardest issues, concentrating on areas of possible agreement.

(a) rendered
(b) skirted
(c) turned
(d) raked

해석 그는 어려운 문제들은 피하고 합의가 가능한 영역에 집중했다.

해설 합의가 가능한 영역에 집중했다는 것은 어려운 문제를 다루지 않았다는 뜻으로 이해할 수 있다. skirt는 어떤 지역을 돌아가는, 어떤 문제를 다루지 않고 피해가는 것을 말한다.

어구 render ~하게 만들다(= make, cause to become)
skirt 피해가다(1. go round, circumvent, 2. avoid, evade, steer clear of)
rake 갈퀴질하다, 긁어모으다

정답 (b)

31

He replied that the UN had passed two major _____ calling for a complete withdrawal.

(a) resolutions
(b) strategies
(c) debates
(d) assumptions

해석 그는 UN이 철군 완료를 요구하는 두 개의 주요 결의안을 통과시켰다고 응답했다.

해설 UN에서 합의를 이루어 통과시키는 것을 결의안(resolution)이라고 한다. 그 밖에 pass(통과시키다)의 목적어로는 a bill(법안), motion(동의안), budget(예산안) 등이 올 수 있다.

어구 resolution 결의(안)
withdrawal 출금, 철수
assumption 가정

정답 (a)

32

He was _____ the Nobel Peace Prize in 1989.

(a) provided
(b) taken
(c) handed
(d) awarded

해석 그는 1989년 노벨 평화상을 수상했다.

해설 award는 '(상, 장학금 등을) 주다, 수여하다'의 뜻으로 문장에서 사람이 주어가 되는 경우 수동형으로 쓴다. hand는 '넘겨주다'는 뜻이고 provide는 '공급한다'는 의미이므로 어울리지 않는다.

어구 the Nobel Peace Prize 노벨 평화상

정답 (d)

33

He was _____ at the thought he might never play again.

(a) poverty-stricken
(b) panic-stricken
(c) flood-stricken
(d) conscience-stricken

해석 그는 어쩌면 다시는 경기를 하지 못할 수도 있다는 생각에 공포에 사로잡혔다.

해설 격한 감정이나 상태에 사로잡힌 것을 표현할 때 -stricken의 형태로 나타낼 수 있다. 예로써, famine-stricken, fear-stricken 등이 있다. 경기를 하지 못한다는 것과 연관지을 수 있는 단어는 (b)다.

어구 poverty-stricken 가난으로 고생하는
panic-stricken 당황한, 공포에 사로잡힌
flood-stricken 수해를 입은
conscience-stricken 양심의 가책을 받는

정답 (b)

34

A harsher punishment does not necessarily deter _____.

(a) offenders
(b) victims
(c) performers
(d) suspects

해석 더 심한 벌을 준다고 해서 반드시 범법자들을 막을 수 있는 것은 아니다.

해설 victim은 '희생자'라는 뜻이므로 어울리지 않고, suspect는 사후에 범죄를 저지른 것으로 지목되는 '용의자'를 말하는 것이므로 답이 될 수 없다.

어구 offender 범죄자, 위반자
harsh 거친, 엄한
deter 저지하다, 억제하다
suspect 용의자

정답 (a)

35

The country appealed to the world that it wants to _____ from the federation and become an independent nation.

(a) cede
(b) secede
(c) concede
(d) accede

해석 그 국가는 연방에서 분리하여 독립국을 이루고 싶다고 전세계에 호소했다.

해설 연방(federation)과 독립국(independent nation)이라는 말이 단서가 된다. 연방에서 떨어져나와 '분리(secession)'한다고 해야 연결이 매끄럽다. secede는 이와 같이 주로 정치, 종교적 이유로 분리할 때 쓰는 표현이다.

어구 federation 연방국가, 연합, 동맹
cede 양도, 할양하다
secede 분리하다
concede 양보하다
accede 동의하다

정답 (b)

36

This plane plastic model is not _____ and falls apart easily.

(a) cohesive
(b) coherent
(c) consistent
(d) complete

해석 이 플라스틱 비행기 모형은 잘 접착되지 않아 쉽게 떨어져 나간다.

해설 쉽게 분리되어 떨어져 나가는 것은 접착력이 없는 것이며 이는 not cohesive라고 표현할 수 있다. coherent는 주로 논리적으로 일관성이 있다는 것이고 consistent는 꾸준히 변하지 않고 일관적이라는 뜻이다.

어구 cohesive 결합력있는, 밀착하는
coherent 조리있는, 일관성있는
consistent 모순이 없는, 언행이 일치하는

정답 (a)

37

The government has set up a new taxation system in an attempt to decrease the _____.

(a) defection
(b) deficit
(c) debt
(d) defiance

해석 정부는 적자를 줄이려는 시도로 새로운 세제를 수립했다.

해설 세금과 관련해서 줄여야 좋은 것은 적자(deficit)다. 반대로 흑자는 surplus라고 한다.

어구 taxation 과세, 세제
deficit 부족, 결손, 적자
defection 탈퇴, 결함
defiance 도전, 도발

정답 (b)

38

If our currency keeps _____ at this pace, we will have to stop importing products from abroad.

(a) depreciating
(b) deprecating
(c) devastating
(d) deviating

해석 우리 통화가 이 속도로 계속 평가절하되면 해외로부터 수입을 중지해야 할 것이다.

해설 경제와 관련된 다소 어려운 문제다. 자국 통화 가치가 낮아지면(depreciate) 외국에서 물건을 수입(import)해 올 때 매우 불리해진다. 반대로 통화 가치가 높아지면(appreciate) 수입에는 유리하고 수출에는 불리해진다.

어구 currency 통화
deprecate 비난하다, 반대하다
devastate 황폐화시키다
deviate 일탈하다, 탈선하다

정답 (a)

39

Banks are facing tough times ahead as savings account deposits decline and loan _____ rates rise.

(a) delinquency
(b) delusiveness
(c) intangibility
(d) detachment

해석 은행은 예금액이 하락하고 부실채무비율이 상승하면서 어려운 시기를 앞두고 있다.

해설 은행이 어려워지는 것은 채무상환이 되지 않을 때, 즉 부실채무(loan delinquency)가 늘어날 때다. 그밖에 delinquency는 청소년의 불법행동, 즉 '비행'이라는 뜻이 있어 juvenile delinquency와 같은 형태로 쓴다.

어구 deposit 퇴적; 예금
delinquency 비행; 직무태만; 연체
delusive 기만적인, 거짓의
intangible 무형의, 실체가 없는
detachment 분리, 파견

정답 (a)

40

Illegal copying of films is _____, despite many promises by Beijing to address piracy.

(a) rampant
(b) rare
(c) few
(d) rampageous

해석 베이징 당국의 해적판 단속 약속이 수차례 있었음에도 불구하고 불법 영화 복제는 만연하다.

해설 despite라는 말이 중간에 있으므로 앞 뒤 내용은 역접관계가 되어야 한다. piracy(불법복제)를 단속하겠다고 했지만 여전히 못하므로 '만연한(rampant, widespread)'으로 보는 것이 자연스럽다.

어구 piracy 해적행위, 불법복제
rampageous 난폭한, 격렬한

정답 (a)

41

If you plan to quit your job, you need to give two week's _____ allowing your employer time to find a replacement.

(a) notice
(b) warning
(c) announcement
(d) period

해석 회사를 그만둘 계획이면 2주 전에 통보를 해서 고용주가 대체인원을 고용할 시간을 주어야 한다.

해설 대응할 수 있도록 미리 어떤 사실을 알려주는 것이 '통보(notice)'이다. 통보하는 것은 give notice라고 한다 warning은 '경고'라는 뜻으로 어감이 너무 강하고 announcement는 어떤 사실을 일반에 '공표'하는 것이므로 어울리지 않는다.

어구 notice 통지, 통보
replacement 대체, 교체

정답 (a)

42

The lawmaker is known to _____ the state's financial resources with his uncontrollable appetite for a life of luxury and pleasure.

(a) supplement
(b) arrange
(c) squander
(d) disorganize

해석 그 의원은 개인의 사치와 쾌락에 대한 제어할 수 없는 욕망때문에 주의 재원을 낭비한 것으로 알려졌다.

해설 문맥상 빈 칸 뒤의 재원(financial resources)을 '낭비하다'는 뜻이 될 때 자연스럽다.

어구 squander 낭비하다(~ money, resources, or opportunities)
uncontrollable 제어할 수 없는
appetite 식욕, 욕망
supplement 보충하다

정답 (c)

43

Some 25,000 demonstrators _____ him as a traitor.

(a) denounced
(b) endorsed
(c) renounced
(d) acknowledged

해석 약 25,000명의 시위자들이 그를 배신자로 비난했다.

해설 누군가를 배신자(traitor)라고 한다면 '비난(de-nounce)'한다고 볼 수 있다. endorse는 '승인한다'는 긍정적인 의미다. renounce는 발음은 비슷하지만 '포기하다, 그만두다'라는 뜻이다.

어구 traitor 배신자
denounce(→ criticize something severely and publicly)
renounce 포기(단념)하다

정답 (a)

44

The students were overwhelmed to see the _____ scholar in their own classroom.

(a) distinguished
(b) contradictory
(c) obvious
(d) dubious

해석 학생들은 그 저명한 학자의 모습을 강의실에서 보고 압도되었다.

해설 학생들이 압도될 정도의 어떤 사람이어야 한다. distinguished는 '저명한'이라는 뜻이므로 이와 어울린다.

어구 overwhelm 압도하다
distinguished 저명한(= eminent, noted, famous, celebrated, well-known, prominent)
contradictory 모순된
dubious 의심스러운

정답 (a)

45

We have to _____ the problem of air pollution successfully.

(a) loose
(b) choose
(c) send
(d) address

해석 우리는 대기오염문제를 성공적으로 다루어야 한다.

해설 빈 칸 뒤의 명사 problem과 함께 '문제를 다루다'는 의미가 문맥과 연결되는데 이는 (c) address로 표현한다.

어구 address the problem 문제를 다루다
air pollution 대기오염

정답 (d)

46

Rescuers discovered that few people _____ the avalanche that swept down the ski slopes.
(a) endured
(b) survived
(c) overcame
(d) defeated

해석 구조대원들은 스키장을 덮친 눈사태에서 살아난 사람이 몇 명 되지 않는다는 사실을 발견했다.

해설 큰 자연재해(눈사태)를 이겨냈다라고 하는 것이 자연스런 맥락이므로 '살아남다'는 뜻의 동사 survive가 필요하다. endure는 endure financial losses와 같이 쓴다. overcome은 어떤 것을 성공적으로 '다루어내다'라는 긍정적 의미가 강하다.

어구 avalanche 눈사태
rescuer 구조자, 구조대원
overcome 극복하다
defeat (상대를) 이기다

정답 (b)

47

All _____ of life were represented at the first convention to ratify the nation's new constitution.
(a) manner
(b) forms
(c) parts
(d) walks

해석 국가의 새 헌법을 비준하기 위한 최초의 회의에는 모든 계층의 사람들이 대표되었다.

해설 all walks of life는 '각계각층'의 뜻이다. 이때 walk는 '신분, 계급, 지위, 직업'을 뜻한다.

어구 ratify 비준하다
constitution 헌법; 기질; 체질

정답 (d)

48

Although he has a big lead in national polls, the _____ are much smaller in the early voting states.
(a) boundaries
(b) margins
(c) borders
(d) fringes

해석 그가 전국 여론조사에서는 크게 앞섰지만 초기 집계된 선거구 결과에서는 그 표차가 훨씬 적었다.

해설 margin은 '가장자리, 차이'의 뜻을 나타낸다. 따라서 매매차익금 등의 수익에도 margin을 쓰며 투표에서 표차 역시 margin이라고 한다. 흔히 쓰는 '주변인'도 marginal man이라고 한다.

어구 boundaries 경계
fringe 주변, 언저리

정답 (b)

49

The real estate market is expected to reach a _____ soon and stop growing from then on.
(a) ceiling
(b) plateau
(c) climax
(d) floor

해석 부동산 시장은 정체기에 도달해서 더 이상 성장하지 않을 것으로 예상된다.

해설 어떤 것이 성장을 멈춘다면 정체기에 도달했다(reach a plateau)고 볼 수 있다. hit the ceiling은 '최고치를 기록하다'라는 뜻이다.

어구 real estate 부동산
climax 클라이맥스, 절정
floor 장, 발언권
ex. hold the floor 발언권을 갖다

정답 (b)

50

People need to _____ a balance between work and family to lead a happy and fulfilling life.

(a) take
(b) strike
(c) run
(d) do

해석 사람들은 행복하고 충실한 삶을 살기 위해서는 일과 가정의 균형을 이루어야 한다.

해설 '균형을 잡다'는 strike a balance로 표현할 수 있다. 그 밖에 strike가 쓰이는 예로, strike a pose(포즈를 취하다), strike a deal(거래를 타결하다) 등이 있다.

어구 fulfilling 충족시키는
lead a ~ life ～한 삶을 살다(영위하다)

정답 (b)

Answers

Part I

1. (c)	2. (b)	3. (a)	4. (b)	5. (c)
6. (b)	7. (c)	8. (b)	9. (a)	10. (a)
11. (c)	12. (c)	13. (a)	14. (a)	15. (a)
16. (b)	17. (c)	18. (b)	19. (d)	20. (a)
21. (a)	22. (c)	23. (c)	24. (a)	25. (a)

Part II

26. (b)	27. (d)	28. (d)	29. (a)	30. (a)
31. (c)	32. (b)	33. (c)	34. (b)	35. (b)
36. (c)	37. (b)	38. (d)	39. (b)	40. (c)
41. (b)	42. (a)	43. (c)	44. (a)	45. (c)
46. (d)	47. (b)	48. (b)	49. (a)	50. (a)

Part I

1

A Jimmy seems like such a nice boy.
B I would agree. He's very _____.
(a) gent
(b) genteel
(c) gentle
(d) gentile

해석 A 지미는 정말 괜찮은 아이 같아.
B 맞아. 그 애는 매우 상냥해.

해설 지미가 a nice boy라는 점에 착안해서 유사 성질을 나타내는 어휘를 선택하면 된다. 따라서 gentle(친절한, 상냥한)이 어울린다.

어구 gent 우아한, 품위 있는
genteel 가문이 좋은, 점잖은 체하는
gentile 유대인이 아닌

정답 (c)

2

A What do I need to get into the FBI?
B You need a clean criminal record and a good solid _____.
(a) brick
(b) reputation
(c) foundation
(d) wood

해석 A FBI에 들어가려면 뭐가 필요한가요?
B 전과가 없어야 하고 평판이 확실해야 하지요.

해설 clean record가 '깨끗한 기록'이므로 내용상 '평판이 좋아야 한다'는 말로 연결되어야 한다. solid는 '단단한'이란 뜻이 있어 brick과 연결될 수는 있지만 문맥과는 어울리지 않는다. foundation은 '기초, 토대'를 의미하지만 사람과 관련해서는 잘 쓰지 않는다.

어구 reputation 평판, 명성
foundation 기초, 토대

정답 (b)

3

A Do you have any idea on where we are going?
B _____, but I'm not exactly sure.
(a) Approximately
(b) Positively
(c) Honestly
(d) Suddenly

해석 A 우리가 어디로 가는지 알고 있어?
B 대강. 하지만 정확하게는 몰라.

해설 have an idea~는 '~를 알다'의 의미. 답을 찾을 수 있는 단서는 but이하로, 그러나 확실치 않다고 했으므로 대강(approximately) 안다는 의미로 해석할 수 있다.

어구 approximately 대략, 얼추
positively 긍정적으로; 단호히; 명확하게

정답 (a)

4

A Your friends are very kind and _____.

B It was really nice of them to let you stay at their place for the night.

  (a) gregarious

  (b) generous

  (c) gigantic

  (d) great

해석 A 네 친구들은 매우 친절하고 관대하다.

    B 하룻밤을 자기들 집에서 보내게 해주다니 정말 친절했지.

해설 자신의 집에서 묵도록 해주는 사람은 친절하고 관대한 것이므로 generous가 어울린다. gregarious도 많이 출제되는 단어인데, 뜻은 enjoy being with other people 즉, '다른 사람들과 어울리기를 좋아하는, 사교적인'이란 뜻이다.

어구 gregarious 사교적인(= social)

    gigantic 거대한

정답 (b)

5

A What happened to you? I thought we were going to grab a bite tonight.

B Sorry. I was _____ to be at a meeting after work.

  (a) pleased

  (b) surprised

  (c) obligated

  (d) offered

해석 A 무슨 일이 있었던 거야? 오늘 밤 뭐 먹으러 같이 가기로 했던 거 아니었어?

    B 미안해. 일 끝나고 미팅에 참석해야 했어.

해설 grab a bite는 '간단하게 뭘 먹다'는 의미이다. 형용사를 붙여 grab a quick bite 등으로 쓰기도 한다. I thought~라고 하면 원래 생각했던 것과는 다르게 드러난 경우에 쓰는 표현이므로 A의 대화에서 B가 약속을 어길 수밖에 없는 사정 등이 나와야 한다. 어쩔 수 없는 사정을 말해야 하므로 obligated(해야만 하는, 의무인)가 어울린다.

어구 grab 쥐다, 집다

정답 (c)

6

A Where is everyone?

B There was a fire drill and everyone had to be _____.

  (a) exiled

  (b) evacuated

  (c) softened

  (d) abandoned

해석 A 모두 어딜 간 거야?

    B 소방훈련이 있어서 모두 대피했어요.

해설 소방훈련이나 긴급 사태(자연재해) 등에서 함께 쓸 수 있는 표현은 '대피하다(evacuate)'이다.

어구 exile 추방하다

    evacuate 대피시키다, 소개시키다

    soften 부드럽게 하다

정답 (b)

7

A What other features does this car have?

B The car also comes with a 5 year _____.

  (a) make

  (b) durability

  (c) warranty

  (d) contract

해석 A 이 차의 다른 특징으로는 뭐가 있나요?

    B 5년간 품질보증을 해드립니다.

해설 자동차나 전자제품 등의 품질보증을 warranty라고 하며 보통 몇 년간의 무상수리보수기간을 의미한다.

어구 durability 내구성, 내구력

    warranty 보증, 품질보장

    ex. under warranty (상품이) 보증 기간 중인

정답 (c)

8

A Can you get the jazz station on this radio?

B I'm afraid not. It's too far away, so all I get is _____.
   (a) states
   (b) static
   (c) shambles
   (d) mess

해석 A 이 라디오로 재즈 방송국을 잡을 수 있나요?
　　 B 아니오. 너무 멀리 떨어져 있어서 잡음뿐이에요.

해설 방송국 채널을 잡을 수 없을 때 듣게 되는 것은 전파방해로 인한 잡음뿐이다. 그것을 static이라고 한다. 이 밖에도 관련표현으로 This is a terrible connection(연결 상태가 너무 안 좋군요)이라든가, There's a lot of background noise(주변소음이 많습니다) 등의 표현도 알아두자.

어구 static 잡음
　　 shambles 난장판
　　 state 상태
　　 mess 난잡, 뒤죽박죽

정답 (b)

9

A I hope you'll make it clear to Jerry that you're not speaking on my _____.

B I will. He will never doubt that I'm just speaking for myself.
   (a) account
   (b) place
   (c) side
   (d) mind

해석 A 제리한테 그가 내 대신 말하는 것이 아니라는 점을 확실히 해줘.
　　 B 그럴게. 내 생각을 말하고 있을 뿐이라는 걸 결코 의심하지 않을 거야.

해설 speak for oneself는 '자기를 위해 말(변명)하다, 자기 생각을 말하다'라는 뜻이다. on one's account는 '~를 대신해서'라는 뜻으로 on one's behalf라고도 한다. on one's side는 I'm on your side(나는 네 편이야)와 같은 형태로 써야 자연스럽다.

어구 doubt 의심하다
　　 on one's account ~를 대신해서

정답 (a)

10

A Did you hear what the congressman said?

B Yea, he _____ something about removing those protestors from the room.
   (a) muttered
   (b) saturated
   (c) mutagenized
   (d) tolerated

해석 A 국회의원이 이야기하는 걸 들었어요?
　　 B 네, 그는 시위자들을 방에서 쫓아내는 것에 대해 뭐라고 중얼거렸어요.

해설 국회의원이 말하는 무언가를 들었냐고 물었으므로 국회의원이 어떤 것을 말한 당사자가 된다. mutter는 '혼잣말로 중얼거리는' 것이므로 이것이 적절한 답이다. 다른 단어들도 출제빈도가 높은 단어들이므로 알아두자.

어구 congressman 의원
　　 mutter 중얼거리다
　　 saturate 흠뻑 적시다
　　 mutagenize 돌연변이를 일으키다
　　 tolerate 관대하게 다루다; 참아내다

정답 (a)

11

A How does Susan do in your class?

B She's very _____ when she answers questions. She needs to simplify her answers.
   (a) ridiculous
   (b) concentrated
   (c) verbose
   (d) capricious

해석 A 수잔은 수업 시간에 어때요?
　　 B 질문에 답할 때 너무 장황하게 해요. 대답을 좀 더 간결하게 할 필요가 있어요.

해설 She needs to simplify her answers가 단서다. 간결하게 해야 한다는 것은 현재 너무 복잡하거나 장황하다(verbose)는 말로 해석할 수 있다.

어구 ridiculous 웃기는, 바보같은
　　 concentrated 집중력이 강한
　　 verbose 말이 많은(= wordy)
　　 capricious 변덕스런
　　 simplify 단순화하다

정답 (c)

12

A I got an email stating the HR Department was able to _____ the Sales position.

B Well, I hope the new person is much better than his predecessor. We really need to improve our sales.

(a) make
(b) send
(c) fill
(d) hold

해석 A 인사과에서 영업직 사원을 충원했다는 이메일을 받았어요.

B 새로 온 사람이 전임자보다 훨씬 나았으면 좋겠군요. 매출을 증가시켜야만 해요.

해설 sales position, new person 등을 통해 답을 찾을 수 있다. 사원을 새로 '뽑았다, 충원하다'라는 의미로 fill a position이라고 표현한다는 것을 기억해두자.

어구 HR(Human Resources) Department 인사과

정답 (c)

13

A Did you hear about the serial killer?

B Yea, I did! He claimed to have never _____ the crime.

(a) committed
(b) convinced
(c) comment
(d) commemorate

해석 A 그 연쇄살인범에 대해 들었어?

B 응, 그가 절대 범죄를 저지른 일이 없다고 주장하더군.

해설 '범죄를 저지르다'는 commit a crime이며 그밖에 commit와 어울려 commit an error/suicide 등으로 쓴다.

어구 serial 일련의, 연쇄적인
claim 주장하다
convince ~를 확신시키다
comment 논평하다
commemorate 기념하다

정답 (a)

14

A I couldn't believe how rude and noisy those boys were during the lecture.

B I was surprised myself. Their behavior was quite _____.

(a) despicable
(b) delicious
(c) distraught
(d) decisive

해석 A 그 남자아이들이 수업 시간에 얼마나 버릇없고 소란스러운지 믿을 수가 없었어요.

B 나도 놀랐어요. 그 아이들의 행동은 정말 심했어요.

해설 아이들의 행동을 묘사하는 형용사로 rude, noisy와 어울리는 단어를 고르면 된다. despicable은 nasty, mean의 뜻으로 답으로 적절하다.

어구 despicable 심술궂은, 치사한, 비열한
distraught 정신이 혼란한
decisive 결단력 있는, 단호한

정답 (a)

15

A I had to wait in line for a couple of hours in the bank to send some money abroad. What a _____.

B You should have known better to go to the bank Friday afternoon.

(a) shame
(b) hassle
(c) nonsense
(d) fiasco

해석 A 은행에서 해외에 송금을 하려고 한두 시간이나 기다려야 했어. 정말이지 힘들었어.

B 금요일 오후에 은행에 가지 말았어야지.

해설 문제에서는 가볍게 불편(inconvenience)을 털어놓고 있으므로 hassle이 답이다. What a shame은 다소 도덕적인 판단이 들어가는 느낌으로 '수치스러운 일이야!' 정도의 비난하는 말이고 fiasco는 공연이나 기획 등의 '대실패'를 뜻한다. You should know better to~라고 하면 말 그대로 '~하는 것보다는 더 잘 알았어야지', '~하지 말았어야지'라는 의미다.

어구 hassle 말다툼, 어려운 상황
shame 수치, 창피
nonsense 허튼 소리, 넌센스
fiasco 대실패, 실수

정답 (a)

16

A The car accident you were just in looks pretty bad. Are you OK?

B My back is in a lot of _____ . I need to see a doctor.

   (a) ache

   (b) pain

   (c) hurt

   (d) break

해석 A 방금 당신의 자동차 사고는 굉장히 심각해 보였는데 괜찮으세요?

   B 허리가 많이 아파요. 병원에 가봐야겠어요.

해설 구문을 살펴보면 be in~ 으로 연결되고 있고 be in pain(고통스럽다)을 생각해볼 수 있다. hurt를 쓰려면 My back hurts와 같이 쓰고, ache를 쓰려면 My back aches 또는 I have a backache라고 쓸 수 있다.

어구 ache 고통, 통증

   ex. My head(heart) aches

정답 (b)

17

A How _____ is the top of the mountain from here?

B Only 3,234 meters.

   (a) tall

   (b) high

   (c) far

   (d) long

해석 A 여기서 산 정상까지는 얼마나 멀어요?

   B 3,234 미터밖에 안돼요.

해설 쉬운 문제처럼 보이지만 의외로 실수로 틀리는 경우가 많은 문제다. mountain이라고 해서 무조건 high를 고르면 안 된다. 문장의 from here를 통해 거리를 나타내는 far를 선택해야 한다.

어구 top 정상

정답 (c)

18

A What are you doing now?

B My next class doesn't start for another hour so I'm _____ time by surfing the Internet.

   (a) junking

   (b) killing

   (c) mastering

   (d) setting

해석 A 지금 뭐하고 있어요?

   B 내 다음 수업까지 한 시간 남아서 인터넷 서핑을 하면서 시간을 보내고 있어요.

해설 수업이 시작하기를 기다리면서 한 시간 정도를 보내겠다는 내용이므로 kill time이 적절하다. 우리말에도 있는 시간을 죽인다는 표현을 떠올리면 기억하기 쉬울 것이다.

어구 surf 서핑하다

   master 지배하다, 숙달하다

정답 (b)

19

A Do you think it will snow much longer?

B I guess not. The weatherman said it will start to _____ up tomorrow morning.

   (a) get

   (b) make

   (c) set

   (d) let

해석 A 눈이 더 계속해서 올 것 같아요?

   B 아니요. 기상통보관이 내일 아침이면 좀 잦아들 거라고 하더군요.

해설 '그렇지 않을 것 같다'는 guess not을 힌트로 내용을 추측해보면 let up(줄어들다, 잦아들다)을 답으로 선택할 수 있다. get up(일어나다), make up(보충하다), set up(세우다 = establish) 등은 날씨와 관련이 멀다.

어구 weatherman 기상통보관(weather forecaster)

정답 (d)

20

A Were you able to register for all your classes?

B No, I couldn't. Most of my major cla-sses were _____.

(a) full
(b) satisfied
(c) finished
(d) distributed

해석 A 강좌수강신청은 다 할 수 있었나요?
B 아니오. 주요 수업들은 다 마감되었어요.

해설 수업이 마감되었다고 할 때는 full을 써서 나타낸다. 그밖에 전속력으로(at full speed), 한창인(in full swing) 등의 표현도 기억해두자.

어구 register 등록하다, 기록하다
satisfied 만족한
distribute 배포, 배급하다

정답 (a)

21

A That's life, isn't it?

B That's easy to say. You're not in my _____.

(a) shoes
(b) pants
(c) hat
(d) seat

해석 A 그런 게 인생 아니겠어, 안 그래?
B 말은 쉽지. 내 입장이 돼봐.

해설 누구의 입장이라는 표현을 할 때 shoes를 써서 표현한다. if you were in my shoes는 '네가 내 입장이라면'의 뜻이 된다. 같은 맥락에서 fill a person's shoes 는 '〜을 대신하다'를, put oneself in(into) a person's shoes는 '남의 입장이 되다'라는 뜻으로 연결된다.

어구 be in a(the) hat 곤란해하다

정답 (a)

22

A How did the Federal Emergency Management Agency help the flood victims?

B The Agency _____ the victims with food and shelter.

(a) endowed
(b) decorated
(c) supplied
(d) furbished

해석 A 연방비상관리국에서 어떻게 수재민들을 도왔어요?
B 수재민들에게 음식과 피난처를 제공했어요.

해설 Federal Emergency Management Agency라는 단체는 FEMA라는 약칭으로 재해가 날 때마다 언론에 자주 오르내린다. 어쨌든 FEMA는 구호단체로 비상시 음식, 피난처 등을 '제공한다(supply, provide)'로 연결되는 것이 자연스럽다. 수재민은 이처럼 victims 또는 survivors라고 표현한다는 것도 기억해두자.

어구 federal 연방의
emergency 긴급, 비상
endow 증여하다, 기부하다
decorate 장식하다
furbish 닦다, 윤내다

정답 (c)

23

A Can't you ever come alone?

B No, I can't. I don't have a car. So I _____ on Michael to give me a ride to work.

(a) keep
(b) turn
(c) depend
(d) stay

해석 A 혼자는 올 수 없어요?
B 못와요. 차가 없거든요. 마이클이 출근할 때 태워다줘야 해요.

해설 '〜에 의존하다'는 표현은 빈출문제로 잘 등장하므로 확실하게 기억해두자. depend on, be dependent on, rely on 또는 turn to 등의 동의어도 함께 기억해두자.

어구 give me a ride(lift) 차를 태워주다

정답 (c)

24

A Don't forget to _____ up the clo-
thes from the drycleaner's on your
way home from work.
B Don't worry. I won't.
(a) pick
(b) take
(c) make
(d) put

해석 A 퇴근할 때 세탁소에서 옷 찾아오는 거 잊지 마.
B 걱정하지 마. 잊어버리지 않을게.

해설 옷 따위를 찾아오는 것은 pick up, get 등으로 표현할
수 있다. 반대로, 맡길 때는 drop off를 써서 나타낼
수 있다.

어구 drycleaner's 세탁소

정답 (a)

25

A He has hearing problems, doesn't he?
B You usually have to _____ when
he's around.
(a) speak up
(b) cheer up
(c) back up
(d) catch up

해석 A 그에게 청각에 문제가 있죠, 그렇지 않나요?
B 그 사람이 있을 때는 목소리를 높여야 해요.

해설 hearing problems가 있다고 했으므로 큰 소리로 또
박또박 말해야(speak up) 한다. cheer up은 기운
내라고 응원하는 말이며, catch up은 '~를 갑자기 들
어올리다'라는 뜻이다.

어구 cheer n. 환호, 갈채 v. 갈채하다, 격려하다
(encourage); 위로하다(comfort)
cheer up 기운 내라

정답 (a)

26

All employees should _____
caution in dealing with the securities of the
company.
(a) attract
(b) exercise
(c) assimilate
(d) absorb

해석 모든 직원들은 회사의 보안을 다루는데 있어서 주의를
기울여야 한다.

해설 빈 칸 뒤의 명사 caution과 함께 '주의를 기울이다'의
의미는 동사 exercise를 써서 표현한다. 이때 문맥이
자연스러우므로 (b)가 정답이다.

어구 exercise caution 주의를 기울이다
security 보안, 안전
attract 끌어당기다
assimilate 흡수하다
absorb 흡수하다

정답 (b)

27

The Bank of Asia has helped countries of
East Asia _____ the effects of the
financial crisis in the region.
(a) take over
(b) pass over
(c) make over
(d) get over

해석 아시아 은행은 동아시아의 국가들이 그 지역 금융위기
의 여파를 극복하는 것을 도왔다.

해설 crisis(위기)를 '이겨내다'는 get over 또는 over-
come으로 표현할 수 있다.

어구 get over 극복하다
financial 재정의, 금융의
take over 인수하다
pass over ~를 훑어보다
make over ~를 양도하다

정답 (d)

28

In November the Russian government introduced price controls in the _____ to parliamentary elections in December.

(a) preparation
(b) beginning
(c) middle
(d) run-up

해석 11월에 러시아 정부는 12월 의회선거를 앞두고 물가 통제를 시작했다.

해설 선거가 12월이고 물가 통제는 11월에 도입하므로 전 단계(준비기간)를 뜻하는 run-up을 써야 옳다. preparation은 in preparation for의 형태로 쓴다.

어구 parliamentary 의회의
preparation 준비

정답 (d)

29

Her opponents are trying to _____ her as an evasive and untrustworthy candidate.

(a) depict
(b) draw
(c) regard
(d) consider

해석 그녀의 반대자들은 그녀를 회피적이고 믿을 수 없는 후보로 묘사하려고 애쓰고 있다.

해설 depict A as B는 'A를 B로 묘사하다(그리다)'의 뜻이다. 동사 paint, picture, portray 등도 같은 의미를 나타낸다. (c)와 (d)는 '간주하려 애쓰고 있다'는 뜻이 되어 어색한 표현이 된다.

어구 opponent 반대자; 적수; 상대
evasive 회피적인; 파악하기 어려운
untrustworthy 믿지 못할, 신뢰할 수 없는

정답 (a)

30

His role in the Happy Time _____ him the Tony Award for Best Actor in a Musical.

(a) earned
(b) made
(c) awarded
(d) rewarded

해석 해피 타임에서 그의 역할은 그에게 토니상 뮤지컬 남우 주연상을 안겨주는 것이었다.

해설 무생물 주어를 쓰는 영어표현은 다소 익숙하지 않을 수도 있다. earn은 '~에게 ~를 가져다 주다'의 의미로 쓰인다. award는 '(상을) 주다, 수여하다'라는 뜻으로 혼동할 수 있지만 주체가 사람이나 기관이 되어야 한다.

어구 earn 벌다, 얻다
ex. His outstanding ability earned him a place on the team.
reward 보상하다

정답 (a)

31

I wish we could have met under different _____.

(a) outcomes
(b) happenings
(c) circumstances
(d) considerations

해석 우리가 다른 상황에서 만났었더라면 좋았을 텐데.

해설 문맥으로 미루어 다른 상황, 여건, 조건 등에 해당하는 표현이 나와야 하고 under라는 전치사와 어울려야 한다. under considerations는 '고려 중'이라는 뜻으로 문맥과 어울리지 않는다.

어구 circumstances 상황, 여건
outcome 결과; 성과

정답 (c)

32

In the 21st century, by contrast, religion is _____ a central role in politics.

(a) taking
(b) playing
(c) doing
(d) presiding

해석 21세기에는 대조적으로 종교가 정치의 중심 역할을 한다.

해설 키워드는 a role(역할)이다. 역할은 수행(play)하거나 떠맡는(assume, take on) 것이다. 목적어마다 같이 어울려 쓰이는 동사들이 있음을 기억해두자.

어구 contrast 대조; 대비
central 중심적인
preside 사회를 보다; 주재하다; 통솔하다

정답 (b)

33

It is easier to keep your garden neat if you cut the grass with a lawn _____ on a regular basis.
(a) scissor
(b) shortener
(c) mower
(d) razor

해석 정기적으로 잔디 깎는 기계로 잔디를 깎는다면 정원 손질이 더 쉽다.

해설 잔디는 잔디깎기기계인 (lawn) mower로 깎는다.

어구 razor 면도날
on a regular basis 정기적으로 (= regularly)

정답 (c)

34

When wisely mixed, herbal medicine and Western medicine can _____ each other and bring greater benefits to patients.
(a) compliment
(b) complement
(c) complete
(d) command

해석 현명하게 섞는다면 동양과 서양의학은 서로 보완하여 환자들에게 더 나은 이익을 가져다 줄 수 있다.

해설 현명하게(wisely)라고 했으니 좋은 결과를 기대할 수 있다. 따라서 서로 부족한 점을 보완한다는 의미인 complement가 정답이다. complete는 '완성하다'라는 뜻이며 compliment는 모양만 비슷한 전혀 다른 '칭찬하다'의 의미다.

어구 herbal 약초의, 초목의
medicine 의학, 의술
compliment 칭찬하다

command 명령하다

정답 (b)

35

I couldn't catch the main idea of his argument as it had so many _____ remarks in it.
(a) cursive
(b) discursive
(c) disconcerting
(d) disturbing

해석 그가 너무 산만한 언급을 많이 해서 나는 논쟁의 요지를 파악할 수가 없었다.

해설 주제(main idea)를 파악할 수 없었다면 관련이 없거나, 혼동시키는 remark가 되어야 한다. 따라서 '산만한'이란 뜻인 discursive(= digressive)가 적절한 답이다.

어구 discursive 산만한, 종잡을 수 없는
cursive 초서체의, 흘림체의
disconcerting 당황스럽게 하는
disturbing 불안하게 하는

정답 (b)

36

The trade _____ between North Korea and the US has caused North Koreans to smuggle their goods into their country.
(a) quarantine
(b) mortgage
(c) embargo
(d) barter

해석 북한과 미국 사이의 무역금수조치의 결과 북한은 밀수를 하기에 이르렀다.

해설 밀수를 하는 결과가 되는 것은 어떤 이유로든 합법적으로 무역을 하기 힘들기 때문이다. 따라서 국가간의 금수조치를 뜻하는 embargo가 정답이다. quarantine은 전염병 등의 방제를 위한 '검역'을 뜻하는 단어다.

어구 smuggle 밀수하다
mortgage 저당
embargo 금수조치
barter 물물교환(하다)

정답 (c)

37

Some _____ from this year's taxes will be allocated to a new educational program.

(a) tenure
(b) revenues
(c) audits
(d) assets

해석 올해 세수의 일부는 새 교육 프로그램에 할당될 것이다.

해설 taxes가 키워드다. 정부가 거두어들이는 세금을 '세수 (revenue)'라고 한다. asset은 일반적인 '자산'을 뜻한다.

어구 allocate 할당하다
tenure 보유(권), 재직
audit (회계) 감사

정답 (b)

38

If you default on your student loan, the _____ money will be taken directly from your earning.

(a) lease
(b) default
(c) call
(d) tender

해석 학비융자금을 상환하지 못하면 소득에서 직접 변제금이 인출될 것이다.

해설 대부에 대한 변제금을 tender money라고 한다. lease는 '임대, 대여'의 의미다.

어구 tender money 변제금
default (채무를) 불이행하다
call money 콜머니(요구불 단기 차입금)
ex. deduct 5% from a person's salary

정답 (d)

39

The _____ was so severe that the suspect almost confessed the crime he actually did not commit.

(a) scourge
(b) torture
(c) duress
(d) treatment

해석 고문이 너무 심해서 용의자는 실제 저지르지도 않은 범죄를 거의 고백할 뻔했다.

해설 용의자로 하여금 범죄를 고백하도록 강요하는 수단으로 고문(torture)을 생각할 수 있다.

어구 severe 심한
scourge 재앙; 고난
duress 구속; 강요

정답 (b)

40

They had to give up their homes and all of their _____ and they have been basically living without shelter.

(a) commodities
(b) products
(c) belongings
(d) produce

해석 그들은 집과 가진 모든 것을 포기해야만 했고 이렇다 할 주거지도 없이 살고 있었다.

해설 belongings는 소지품, 가재도구 등을 가리킨다. commodities는 상품으로서의 '일용품'을 뜻하며 product는 대량생산된 '상품, 제품'를 가리킨다. 참고로 produce가 명사로 쓰이면 '농산물'이란 뜻이 된다.

어구 commodities 일용품
belongings 소지품, 가재도구

정답 (c)

41

I don't understand the _____ of this appliance; what is it used for?

(a) usage
(b) purpose
(c) plan
(d) goal

해석 이 도구의 용도를 알 수가 없다. 어디에 쓰이는 것일까?

해설 What~for?에서 무엇을 위해서 쓰이는 지, 용도 (purpose)를 묻고 있다. usage는 '사용법, 사용량'이란 뜻이다.

어구 appliance 기구
usage 사용(법), 사용량

정답 (b)

42

My _____ belief is that the partial leaking of the report was unfair to the police and to Parliament.

(a) firm
(b) religious
(c) sure
(d) true

해석 보고서를 부분적으로 누설하는 것은 경찰이나 의회에 공평하지 않다는 것이 내 확고한 신념이다.

해설 보기 중에서 신념(belief)과 어울리는 단어는 religious 또는, firm이다. 내용상 religious는 관련이 없으므로 '확고한 신념'을 만드는 firm이 정답이다.

어구 partial 부분적인
leaking 누설, 누출
unfair 불공평한

정답 (a)

43

He paid a(n) _____ to Janet by saying her beef stew was the best he had ever had.

(a) account
(b) visit
(c) compliment
(d) call

해석 그는 자넷에게 그녀가 만든 비프스튜가 자기가 먹어본 것 중에서 최고라고 찬사를 했다.

해설 최고라고 '칭찬하는' 것이므로 compliment를 정답으로 선택할 수 있다. '~를 칭찬하다'라고 할 때 pay a compliment to someone의 형태로 쓴다.

어구 pay an account 셈을 치르다
pay a visit(call) 방문하다

정답 (c)

44

The warring factions were unable to _____ out their differences before the deadline.

(a) iron
(b) put
(c) cross
(d) strike

해석 서로 적대적인 그 당파들은 최종 기한까지 의견차를 해결할 수가 없었다.

해설 '문제점 등을 해결하다'는 뜻의 iron out을 묻고 있다. differences 이외에 목적어로 쓰이는 것들로는 difficulty. problem 등이 있다. 비슷한 의미로 work out이 있다.

어구 warring 투쟁하는, 적대적인
faction 당파
put out (불을) 끄다
cross out 줄을 그어 지우다
strike out ~를 시작하다, 삼진시키다

정답 (a)

45

The picture frame _____ approximately 20 inches wide, 15 inches high.

(a) amounts
(b) calculates
(c) measures
(d) seems

해석 그 사진틀은 대략 넓이 20인치에 높이 15인치 정도다.

해설 수치가 나오고 있으므로 '수치가 ~이다'라는 뜻의 measure를 답으로 선택할 수 있다. amount는 수량에 쓰고, calculate는 '계산하다'라는 다른 뜻이다.

어구 measure 수치가 ~다
ex. The room measures 30 feet wide.
calculate 계산하다
amount 총계가 ~이다

정답 (c)

46

If your car battery runs out, you need to _____ it.

(a) relocate
(b) energize
(c) rejuvenate
(d) recharge

해석 만일 자동차의 배터리가 다 소모되면 재충전해야 한다.

해설 자동차 배터리가 소진되었으므로 배터리를 '재충전(recharge)'해야 한다.

어구 relocate 재배치시키다: 이전시키다
rejuvenate 원기를 회복시키다
energize 격려하다, 기력을 주다

정답 (d)

47

Doctors agree that a _____ lifestyle is a big part of the obesity problem.

(a) active
(b) sedentary
(c) aggressive
(d) standing

해석 앉아서 생활하는 시간이 많은 것이 비만 문제의 큰 원인을 차지한다는 데 의사들은 동의한다.

해설 비만에 이르는 lifestyle이라면 active(활동적)하거나, aggressive(적극적인)한 것과는 어울리지 않는다. '앉아있는, 앉아서 일하는'의 뜻을 갖는 sedentary가 가장 잘 어울린다. standing lifestyle이라는 표현은 잘못된 표현이다.

어구 obesity 비만
sedentary 앉아있는, 앉아서 일하는
aggressive 공격적인

정답 (b)

48

She told us the story of one of Britain's most _____ country house murders.

(a) potential
(b) notorious
(c) commendable
(d) stable

해석 그녀는 우리에게 영국에서 가장 악명 높은 교외 저택 살인 사건에 대해 말해주었다.

해설 살인사건이라는 부정적인 상황과 어울리는 형용사는 '악명높은(notorious)'이다.

어구 potential 잠재력, 잠재적인
commendable 칭찬할만한, 기특한(= praiseworthy)
stable 안정된

정답 (b)

49

No-holds-barred dialogue and _____ debates create a healthy atmosphere for policy and decision making.

(a) off the record
(b) to the wide
(c) off the hook
(d) on the ball

해석 무제한 대화와 비공개 논쟁은 정책과 의사결정을 위한 건전한 분위기를 형성한다.

해설 기록에서 삭제하고 공개하지 않는 것을 off the record라고 한다.

어구 no-holds-barred 무제한의; 전면적인
off the record 비공개의, 비공식의
to the wide 완전히
off the hook 궁지를 벗어나
on the ball 기민한

정답 (a)

50

The Internet has _____ in an era of the "global village" in its truest sense.

(a) ushered
(b) rolled
(c) yelled
(d) passed

해석 인터넷은 진정한 의미에서의 '지구촌' 시대를 열었다.

해설 어떤 시대를 '열다, 맞아들이다'라는 표현은 usher in an era~로 표현할 수 있다.

어구 era 시대
greet 인사하다, 맞이하다

정답 (a)

Answers

Part I

1. (a)	2. (d)	3. (d)	4. (a)	5. (a)
6. (c)	7. (a)	8. (b)	9. (a)	10. (c)
11. (d)	12. (a)	13. (c)	14. (b)	15. (b)
16. (b)	17. (c)	18. (a)	19. (c)	20. (c)
21. (c)	22. (d)	23. (a)	24. (d)	25. (b)

Part II

26. (a)	27. (d)	28. (a)	29. (a)	30. (b)
31. (b)	32. (a)	33. (c)	34. (b)	35. (a)
36. (b)	37. (c)	38. (d)	39. (b)	40. (d)
41. (a)	42. (c)	43. (a)	44. (c)	45. (d)
46. (a)	47. (c)	48. (b)	49. (c)	50. (a)

Part I

1

A Are you sure this water is OK?
B According to the Food and Drug Administration bottled water is _____ and is better for you than tap water.

(a) potable
(b) polluted
(c) plush
(d) polished

해석 A 이 물 정말 괜찮은 거야?
B 식품의약청에 따르면 병에 든 생수가 음용수로 적합하고 수돗물보다 더 낫다는데.

해설 the Food and Drug Administration은 FDA로 줄여 '식약청'이라고도 한다. 물과 관련된 표현으로 '마실 수 있는'은 potable, '식수'는 drinking water, '수돗물'은 tap water라고 한다. 참고로 '담수/해수'는 fresh/salt water로 나타낸다. 문맥상 음용 가능한 (potable)이 와야 자연스럽다.

어구 plush 호화로운, 편한, 즐거운
polish 연마하다, 닦다

정답 (a)

2

A Why did you invest all of your money?
B It's simple. I'm doing it to make a _____.

(a) gift
(b) portfolio
(c) decision
(d) profit

해석 A 왜 돈을 있는 대로 다 투자했어요?
B 단순해요. 이익을 남기려고요.

해설 투자는 돈을 벌어 이익, 수익(profit)을 남기기 위해서 하는 것이다. make a profit을 하나의 표현덩어리로 기억해두자.

어구 portfolio 손가방; 유가증권
profit 이익, 이득, 이윤

정답 (d)

3

A How do you know your answer to the question is _____?
B Because my answer is the same to the one in the back of the book.

(a) unappreciated
(b) unacceptable
(c) undeclared
(d) undisputable

해석 A 그 문제에 대한 네 답이 의문의 여지가 없이 확실하다는 걸 어떻게 알지?
B 왜냐하면 책 뒤에 나와있는 답하고 똑같으니까.

해설 책의 정답과 일치하는 답이므로 확실한(undisputable) 답으로 볼 수 있다. undisputable은 dispute(논쟁)의 여지가 없다는 뜻이다.

어구 unappreciated 진가를 인정받지 못한
undeclared 공언하지 않은, 신고되지 않은

정답 (d)

4

A　How did your blind date go?
B　Not very well. When I spoke to him on the phone he seemed very talkative but in person he's very _____.

(a) reserved
(b) garrulous
(c) restricted
(d) political

해석　A　미팅은 어땠어요?
　　　B　별로였어요. 전화로 얘기했을 때는 상당히 말도 잘 할 것 같은 남자였는데 실제로 만나보니 매우 과묵해요.

해설　talkative하고 이후 but이 나왔으므로 '말이 많이 없는'을 뜻하는 찾으면 된다. 따라서 '과묵한'의 뜻을 갖는 형용사인 reserved가 답이다. garrulous는 talkative의 동의어다.

어구　reserved 보류한; 예약된; 삼가는; 과묵한
　　　restricted 제한된, 한정된
　　　garrulous 수다스러운

정답　(a)

5

A　Did you have a chance to talk with Lilly?
B　I couldn't. She was very _____ with her work and she couldn't talk to me.

(a) preoccupied
(b) premedical
(c) premature
(d) premeditated

해석　A　릴리와 얘기할 기회가 있었어요?
　　　B　아뇨. 그녀가 너무 바빠서 저와 얘기할 수 없었어요.

해설　얘기를 나누지 못했다는 뒤의 내용을 통해 '몰두한, 여념이 없는'이란 뜻의 preoccupied를 답으로 선택할 수 있다.

어구　premedical 의과대학 예과의
　　　premeditated 미리 계획된, 사전모의한
　　　premature 조숙한, 섣부른
　　　ex. a premature birth/baby 조산/조산아

정답　(a)

6

A　What happened when you went through customs?
B　They opened our suitcases and _____ through them looking for illegal things.

(a) wrecked
(b) prolonged
(c) rummaged
(d) elongate

해석　A　세관 통과할 때 무슨 일이 있었던 거예요?
　　　B　수트케이스를 열고 불법적인 물품이 있는지 수색했어요.

해설　불법적인 물품을 '수색한다'는 의미로 rummage가 어울린다. rummage는 특히 세관원이 '임검'하는 데 쓰는 단어다. wreck은 '파손시키다'란 뜻이므로 어울리지 않는다.

어구　rummage(= ransack)
　　　illegal 불법적인(= illegitimate)
　　　wreck 난파시키다, 파괴하다
　　　prolong 연장하다
　　　elongate 연장하다

정답　(c)

7

A　How much medicine should I take?
B　You should only take what is prescribed. If you take too much that can be more _____ than helpful.

(a) harmful
(b) hurtful
(c) hideous
(d) hysterical

해석　A　약을 얼마나 먹어야 하는 거예요?
　　　B　처방된 대로만 복용해야 합니다. 너무 많이 드시면 오히려 해가 될 수 있어요.

해설　유용한(helpful)의 반대말은 유해한(harmful)이다. 마찬가지로 do good의 반대는 do harm(damage)이다. hurtful은 주로 '육체적 또는 정신적 고통을 주는'의 뜻이다.

어구　prescribe 처방하다
　　　hideous 끔찍한, 불쾌한
　　　ex. a hideous crime

정답　(a)

8

A How did the defendant win the case?

B The key witness _____ the pro-secutor and told the jury the truth.

    (a) beheaded

    (b) betrayed

    (c) bewildered

    (d) beckoned

해석 A 피고가 어떻게 재판에 승소했나요?

    B 주요 증인이 검찰을 저버리고 배심에 진실을 밝혔어요.

해설 defendant는 defend(변론)하는 입장이므로 피고, 반대로 기소하는 입장인 '원고'는 plaintiff라고 한다. 검사를 '저버린다, 배신한다'는 의미로 betray를 쓸 수 있다. betray의 명사형은 betrayal이라는 것도 함께 기억해두자.

어구 behead 목을 베다, 참수하다
bewilder 당황시키다 cf. be bewildered 당황하다
be embarrassed → 부끄러움·불안한 기분으로 당황하다
be puzzled → 이해하거나 대답하거나 할 수 없어 난처하다
be baffled → 당황해서 적절한 행동을 취할 수 없어 난처하다
beckon 손짓해 부르다

정답 (b)

9

A Who will manage the meeting this afternoon?

B The vice president of the company will _____ the afternoon session.

    (a) chair

    (b) position

    (c) time

    (d) stand

해석 A 오늘 오후 회의는 누가 맡을 건가요?

    B 부사장이 오후 세션을 진행할 겁니다.

해설 the afternoon session과 같이 한 회의를 '주재하다'라는 의미의 chair가 답으로 적절하다.

어구 chair (회의 등에서) 의장직을 맡다
vice president (줄여서 VP로) 부사장, 부통령
position 위치시키다
time 시간을 재다

정답 (a)

10

A There seems to be a lot of changes with the upper management.

B Well, the company is doing a lot of _____.

    (a) collecting

    (b) gathering

    (c) restructuring

    (d) encompassing

해석 A 상부 경영진에 많은 변화가 있는 거 같아요.

    B 아무래도 회사가 구조조정에 박차를 가하고 있으니까요.

해설 restructuring은 기업의 '구조조정'을 뜻하며, 관련해서 '감량경영'은 downsizing이라고 한다. 이로 인한 구조조정에 의한 대량해고는 layoff라고 한다.

어구 upper 상부의, 상위의
encompass 에워싸다, 포위하다

정답 (c)

11

A Who won the spelling bee contest?

B Well, after 6 hours and 200 students, the student from Illinois Middle School had _____.

    (a) prompted

    (b) promoted

    (c) promised

    (d) prevailed

해석 A 스펠링 경진대회에서 누가 이겼어요?

    B 6시간 동안 200명의 학생들이 겨룬 끝에 일리노이 중학교 출신의 학생이 이겼어요.

해설 '이기다, 우세하다'의 의미를 갖는 단어는 prevail로 경진대회와 관련한 답으로 적절하다.

어구 spelling bee 스펠링 경진대회
prompt 자극하다, 격려하다
promote 촉진하다
prevail 우세하다, 압도하다, 이기다, 널리 받아들여지다

정답 (d)

12

A   I find our neighbor to be really nosey.

B   I would agree. She always seems to be looking at us with her _____ eyes.

(a) prying
(b) crossing
(c) reveling
(d) blaring

해석   A   우리 이웃 사람은 정말 참견하기 좋아해요.

      B   맞아요. 언제나 탐색하는 듯한 눈으로 우리를 보고 있는 것 같아요.

해설   nosey가 답을 찾는 단서다. '참견하기 좋아하는'의 의미이므로 '파고들다, 꼬치꼬치 캐다'의 pry가 이와 잘 어울린다.

어구   blare 경적을 울리다, 외치다
      revel 한껏 즐기다, 흥청거리다

정답   (a)

13

A   How did your grandmother die?

B   She was _____ with cancer.

(a) caused
(b) cured
(c) stricken
(d) stepped

해석   A   할머니가 어떻게 돌아가신 거야?

      B   암에 걸리셨어요.

해설   strike는 '치다, 때리다'의 의미를 갖는다. be stricken은 이러한 단어의 뜻 때문에 '암의 공격을 받다'는 의미로 '암에 걸리다'로 해석된다. 그밖에 poverty-stricken, debt-stricken, terror-stricken과 같이 부정적인 의미의 단어와 주로 결합한다.

어구   stricken 짓눌린; 고통 받는; 부상당한
      cure (병을) 고치다

정답   (c)

14

A   Where's your father?

B   He went on a sailing _____ to coast of Spain.

(a) expense
(b) expedition
(c) expenditure
(d) extent

해석   A   아버님은 어디 계세요?

      B   아버지는 스페인 해안으로 요트여행을 떠났어요.

해설   문맥상 sailing과 함께 '여행'의 뜻을 갖는 expedition이 필요하다.

어구   expedition 원정, 여행
      extent 크기, 넓이, 범위, 정도
      ex. the extent of one's knowledge
      expenditure 지출, 지불

정답   (b)

15

A   I'm tired of running. Let's stop here for a few minutes.

B   Let's _____ running for a few more miles.

(a) trek on
(b) keep on
(c) trace on
(d) start on

해석   A   달리기 너무 힘들어요. 조금만 쉬어가요.

      B   몇 마일만 더 계속 달립시다.

해설   뛰다가 지쳐 힘이 든 상태이므로 몇 마일만 더 뛰자고 해야 자연스럽다. keep on은 '계속하다(= continue)'의 의미로 적절한 답이 된다. (d)의 start on은 '~을 시작하다'는 의미이므로 문맥과 어울리지 않는다.

어구   trek 길고 힘든 여행을 하다; (힘들게) 전진하다
      trace ~의 자국을 밟아가다, 추적하다
      ex. trace an animal to its lair

정답   (b)

16

A Why are you so unwilling to work with Chris?

B He never pulls his _____ with team projects.
   (a) gravity
   (b) weight
   (c) rope
   (d) share

해석 A 왜 그렇게 크리스하고 함께 일하는 걸 꺼리세요?
     B 팀 프로젝트에서 자기 역할을 하는 걸 못 봤거든요.

해설 함께 일하기 꺼려지는 이유는 자기 역할을 다하지 않기 때문일 것이다. 따라서, pull one's weight이라는 관용 표현이 어울린다. share에도 자기 몫이라는 뜻이 있지만 앞에 나온 동사 pull과 함께 쓰이지 않는다. 비슷한 의미로 play one's part를 쓸 수 있겠다.

어구 unwilling 꺼리는
    pull one's weight 역할[임무]를 다하다
    gravity 중력
    weight 중량, 무게
    share 몫, 맡은 바

정답 (b)

17

A Are you good at cooking?

B No, I don't have a good _____ for food.
   (a) flavor
   (b) sight
   (c) taste
   (d) acceptance

해석 A 요리 잘하세요?
     B 아니오, 음식에 대해서는 잘 몰라요.

해설 flavor는 음식 등의 '풍미'를 말하는 것이며 taste는 '취향, 기호' 등을 말한다. have a good taste for~는 '~에 대해 잘 안다, 센스가 있다'의 뜻이다.

어구 acceptance 수락, 허용
    flavor 풍미; 멋
    ex. What flavor of ice cream do you like?

정답 (c)

18

A The dinner you had must have cost a fortune!

B I wouldn't know. The boss picked up the _____.
   (a) tab
   (b) check
   (c) mess
   (d) money

해석 A 지금 먹은 저녁은 엄청나게 비싸겠죠!
     B 글쎄, 모르겠는데요. 상관이 계산을 해서요.

해설 fortune은 '행운'이라는 뜻이지만 '거액의 돈'이라는 의미도 있다. 따라서 cost a fortune은 '엄청난 비용이 들다'로 해석된다. 비슷한 맥락으로 cost an arm and a leg도 '엄청난 비용이나 대가를 치르다'라는 뜻이 된다. tab은 '계산서(bill)'라는 뜻으로 pick up the tab은 '계산을 하다'라는 의미가 된다.

어구 fortune 행운, 큰 돈
    ex. have a fortune, make a fortune
    mess 난잡, 엉망진창
    ex. make a mess of

정답 (a)

19

A Your house is so beautiful!

B Thank you! That's very _____.
   (a) pretty
   (b) joyful
   (c) flattering
   (d) ludicrous

해석 A 집이 너무 멋있어요!
     B 고마워요. 과찬이세요!

해설 flatter는 원래 '아첨하다'는 뜻인데 That's flattering(= I'm flattered)이 되면 칭찬을 받았을 때 의례 하는 인사말로 '과찬이세요' 정도의 뜻이 된다.

어구 joyful 기쁨에 넘친, 즐거운
    ludicrous 웃기는, 우스꽝스러운

정답 (c)

20

A How difficult was it to learn how to skate?

B At first, I didn't know what I was doing but now I've got the _____ of it.

(a) ability
(b) change
(c) hang
(d) hold

해석 A 스케이트 타는 것을 배우기가 얼마나 어려웠어요?
B 처음에는 어떻게 해야 할지 몰랐지만 지금은 감을 잡았어요.

해설 처음에는 잘 몰랐으나 이후에는 '어느 정도 할 줄 안다, 감을 잡았다' 등의 내용으로 연결되어야 한다. 이는 get the hang of~으로 표현할 수 있다. 여기서 hang은 구어로 '요령, 취지' 등의 뜻을 가진다.

어구 get hold of~ ~를 이해하다, 연락을 취하다(= reach, contact)

정답 (c)

21

A Until a few weeks ago, he had been a sports and entertainment superstar, but now he is behind bars on charges of swindling.

B Well, that's the way the cookie _____.

(a) breaks
(b) bakes
(c) crumbles
(d) sells

해석 A 몇주 전까지만 해도 그는 스포츠와 연예계의 수퍼 스타였는데 지금은 사기 혐의로 철창신세군요.
B 뭐 세상사가 그런 거 아니겠어요?

해설 That's the way the cookie crumbles를 직역하면 '쿠키가 그런 식으로 부서지죠'이다. 이는 '세상 돌아가는 게 그런 식이죠'라는 의미로 해석될 수 있다.

어구 behind bars 철창신세
on charge of ~한 혐의로
swindling 사기
crumble 부서지다, 무너지다

정답 (c)

22

A What do you think of Rita? I think she is the best thing since sliced bread.

B Well, beauty lies in the eye of the _____. She is not exactly my cup of tea.

(a) artist
(b) owner
(c) watcher
(d) beholder

해석 A 리타를 어떻게 생각해? 정말 최고인 거 같아.
B 글쎄, 제 눈에 안경이지. 내 타입은 아냐.

해설 sliced bread만으로는 '썰어놓은 빵'을 의미하는데 the best thing since sliced bread라고 하면 매우 뛰어난 사람(사물)을 일컫는다. 또한 Beauty lies in the eye of the beholder(제 눈에 안경)는 성경에 나오는 유명한 경구로 어휘문제에 충분히 나올 수 있으므로 확실하게 기억해두자.

어구 slice 슬라이스하다, 얇게 저미다
beholder 구경꾼, 보는 사람
one's cup of tea 기호에 맞는 것, 취미에 맞는 것
cf. That's another cup of tea. 그건 별개의 문제다, 전혀 다른 이야기다.

정답 (d)

23

A What did your mother say after you crashed her car?

B She was pretty upset. She almost _____ on me for a couple of hours.

(a) went off
(b) paid off
(c) carried off
(d) gave off

해석 A 네가 어머니 차를 끌고나가 사고를 내니 어머니가 뭐라고 하셔?
B 몹시 화가 나셨어. 거의 몇 시간 동안 화를 퍼부으셨지.

해설 upset과 연결되는 표현을 찾자. go off에는 '화를 내다'라는 의미도 있다.

어구 go off (화 등이) 폭발하다; 자명종 등이 울리다
crash 충돌하다

carry off (목숨을) 빼앗다
give off (빛 등을) 방출하다

정답 (a)

24

A Do you remember that time when you forgot to bring an extra pair of pants?

B Don't _____. I'm trying to forget about it.

(a) take it up
(b) make it up
(c) set it up
(d) bring it up

해석 A 여벌 바지 가져오는 걸 잊어버렸을 때 생각나?
　　 B 그 얘기 꺼내지 마. 잊으려고 애쓰고 있으니까.

해설 bring up 은 어떤 화제나 이슈를 '제기하다'란 의미다.

어구 extra 여벌의
take up 들어올리다, 싣다
make up 보충하다
set up 세우다, 시작하다

정답 (d)

25

A What do you need to do to prepare for this tax audit?

B I need to _____ my tax returns with my accountant first.

(a) set up
(b) go over
(c) walk around
(d) pull through

해석 A 이번 세금 감사를 준비하려면 뭘 해야 하나요?
　　 B 회계사와 함께 납세신고서를 검토해야 해요.

해설 답은 '검토하다'라는 뜻의 go over이다. '세금감사, 납세신고서' 등 세금과 관련된 기본 단어들은 알아두자. 경제, 금융 등 각 분야별 기본 어휘들은 항상 출제되고 있으니 분야별, 내용별로 정리해보는 것도 도움이 된다.

어구 audit 감사
accountant 회계사
pull through 난국을 타개하다, 곤란을 극복하다

정답 (b)

26

She doesn't _____ even the slightest chance of winning this election.

(a) stand
(b) take
(c) run
(d) make

해석 그녀는 이번 선거에서 승리할 가능성이 전혀 없다.

해설 chance(가능성)와 함께 가능성이 있다(또는 없다)라고 표현할 때 주로 쓰는 동사는 have 또는 stand다. take chance는 '모험하다'는 의미로 주의를 요하는 표현이다.

어구 slight 얇은, 희박한

정답 (a)

27

Social service volunteers set aside a _____ of their time to help those in need.

(a) degree
(b) level
(c) part
(d) portion

해석 사회복지 자원봉사 요원들은 자신들의 일정 시간을 떼어 도움이 필요한 사람들을 위해 쓴다.

해설 시간의 한 부분을 떼어서 돕는다는 뜻으로 연결되므로 '부분'을 뜻하는 (d)가 답이다. those in need는 '어려움에 처한 사람들'이라는 뜻이다. 이때 need는 필요라기보다는 '곤란, 궁핍'을 뜻한다.

어구 portion 부분
volunteer 자원봉사자

정답 (d)

28

It's no _____ arguing with a drunk.

(a) use
(b) point
(c) trouble
(d) difficulty

해석 술취한 사람과 말싸움을 해봤자 소용없다.

해설 '~해야 소용없다'는 it is no use -ing 또는 there is

no point −ing로 나타낼 수 있다. 관련해서 It is no use crying over spilt milk(한번 엎지른 물은 담을 수 없다)라는 표현도 기억해두자.

어구 argue 논쟁하다, 말다툼하다

정답 (a)

29

Madeleine is on good _____ with Sarah.

(a) terms
(b) condition
(c) times
(d) stay

해석 마들렌은 사라와 사이가 좋다.

해설 be on A terms with∼은 '∼와 A한 사이다'라는 뜻이다. 예문에서처럼 be on good terms with∼라고 하면 '∼와 사이가 좋다'로, be on speaking terms with∼라고 쓰면 '∼하고 말이나 트고 지내는 사이' 정도로 해석할 수 있다.

어구 be on good terms with ∼와 사이가 좋다

정답 (a)

30

John was given a four-month _____ sentence.

(a) delayed
(b) suspended
(c) late
(d) reserved

해석 존은 4개월의 집행유예를 선고받았다.

해설 sentence(선고)라는 말과 어울리는 단어를 찾아야한다. sentence와 어울려 suspended가 되는 '집행유예를 선고하다'라는 뜻이고 이때 적절히 연결된다.

어구 suspended sentence 집행유예
reserved 예약된, 보류된

정답 (b)

31

Mankind is condemned to _____ history if we do not make ourselves aware of it.

(a) fix
(b) repeat
(c) destroy
(d) defeat

해석 역사를 제대로 인식하지 않는다면 인류는 똑같은 역사를 되풀이하고 말 것이다.

해설 condemn이라는 단어의 쓰임에 유의하자. 끝의 n이 묵음인 이 단어는 크게 '비난하다, 유죄판결을 내리다, (수동형으로) 어떤 운명에 처하다'라는 뜻으로 쓰인다. 여기서는 수동형인 세 번째의 의미인데 보통 부정적인 내용의 '∼할 운명' 정도로 해석된다. 똑같은 역사, 실수를 되풀이할 운명이라는 의미가 자연스러우므로 동사 repeat을 답으로 선택할 수 있다.

어구 condemn 비난하다; 유죄판결을 내리다; (수동형으로) 어떤 운명에 처하다
defeat ∼를 패배시키다
fix 고치다

정답 (b)

32

Mr. Kim will _____ the role of Chief Executive with a team of four directors.

(a) assume
(b) chair
(c) confuse
(d) presume

해석 김 씨는 네 명의 이사진과 함께 최고경영자 직을 맡게 될 것이다.

해설 키워드는 role이다. 이와 함께 역할을 맡는 것은 assume이나 take on을 써서 표현할 수 있다. chair는 의장으로써 '회의 따위를 주재하다'라는 뜻으로 chair a meeting(committee)과 같은 형태로 쓴다.

어구 assume 맡다
confuse 혼동시키다
presume 가정하다, 추정하다

정답 (a)

33

No one has _____ responsibility for the attack on the African Union peacekeepers in Haskanita.

(a) asked
(b) placed
(c) claimed
(d) mentioned

해석 하스카니타의 아프리카 연합 평화유지군을 공격한 것에 대해 아무도 자신들의 소행이라고 주장하지 않았다.

해설 테러 등의 공격이 발생했을 때 어떤 개인이나 집단이 자신의 소행임을 주장하는 것을 동사 claim을 써서 표현한다. 목적어는 responsibility인데 같이 쓰이는 동사로는 claim 외에도 take, accept, assume, shoulder 등이 있다.

어구 peacekeeper 평화유지군
claim
1) 요구, 청구하다 claim damages
2) 주장하다 claim the victory/responsibility
3) 빼앗다 claim innocent lives

정답 (c)

34

The Minister _____ another diplomat to perform the task on behalf of him.

(a) relegated
(b) delegated
(c) located
(d) transmitted

해석 그 장관은 자신을 대신해서 임무를 수행하도록 다른 외교관에게 책임을 위임했다.

해설 단서 부분은 on behalf of him이다. 그를 대신해서 업무를 하도록 하는 것이므로 '위임(delegate)'이 정답이다. relegate는 모양이 같아서 쉽게 혼동되는 어휘인데 '좌천시키다'란 뜻이다.

어구 relegate 좌천시키다
delegate 위임하다
locate ~에 (상점 따위를) 차리다; 찾다
transmit 전송하다, 보내다

정답 (b)

35

In the early 19th century, Christians were _____ by the authorities for their beliefs and some of them even had to leave the country for religious freedom.

(a) persecuted
(b) prosecuted
(c) permitted
(d) allowed

해석 19세기초 기독교도들은 종교 때문에 당국의 박해를 받았고 일부는 종교의 자유를 찾아 조국을 떠나야만 했다.

해설 조국을 떠나야 했으므로 부정적인 내용이 나와야 한다. 답은 '박해하다'라는 의미의 persecute이다. '기소하다'라는 뜻인 prosecute와 철자가 비슷하므로 유의하자.

어구 authorities 당국
persecute 핍박, 박해하다
permit 허락하다

정답 (a)

36

The scholar felt _____ for having discovered a way to reduce air pollution.

(a) triumphal
(b) triumphant
(c) turbid
(d) turgid

해석 그 학자는 대기 오염을 줄이는 새로운 방법을 찾아내고 의기양양했다.

해설 새로운 발견으로 '의기양양'한 느낌을 표현할 때 triumphant로 표현할 수 있다.

어구 triumphal 승리를 축하하는
ex. a triumphal entry, a triumphal return
triumphant 의기양양한, 득의의
turbid 흐린, 탁한
turgid 부어오른, 과장된

정답 (b)

37

Conflicts in Sudan have _____ damage to the country.

(a) made
(b) taken
(c) done
(d) gotten

해석 수단의 분쟁은 국가에 해를 끼쳤다.

해설 damage와 짝을 이뤄 '해를 끼치다'의 뜻을 나타내는 동사는 do다. 기타 do는 do good, do research, do the dishes, do drugs 등의 형태로 쓴다.

어구 conflict 분쟁
　　 damage 피해

정답 (c)

38

When you buy a house instead of renting it, you don't need to pay rent and can enjoy a long list of _____ of ownership.

(a) habits
(b) results
(c) influences
(d) benefits

해석 집을 임대하는 대신 사면 임대료를 낼 필요가 없고 소유주로서의 혜택을 누릴 수 있다.

해설 enjoy라는 동사 뒤에는 대개 긍정적인 어떤 것이 나온다. 그것만으로도 혜택(benefits)이라는 단어를 찾을 수 있다. a long list of라는 것은 '목록이 길다, 여러 가지'라는 뜻이다.

어구 benefit 이익, 혜택
　　 influence 영향
　　 habit 습관

정답 (d)

39

He began to berate the police for paying _____ attention to the theft from his car.

(a) unique
(b) scant
(c) full
(d) keen

해석 그는 자신의 차에서 발생한 절도 사건에 대해 주의를 거의 기울이지 않은 것에 대해 경찰을 맹비난하기 시작했다.

해설 비난의 이유로 '주의(attention)'를 거의 기울이지 않았다고 보는 것이 자연스럽다. 따라서 '부족한'이란 뜻의 scant를 답으로 선택할 수 있다.

어구 berate 격렬하게 비난하다(= chide, rebuke)
　　 scant 부족한; 빠듯한; 인색한
　　 keen 예민한(= sensitive), 열렬한(= eager, very interested)

정답 (b)

40

The number one recommendation is that people should be as lean as possible without getting dangerously _____.

(a) overweight
(b) obese
(c) fit
(d) underweight

해석 첫 번째 권고 사항은 사람들이 위험할 정도로 저체중이 되지 않는 한에서 가능한 마른 몸매를 유지하라는 것이다.

해설 lean과 어울리는 underweight을 답으로 선택할 수 있다. '저체중'은 underweight으로, '과체중'은 overweight으로 나타낸다. 과체중보다 심각한 임상적 '비만'은 obesity라고 하며 이는 신체의 체지방 비율로 결정한다. fit은 '적당한, 건강한'의 의미다.

어구 lean 마른, 간결한
　　 obese 비만의
　　 underweight 저체중, 체중미달
　　 overweight 과체중, 체중초과

정답 (d)

41

When the oil spill _____ the ocean, all of the beaches for miles around had to be closed.

(a) contaminated
(b) attenuated
(c) infected
(d) diluted

해석 석유 유출로 해양이 오염되었을 때 주변 수마일에 달하는 해변 전부가 폐쇄되었다.

해설 석유가 유출되면 해양은 오염(contaminate)될 것이다. infect는 병원균 등에 '감염'되는 것을 말한다.

어구 spill 유출, 누출
attenuate 희박하게 하다; 감소시키다
dilute 희석하다

정답 (a)

42

Tom didn't notice because he was too _____ in his work.
(a) enhanced
(b) engraved
(c) engrossed
(d) engendered

해석 톰은 자신의 일에 너무 몰두해서 눈치채지 못했다.

해설 be ~ in의 형태로 쓰면서 문맥상 어울리는 것은 engrossed다. be engrossed in~은 '~에 몰두하다'의 뜻이다. enhance는 '높이다, 강화하다'의 뜻이다.

어구 engrave 새기다
engender 생기게 하다(= produce)
ex. Pity often engenders love.

정답 (c)

43

She spoke very slowly, _____ what she would say.
(a) weighing
(b) relating
(c) measuring
(d) burdening

해석 그녀는 무슨 말을 해야 할지 신중히 생각하면서 천천히 이야기했다.

해설 weigh는 '무게를 달다'라는 뜻 외에도 '상황을 신중히 고려하다'라는 뜻을 갖고 있다.

어구 measure 어림잡다, 평가하다
ex. I continued to measure his progress against the charts in the doctor's office.
burden 부담지우다
ex. burden a person with heavy taxes

정답 (a)

44

The general _____ at the meeting was that the decline in sales was due to the failure of the marketing plan.
(a) consideration
(b) controversy
(c) consensus
(d) contention

해석 회의에서는 판매 부진이 마케팅 계획의 실패에 있다고 의견이 모아졌다.

해설 공통의 '합의, 동의'를 consensus라고 한다.

어구 decline 기움, 쇠퇴, 감소
consensus 합의, 일치, 일치된 여론
contention 말다툼, 분쟁
ex. a bone of contention

정답 (c)

45

It costs _____ figures to start such a large-scale construction project.
(a) scientific
(b) full
(c) many
(d) astronomical

해석 그런 대규모의 건설 계획을 시작하려면 천문학적인 숫자의 돈이 필요하다.

해설 figures(numbers)와 어울리는 형용사는 astronomical이다. '천문학적인, 어마어마하게 큰'이란 뜻으로 문맥상 적절하다.

어구 figures 숫자
astronomical 천문학적인, 매우 큰

정답 (d)

46

The magazine deals with current _____ as well as celebrity gossips.
(a) affairs
(b) facts
(c) tasks
(d) things

해석 잡지는 유명인의 가십은 물론 시사 문제도 다룬다.

해설 current(현재의)와 연결될 수 있는 단어는 '시사'를 뜻하는 current affairs(events)이다.

어구 celebrity 명사, 유명인

정답 (a)

47

What is the best policy for the prevention of juvenile _____?

(a) threat
(b) correction
(c) delinquency
(d) racketeering

해석 청소년 비행을 예방하는 최선의 방책은 무엇일까?

해설 prevention(예방, 방지)이 나왔으므로 뒤는 부정적인 어떤 것이 나와야 한다. 선택지 모두 부정적인 내용이지만 juvenile(청소년)과 어울리는 것은 '비행(delinquency)'이다.

어구 juvenile 청소년의
correction 교정, 징계
racketeering 공갈

정답 (c)

48

When I knew that I lost my job again, I started to feel a _____ of anger.

(a) spasm
(b) surge
(c) flow
(d) blink

해석 일자리를 다시 잃었다는 것을 알았을 때, 나는 분노가 치솟는 것을 느꼈다.

해설 분노(anger)와 어울리는 표현을 찾아야 한다. 감정이 고조되는 것을 나타낼 때 a surge of energy/interest와 같이 surge를 쓸 수 있다.

어구 spasm 발작, 경련
surge (감정의) 동요; 쇄도
blink 깜박거림
ex. in the blink of an eye

정답 (b)

49

Her voice was barely _____, so we had to have her use a microphone to be heard.

(a) edible
(b) erodible
(c) audible
(d) credible

해석 그녀의 목소리가 거의 들리지 않아 무슨 말인지 듣기 위해 마이크를 쓰도록 했다.

해설 마이크를 써야만 들릴 정도로 '간신히 들렸다'는 의미가 되도록 audible을 써야 한다.

어구 audible 들리는, 들을 수 있는
barely 간신히, 거의 ~ 않다
ex. barely escape death
edible 먹을 수 있는
erodible 침식 가능한

정답 (c)

50

The team _____ denied the rumor that they plan to bring in a new player from overseas.

(a) flatly
(b) acutely
(c) abnormally
(d) highly

해석 그 팀은 해외에서 새로운 선수를 영입할 것이라는 루머를 단호히 부인했다.

해설 deny와 어울리는 부사를 찾아야 한다. '단호하게 (flatly)' 부인한다고 하는 것은 어울린다. acute은 통증 등이 '격렬한'이란 뜻이다.

어구 acutely 날카롭게, 격렬하게

정답 (a)

Part I

1. (c)	2. (c)	3. (a)	4. (b)	5. (b)
6. (d)	7. (a)	8. (c)	9. (b)	10. (a)
11. (c)	12. (a)	13. (a)	14. (a)	15. (a)
16. (d)	17. (b)	18. (c)	19. (a)	20. (d)
21. (b)	22. (a)	23. (c)	24. (d)	25. (a)

Part II

26. (b)	27. (b)	28. (d)	29. (a)	30. (b)
31. (a)	32. (b)	33. (b)	34. (d)	35. (d)
36. (a)	37. (a)	38. (d)	39. (b)	40. (c)
41. (d)	42. (b)	43. (c)	44. (a)	45. (b)
46. (a)	47. (b)	48. (b)	49. (b)	50. (d)

Part I

1

A Can you explain to me what happened here?

B I can't really explain because it's too _____.

(a) covariant
(b) converse
(c) complicated
(d) copacetic

해석 A 여기서 무슨 일이 일어났는지 설명해줄 수 있어요?
B 너무 복잡해서 설명할 수가 없어요.

해설 혼동되기 쉬운 유사어구들을 선택지로 제시했다. '복잡한'의 의미는 형용사 complicated(= complex, compound)로 나타낼 수 있다.

어구 complexity 복잡성
covariant (수학에서) 공변의
converse 역의
copacetic 훌륭한

정답 (c)

2

A What are you doing?

B I lost my wallet and I'm trying to _____ it.

(a) trap
(b) waste
(c) find
(d) trade

해석 A 뭐하고 있어요?
B 지갑을 잃어버려서 찾고 있어요.

해설 물건을 잃어버려서 '찾고 있다(find)'로 연결되는 것이 자연스럽다. 참고로 어디에 놔둔 지 모르겠다는 의미로 misplace를 써서 나타낼 수 있다.

어구 trap 가두다
trade 교환하다, 교역하다
ex. trade in furs

정답 (c)

3

A What happened to this milk? It looks really bad.

B I think someone didn't put it in the refrigerator last night so it was _____ out all night long.

(a) left
(b) set
(c) spied
(d) taken

해석 A 이 우유는 어떻게 된 거예요? 상한 것 같은데.
B 누군가가 어젯밤 냉장고에 넣지 않고 밤새 밖에 놔둔 거 같아요.

해설 음식에 bad를 쓰면 '상했다'는 뜻이다. 그 이유로 밖에 '방치했다'는 의미가 되어야 하므로 이를 뜻하는 left가 답이다.

어구 refrigerator 냉장고(= fridge)
set out (상을) 차리다, 설명하다
spy out 정보를 캐다
take out 제거하다

정답 (a)

4

A Cathy is such a nice person.
B Yea, and pretty too. I think that's why she's so _____.
(a) torrential
(b) popular
(c) populous
(d) masculine

해석 A 캐시는 정말 좋은 사람이에요.
B 게다가 예쁘기까지 하죠. 그래서 그렇게 인기가 있나 봐요.

해설 예쁘고 성격까지 좋다는 것을 통해 인기(popular)가 있음을 짐작할 수 있다.

어구 torrential 격한
populous 인구가 조밀한
masculine 남성같은

정답 (b)

5

A How did you pay for the computer?
B I _____ it on my credit card, of course.
(a) banked
(b) charged
(c) debited
(d) counted

해석 A 그 컴퓨터는 어떻게 비용을 지불했어?
B 물론 신용카드로 결제했지.

해설 특히 신용(credit)카드 등으로 외상을 지며 사는 경우 charge를 써서 표현한다. debit은 credit의 반대말로 대금을 '직불하다'의 뜻이다.

어구 bank 제방을 쌓다
charge 물건을 ~앞으로 달아두다, 외상구매하다
debit 직불하다

정답 (b)

6

A I always thought she had beautiful eyes.
B You'll never know how much I _____ her for that.
(a) astonished
(b) missed
(c) ensured
(d) envied

해석 A 그녀의 눈이 아름답다고 항상 생각해왔어.
B 그것 때문에 얼마나 그녀가 부러웠는지 너는 모를 거다.

해설 envy는 '선망하다'의 뜻으로 envy someone for something의 형태로 쓴다.

어구 envy 선망하다, 시샘하다
astonish 놀래키다
ensure 안전하게 하다

정답 (d)

7

A Our store's _____ is the customer is always right.
B I'll be sure to follow that one.
(a) policy
(b) police
(c) politeness
(d) priority

해석 A 우리 매장 방침은 고객이 왕이라는 겁니다.
B 꼭 그 지침을 따르도록 하겠습니다.

해설 the customer is always right(고객이 항상 옳다)라고 했으므로 이는 일종의 '방침(policy)'이라고 할 수 있다.

어구 policy 정책; 지침; 수단
ex. Honesty is the best policy.
priority 우선순위

정답 (a)

8

A That car is parking in my spot!
B Don't worry. We'll have it _____ right away.
  (a) towed
  (b) settled
  (c) moved
  (d) corrected

해석 A 저 차가 제 자리에 주차되어 있네요!
  B 걱정마세요. 금방 옮겨드릴게요.

해설 have + 목적어 + p.p.의 구문을 쓰고 있다. 차를 옮겨주겠다는 의미인데 tow를 쓰면 '견인하다'는 뜻이 되어 문맥과 어울리지 않는다.

어구 correct 시정하다, 수정하다

정답 (c)

9

A There's water everywhere!
B That's because the sink is broken. I'll call a _____.
  (a) medic
  (b) plumber
  (c) janitor
  (d) mechanic

해석 A 사방에 물 천지예요!
  B 싱크가 고장나서 그래요. 배관공을 부를게요.

해설 배관공(plumber)은 특히 TEPS 등의 공인영어시험에서 단골 등장하는 직업이니 반드시 기억해두자.

어구 medic 의사, 의대생
  janitor 수위
  mechanic 기계공, 정비공

정답 (b)

10

A Was he thrown in jail for drinking and driving?
B No, after the cop stopped he just was issued a _____ and sent on his way.
  (a) ticket
  (b) pass
  (c) news
  (d) greeting

해석 A 그는 음주운전으로 구속되었나요?
  B 아니오, 경찰이 차를 세웠지만 딱지만 떼고는 그냥 보내주었어요.

해설 drinking and driving의 다른 표현으로 driving under the influence of alcohol, drunken driving 등이 있다. 특히 교통순경이 떼는 딱지를 ticket이라고 한다.

어구 jail 감옥
  issue 발급하다, 발행하다

정답 (a)

11

A Where do I put my wet clothes?
B We don't have a dryer so you'll need to _____ them on the clothes rack.
  (a) fold
  (b) bring
  (c) hang
  (d) drain

해석 A 젖은 옷을 어디에 둬야 하나요?
  B 건조기가 없으니까 빨랫줄에 널어야 해요.

해설 빨래줄에 옷을 널 때 hang(걸다, 널다)을 쓰면 된다. fold는 '접다'라는 뜻으로 빨래를 갠다는 표현은 fold the laundry라고 한다.

어구 rack 선반
  drain 방수하다, 배수하다

정답 (c)

12

A What do you do when you are bored?
B Well, to _____ the time I play video games.
  (a) pass
  (b) waste
  (c) control
  (d) manage

해석 A 지루할 때는 무얼 하시나요?
  B 뭐, 비디오 게임을 하면서 시간을 보내곤 하죠.

해설 '시간을 보내다'라고 할 때 동사 pass, spend 혹은 kill을 쓰기도 한다.

어구 bored 지루한

정답 (a)

13

A Don't these two cats look _____?

B What are you talking about? They are two totally different species.

(a) identical
(b) identic
(c) inconclusive
(d) incentive

해석 A 이 두 마리의 고양이는 똑같이 생기지 않았어?

B 무슨 소리야? 완전히 다른 종인걸.

해설 identical은 '똑같은'의 의미로 '일란성 쌍둥이'를 identical twins라고 한다.

어구 species 종 (단·복수형이 같음)
identical 똑같은, 동일한
identic 동조적인, 같은 문서의
inconclusive 결정적이 아닌, 요령부득의
incentive 자극적인, 보상의
ex. an incentive tour(trip) 보상 장려 여행

정답 (a)

14

A Many doctors are _____ by the medical board before they begin their medical practice.

B I thought they just went to medical school.

(a) certified
(b) clarified
(c) justified
(d) concerted

해석 A 의사들은 의사로써 개업을 하기 전에 의학위원회의 인증을 받아요.

B 저는 그냥 의대만 가면 되는 줄 알았어요.

해설 위원회 등이 직업인을 '인증한다'라는 의미가 되어야 하므로 certify가 답으로 어울린다. justified는 '정당화되다'의 의미다.

어구 practice (의사, 변호사 등의) 개업
clarify 명백하게 하다
concerted 일치된, 합의된

정답 (a)

15

A I hope I don't get fired. I was really late for work this morning.

B I wouldn't worry about it too much. Since you're new here, the boss will probably _____ you.

(a) go easy on
(b) bank on
(c) look down on
(d) be emotional with

해석 A 해고당하지 않으면 좋겠어요. 오늘 아침 정말 늦었거든요.

B 나 같으면 별로 걱정하지 않겠어요. 여기가 처음이니까 아마 상사도 넘어가 줄 거예요.

해설 go easy on은 '살살 대하다'라는 의미로 문맥상 빈 칸에 어울린다.

어구 bank on ~에 의지하다
look down on ~를 경멸하다
pick on ~를 부당하게 대우하다

정답 (a)

16

A You made how many cakes? We only needed one.

B Well, I really like to bake. So when I start baking I tend to go _____.

(a) bad
(b) free
(c) bankrupt
(d) overboard

해석 A 케이크를 몇 개나 만든 거야? 한 개만 필요했잖아.

B 글쎄, 내가 정말 빵 굽기를 좋아하잖아. 한번 시작하면 지나치게 가는 경향이 있거든.

해설 뭔가를 너무 좋아하다 보니 말 그대로 '너무 오버'하게 되었다. '지나치게 ~하다, 극단으로 치닫다'는 의미로 go(fall) overboard를 쓸 수 있다.

어구 overboard 배(ship) 밖의, 열차 밖의
go bad 상하다
go free 해방되다
go bankrupt 파산하다

정답 (d)

17

A Working on 7 different projects must be really difficult.

B I seem to have a bit more than I could _____ taking on all 7 projects.

(a) taste
(b) chew
(c) make
(d) chase

해석 A 7개나 되는 프로젝트를 수행하는 것은 정말 힘든 일이에요.

B 7개 모두를 맡다니 감당할 수 있는 이상인 거 같아요.

해설 take on은 어떤 일, 직위 등을 '맡다'의 의미를 갖는다. have more than I could chew는 말 그대로 씹기 힘들 정도로 많은 양을 한 번에 입에 넣은 상황을 떠올리면 쉽게 답으로 찾고 기억할 수 있다.

어구 chew (음식물을) 씹다, 곰곰이 생각하다(~over)
chase 쫓다, 추적하다
ex. She chased the thief for 100 yards.

정답 (b)

18

A How do I get to the school?

B Go _____ down this street and take a left. The school will be on your right hand side.

(a) objective
(b) linear
(c) straight
(d) plastic

해석 A 학교에 어떻게 가야 하나요?

B 이 길을 쭉 따라가다가 왼쪽으로 꺾어지세요. 학교는 그 오른쪽에 있어요.

해설 길 안내와 관련해, get to는 '~에 도달하다'는 뜻이고 길을 따라 곧장 가라고 할 때는 go straight down을, 오른쪽/왼쪽으로 방향을 틀라고 할 때는 take a right(left) turn을, 목적지를 쉽게 찾을 수 있다는 뜻은 You can't miss it이라는 표현을 쓴다.

어구 objective 객관적인
linear 선형의, 연속선상의
plastic 형성력이 있는, 성형의
ex. a plastic surgery

정답 (c)

19

A Have you ever had the chance to meet your favorite celebrity in _____?

B When I was at the mall I did, and he was there performing his latest hit song.

(a) person
(b) conclusion
(c) house
(d) time

해석 A 좋아하는 유명 연예인을 직접 만나볼 기회가 있었어요?

B 몰에서 한 번 본 적이 있어요. 그는 가장 최근의 히트곡을 공연하고 있었죠.

해설 in person은 '직접, 손수'라는 뜻이다. in conclusion은 '결론적으로', in time은 '시간 내에'라는 뜻이다. 유명인을 '직접' 만나다라고 해야 문맥이 자연스럽다.

어구 celebrity 유명인, 명사
perform 실행하다, 공연하다
ex. perform surgery, perform a contract
conclusion 결론

정답 (a)

20

A After I get my first job, the first thing I'm going to do is buy a new house.

B Be sure not to get too _____ of yourself. You need to first find a job.

(a) far
(b) hold
(c) express
(d) ahead

해석 A 처음 직장을 잡게 되면 가장 먼저 집을 살 거예요.

B 너무 앞서가지 말아요. 먼저 일자리를 찾아야죠.

해설 일자리도 찾기 전에 집을 사는 이야기부터 하는 것은 너무 앞서나가는 것(get ahead of oneself)으로 해석할 수 있다. 비슷한 표현으로 count one's chickens before they are hatched이 있다.

어구 get ahead of ~에 앞서다

정답 (d)

21

A What you're trying to tell me is _____. I don't believe it.

B Come on. I mean it this time.

(a) powder
(b) baloney
(c) balloon
(d) dough

해석 A 네가 하려는 이야기는 다 허튼 소리야. 나는 못 믿겠어.
B 이봐, 이번엔 진심이라구.

해설 못믿겠다고 했으므로 '거짓말, 헛소리' 등에 해당하는 표현이 나와야 한다. baloney라는 말은 원래는 소시지 종류를 뜻하는 것이지만 '허튼 소리'라는 뜻도 있다.

어구 baloney 헛소리, 실없는 소리
dough 가루반죽, 현금

정답 (b)

22

A What's wrong with the air conditioner?

B The air filter is _____.

(a) clogged
(b) repaired
(c) drained
(d) seen

해석 A 에어컨에 무슨 문제가 있는 거야?
B 공기 필터가 막혔어.

해설 에어컨의 공기 필터와 관련해 생길 수 있는 문제는 '막혔다'고 하는 (a)가 적절하다. 나머지 보기들은 공기 필터와 관련된 문제점으로 보기 어렵다.

어구 air conditioner 에어컨
clog 막히다
drain 배수하다

정답 (a)

23

A Is it okay if I _____ by your house to drop off this letter?

B No problem. We'll be home all night.

(a) station
(b) sit
(c) come
(d) stay

해석 A 이 편지를 전하러 너의 집에 잠깐 들러도 괜찮아?
B 물론이지. 오늘 밤은 집에 있을 거야.

해설 '잠시 들르다'의 의미로 stop/drop/come by 등을 쓴다.

어구 drop off ~를 떨어뜨리다, 남기다
station 주둔시키다

정답 (c)

24

A How did your brother react when you told him you saw an alien?

B He didn't _____ it. He said he would have to see one to believe it.

(a) decide on
(b) make for
(c) bring up
(d) fall for

해석 A 네가 외계인을 봤다고 하니까 동생이 뭐라고 해?
B 넘어가지 않던데. 자기 눈으로 봐야만 믿겠대.

해설 '쉽게 넘어가다'는 fall for로 표현한다. decide on은 '~로 정하다', make for는 '~쪽으로 가다', bring up은 '제기하다, 꺼내다'의 뜻이다.

어구 alien 외계인
react 반응하다
fall for 속다, 매혹되다

정답 (d)

25

A What are you doing with all of that wood?

B I'm trying to _____ a camp fire before it gets too cold.

  (a) set up
  (b) raise up
  (c) bring up
  (d) shut up

해석 A 그 나무를 다 뭐하려고?
  B 너무 추워지기 전에 캠프 파이어를 준비하려고 해요.

해설 캠프 파이어는 '만들거나 세우게(set up)' 된다. shut up은 '입을 다물다', raise up은 '모집하다, 일으키다'의 의미다.

어구 camp fire 캠프파이어, 모닥불
  bring up 제기하다; 키우다; 가르치다
  ex. She brought up(= raised) three children.

정답 (a)

Part II

26

Researchers have begun to _____ the reason why a huge number of baby seals died this summer.

  (a) go after
  (b) look into
  (c) put up
  (d) keep away

해석 연구원들은 올 여름 엄청난 수의 새끼 바다표범들이 죽어간 이유를 조사하기 시작했다.

해설 look into는 '조사하다'의 뜻으로 문맥상 적절한 답이다. look은 뒤에 따라오는 전치사에 따라 다양한 의미를 갖게 된다. 다음이 대표적인 것들이다.
  look after 보살피다, 돌보다(= take care of)
  look around ~을 구경하다
  look back (on) 회상(회고)하다(= recollect)
  look down on 업신여기다, 깔보다
  look into 조사하다(= investigate)
  look on A as B A를 B로 보다
  look out 조심하다, 경계하다(= be careful)
  look over 죽 훑어 보다
  look up (사전에서) 찾아보다; 방문하다; 호전되다
  look up to 존경하다(= respect)

어구 seal 바다표범

정답 (b)

27

Scientists wonder if the blue whales are dying because there isn't enough food to _____ around.

  (a) look
  (b) go
  (c) bring
  (d) pull

해석 과학자들은 충분하게 돌아갈 먹이가 없기 때문에 푸른 고래가 죽어가고 있는 것이 아닌가 생각하고 있다.

해설 음식과 관련해서 나눠줄 수 있도록 '돌아가다(go around)'는 의미가 문맥상 어울린다.

어구 go around (음식 등이) 모두에게 돌아가다
  look around ~을 구경하다
  bring around ~을 설득하다
  pull around ~을 끌고 다니다

정답 (b)

28

Nearly one million people in the southern Mexican state of Tabasco are homeless in the _____ of the region's worst flooding in 50 years.

  (a) height
  (b) trace
  (c) following
  (d) wake

해석 남부 멕시코의 타바스코 주에서 50년 이래 그 지역 최악의 홍수의 여파로 거의 백만 명에 달하는 사람들이 이재민이 되었다.

해설 '~의 여파로'에 해당하는 표현은 'in the wake of~'이다. wake는 원래 배가 지나가고 난 후에 생기는 자국을 뜻하는 말로 어떤 사건의 '후유증(aftermath), 여파'를 의미한다. 예를 들어 'In the wake of the Asian financial crisis(아시아 금융위기의 여파로)' 등의 형태로 쓴다.

어구 homeless 집 없는
  height 높이, 고도
  wake 여파

정답 (d)

29

No solution is _____ right.

(a) incontrovertibly
(b) disputably
(c) questionably
(d) suspiciously

해석 어떤 해결책도 절대적으로 옳은 것은 없다.

해설 incontrovertible(= indisputable)은 '논쟁의 여지가 없는, 명백한'의 뜻이다. 문맥상 incontrovertibly가 답이다.

어구 incontrovertibly 명백히
disputably 논쟁의 여지가 있게
questionably 의문의 여지가 있게

정답 (a)

30

One of the most common _____ of schizophrenia is hearing imaginary voices.

(a) requirements
(b) symptoms
(c) treatments
(d) qualifications

해석 정신분열증의 가장 일반적인 증상 중에 하나는 환청을 듣는다는 것이다.

해설 symptom은 질병 등의 '증상'을 말하고 여기서는 '환청을 듣는 것'이 그 하나의 증상에 해당한다. 증상의 집합체를 뜻하는 syndrome(증후군)과는 구별하도록 하자. '환청을 듣는' 것은 hear things라고도 한다.

어구 schizophrenia 정신분열증
imaginary 가공의, 상상의
symptom 증상
treatment 치료, 처치

정답 (b)

31

He also _____ a show on PBS Radio.

(a) hosts
(b) leads
(c) holds
(d) takes

해석 그는 또한 PBS 라디오 프로그램의 진행을 맡고 있기

도 하다.

해설 TV나 라디오 프로그램을 진행하는 것을 host라고 한다. 진행자도 show host라고 한다. 동사 host는 그밖에 파티 등에서 주인 역할을 하거나 국제행사의 주최국으로서 활동하는 것 등으로도 쓰인다. hold는 행사 등을 '개최하다, 열다'의 뜻이다.

어구 host 주인; 호스트(주인) 노릇을 하다

정답 (a)

32

Paul wore a camera _____ on his helmet, which streamed live video back to the Space Station.

(a) carried
(b) mounted
(c) supplied
(d) hung

해석 폴은 헬멧에 장착된 카메라를 착용하고 있었는데 거기서 라이브 영상을 우주 정거장으로 보냈다.

해설 헬멧에 '장착된' 카메라이므로 mounted가 답이다.

어구 mounted 장착된, 탑재된

정답 (b)

33

The _____ of this town has been apples for many centuries.

(a) stable
(b) staple
(c) step
(d) staff

해석 이 마을의 주산물은 수세기 동안 사과였다.

해설 '주요 산물, 주요 상품'을 staple이라고 한다. 다른 단어들은 유사하지만 의미가 전혀 다르다.

어구 stable 마구간
staple 주요 산물, 주요 상품

정답 (b)

34

California revised the _____ to increase the property tax.

(a) statue
(b) status
(c) stature
(d) statute

해석 캘리포니아는 재산세를 올리기 위해 법규를 개정했다.

해설 세금을 인상하려면 법률에 의거해야 하며 이때 '법령, 법규'에 해당하는 것이 statute이다.

어구 stature 키, 신장
statute 법조문, 법규
statue 조각상

정답 (d)

35

Kate will be the _____ of the money left by her deceased grandfather.

(a) benefice
(b) beneficence
(c) benefactor
(d) beneficiary

해석 케이트는 돌아가신 조부가 남긴 돈의 상속자가 될 것이다.

해설 유산의 '상속자, 수혜자'를 뜻하는 beneficiary가 답이다. 선택지의 단어들은 모두 bene-가 들어간 비슷한 단어들로 제시해 혼동을 유발하고 있다.

어구 decease 사망하다
benefice 성직
beneficence 선행, 은혜
benefactor 기부자; 후원자
beneficiary 수익자, 수혜자

정답 (d)

36

The city government supplied the unemployed with the bare _____ of life.

(a) necessities
(b) luxuries
(c) equipments
(d) demands

해석 시정부는 실업자들에게 최소한의 필수품을 제공했다.

해설 supply A with~는 'A에 ~를 공급하다'라는 뜻이다. 문제에서 bare는 '가까스로'라는 뜻으로 겨우 생활을 연명할 정도의 필수품을 bare necessity라고 한다. luxuries는 '사치품'이라는 뜻으로 문맥과 전혀 어울리지 않는다.

어구 necessity 필요, 필수품
luxury 사치(품)

정답 (a)

37

The idea _____ among many economists in the western countries that the international economy will rebound pretty soon.

(a) prevails
(b) survives
(c) fastens
(d) proceeds

해석 서구의 많은 경제학자들 사이에서는 국제 경제가 곧 회복될 것이라는 생각이 보편화되어 있다.

해설 어떤 견해가 '보편적이다, 지배적이다'라는 표현은 prevail로 나타낼 수 있다. prevail은 '이기다, 우세하다, 설복하다' 등의 다양한 뜻을 갖고 있는 동사로 TEPS 시험에서 빈출되는 단어에 해당한다.

어구 rebound 되튀다, 반등하다
fasten 잠기다; 닫히다
prevail 보편적이다; 지배적이다
ex. a proposal(principle, opinion, common sense) prevails
proceed 나아가다, 속행하다

정답 (a)

38

There were no instructions on how to _____ seat belts on the plane.

(a) tie
(b) pull
(c) fix
(d) fasten

해석 비행기에서 어떻게 안전벨트를 착용해야 하는지에 대한 설명은 없었다.

해설 안전벨트는 '착용(fasten)'의 대상이다. tighten seat belts라고도 한다.

어구 instruction 지시, 설명

39

To protect him from possible electrocution, all his tools were wrapped in multiple layers of _____ tape.

(a) conducting

(b) insulating

(c) cutting

(d) reflecting

해석 있을 수 있는 감전사태로부터 그를 보호하기 위해 그의 도구는 모두 여러 겹의 절연테이프로 감싸졌다.

해설 electrocution(감전)으로부터 보호하려면 전기가 통하지 않는 절연(insulating)되는 물질이 필요하다. conducting은 반대로 '전도하는'의 뜻이다.

어구 electrocution 감전 cf. electrocute 감전시키다
wrap 감싸다, 두르다 cf. wrapped 몰두한
insulate 절연하다; 고립시키다
conduct 행동하다(behave); 이끌다(lead); 전도하다(transmit)

정답 (b)

40

Efforts to alleviate one problem have only _____ another equally troubling problem.

(a) exacerbate

(b) nullify

(c) relieve

(d) cancel

해석 한 문제를 완화하려는 노력들은 마찬가지로 골치 아픈 다른 문제를 악화시켰을 뿐이었다.

해설 이 문제를 해결하는 키워드는 앞 부분의 alleviate이다. 즉, 완화시키려고 했지만 '결국 ~했을 뿐'이라는 문맥에 알맞은 동사를 골라야 한다. 따라서, 반대 뜻인 '악화시키다'의 의미를 갖는 exacerbate가 적당하다. relieve는 '완화하다, 덜다'의 뜻으로 alleviate의 동의어다.

어구 equally 마찬가지로, 동등하게
exacerbate 악화시키다
nullify 무효로 하다
relieve 완화하다

정답 (c)

41

Some economists argue that Americans must _____ themselves from their nationalism and embrace their individual capitalists to overcome their economic slowdown.

(a) attach

(b) focus

(c) relate

(d) detach

해석 일부 경제학자들은 미국인들이 경제 침체를 벗어나려면 민족주의적 시각을 벗어나 개인적인 자본주의자들을 포용해야 한다고 주장한다.

해설 detach oneself from~은 '~로부터 벗어나다'의 뜻이므로 민족주의를 벗어나 '개인적 ~를 포용해야 한다'는 것이 자연스럽게 이어진다. attach(붙이다, 첨부하다)는 detach의 반대말이며 relate도 '관련시키다'의 뜻이므로 어울리지 않는다.

어구 nationalism 민족주의
embrace 포용하다, 어우르다
individual 개인적인, 개인주의적인
capitalist 자본가, 자본주의자
detach 떼어내다(= remove)
ex. detach a locomotive from a train

정답 (d)

42

She _____ her dorm room with pictures of her pet cat.

(a) compared

(b) decorated

(c) replaced

(d) covered

해석 그녀는 자기 기숙사 방을 기르는 고양이 사진으로 꾸몄다.

해설 방에 그림을 거는 것은 장식하는 것이므로 decorate가 정답이다. (d) cover는 cover a wall with paper(paint) 즉, '벽에 벽지를 바르다(페인트를 칠하다)'와 같은 형태로 완전히 덮는 것을 의미한다.

어구 dorm 기숙사(= dormitory)
replace 대체하다
pet 애완동물

정답 (b)

43

This statement is very _____ and open to various interpretations.
(a) obvious
(b) bland
(c) ambiguous
(d) transparent

해석 이 진술은 매우 모호해서 다양하게 해석할 가능성이 있다.

해설 open to various interpretations(다양한 해석의 가능성)이 단서다. 이렇게도 저렇게도 해석될 수 있는 것은 '모호한(ambiguous)' 것이다. obvious는 반대로 '명확한' 것이며, transparent는 '투명한, 빤히 들여다보이는, 명확한'을 의미한다.

어구 statement 진술, 언명
interpretation 해석; 통역
bland 밋밋한
ambiguous 애매한

정답 (c)

44

The assertive boss always took the _____ in starting new projects.
(a) initiative
(b) alternative
(c) delay
(d) hesitation

해석 자기주장이 강한 그 상사는 항상 새로운 프로젝트 시작의 주도권을 쥐었다.

해설 assertive(독단적인, 자기주장을 하는)라는 단어가 문제를 푸는 단서다. assertive한 것과 어울리는 것은 일에서 '주도권, 선제권'을 쥐는 것이므로 initiative를 답으로 선택할 수 있다. initiative에는 '솔선수범'이라는 뜻도 있다. delay(연기), hesitation(주저) 등의 다른 선택지는 문맥과 어울리지 않는다.

어구 assertive 독단적인; 자기주장을 하는
initiative 시작; 독창력; 발의권

정답 (a)

45

He went backstage and asked for the actresses' _____.
(a) sign
(b) autograph
(c) manuscript
(d) autobiography

해석 그는 무대 뒤로 가서 여배우들의 사인을 요구했다.

해설 연극이나 공연이 끝나고 무대 뒤에서 배우에게 요청하는 것은 '사인(autograph)'이다. sign은 '부호, 신호, 표시'의 의미로 우리가 흔히 쓰는 표현과 다르니 주의하자.

어구 backstage 무대 뒤, 분장실
autograph (유명인의) 사인
manuscript 원고, 사본
autobiography 자서전 cf. biography 전기

정답 (b)

46

It's impossible to _____ any individual responsible.
(a) hold
(b) took
(c) got
(d) kept

해석 어느 한 개인한테 책임을 지우는 것은 불가능하다.

해설 '누군가에게 책임을 지우다'는 hold someone responsible for~로 나타낸다.

어구 responsible 책임있는
individual 개인적인, 개별적인

정답 (a)

47

He came from a perfectly _____ middle-class family.
(a) respectful
(b) respectable
(c) respective
(d) respecting

해석 그는 존경을 한 몸으로 받는 중산층 가정 출신이다.

해설 선택지에 나온 단어들은 혼동어휘로 자주 출제되는 빈출표현이다. respectful과 respectable은 존경의 대상이 다르다. respectful은 주어가 존경하는 것이고

respectable은 주어가 존경을 받는 것이다. 문제에서는 '존경받는 가정'이라고 보는 것이 문맥에 맞다.

어구 respectful 존경하는, 존경심을 보이는
respective 각각의

정답 (b)

48

Natural gas is _____ from a field under specific conditions.

(a) tracked
(b) extracted
(c) detracted
(d) contracted

해석 천연가스는 특정조건을 만족시킬 때 매장지대로부터 추출된다.

해설 석유나 천연가스 등을 매장지로부터 캐내는 것이므로 추출(extract)한다고 하는 것이 적절하다. 기타 mine(produce) coal과 같은 형태를 쓰기도 한다.

어구 field 매장지
specific 특정의
detract 주의를 딴 데로 돌리다
track 추적하다
contract 계약하다, 축소하다

정답 (b)

49

Previously we thought that was simply built as a military _____, but we now see it was a very complex ceremonial center.

(a) annihilation
(b) fortification
(c) oxidization
(d) constitution

해석 이전에는 그것을 단순한 군사적 요새라고 생각했지만 지금은 그것이 매우 복잡한 의식의 중심이었다고 보고 있다.

해설 military(군사적)와 , build(건설하다) 두 단어와 모두 어울리는 표현은 요새(fortification)다.

어구 annihilation 전멸, 소멸
fortification 축성, 성채, 요새
oxidization 산화
constitution 구성, 체격, 헌법

정답 (b)

50

The Minister's _____ remarks about the rest of the Cabinet have made them furious.

(a) bewailing
(b) impeaching
(c) uncompromising
(d) disparaging

해석 장관이 내각에 대해 깔보는 듯한 언급은 그들을 분노케 했다.

해설 내각을 격노하게(furious) 만든 만큼 부정적인 언급이 나와야 한다. '깔보는'의 뜻인 disparaging이 답이다. uncompromising은 '비타협적인'의 뜻으로 답으로 적절치 못하다.

어구 bewail 통탄하다, 애통해하다
impeach 탄핵하다, 비난하다
disparage 얕보다, 깔보다

정답 (d)

Answers

Part I

1. (a)	2. (d)	3. (b)	4. (a)	5. (b)
6. (a)	7. (b)	8. (a)	9. (c)	10. (b)
11. (c)	12. (c)	13. (a)	14. (a)	15. (b)
16. (a)	17. (a)	18. (b)	19. (a)	20. (a)
21. (a)	22. (d)	23. (b)	24. (c)	25. (c)

Part II

26. (b)	27. (c)	28. (d)	29. (c)	30. (d)
31. (b)	32. (c)	33. (d)	34. (d)	35. (d)
36. (d)	37. (c)	38. (a)	39. (c)	40. (d)
41. (d)	42. (b)	43. (c)	44. (a)	45. (d)
46. (b)	47. (d)	48. (b)	49. (c)	50. (b)

Part I

1

A What was your son _____ from school for?

B He was caught cheating on exam.
   (a) suspended
   (b) evacuated
   (c) dispelled
   (d) hedged

해석 A 아들이 왜 학교에서 정학 당했나요?
     B 시험시간에 부정행위를 하다 들켰지 뭐에요.

해설 '~하다 걸리다'라고 할 때 be caught -ing와 같은 형태로 쓴다. 시험 중에 부정행위는 흔히 우리가 말하는 cunning이 아니라 cheating이라고 한다. cheating은 배우자에 대한 '부정행위'에도 쓴다. 시험 중에 부정행위를 했다면 징계를 받게 되므로 suspended(정학을 당하는)를 답으로 고를 수 있다. '퇴학을 당하다'는 be expelled(dismissed, sent down) from school의 형태로 쓴다.

어구 cheating 부정행위
    suspend 중지하다; 보류하다; 정직시키다
    evacuate 철수시키다, 비우다
    dispel 추방하다
    hedge 속박하다, 제한하다

정답 (a)

2

A When my student went to Spain he said there were a lot of _____ there.

B I noticed that when I was there last year. You really have to keep an eye on your valuables.
   (a) stalkers
   (b) robbers
   (c) bog-pocket
   (d) pickpockets

해석 A 제 학생 한 명이 스페인에 갔었는데 소매치기가 많았다고 하더군요.
     B 지난 해에 제가 갔을 때도 그랬어요. 귀중품은 눈을 똑바로 뜨고 지켜야 하죠.

해설 keep an eye on~은 '감시하다, ~에 유의하다'는 의미다. valuables는 '귀중품'이란 뜻으로 소매치기(pickpockets) 등의 단어와 어울린다. robber는 '강도', stalker는 '스토커'로 그 쓰임에 다소 차이가 있다.

어구 keep an eye on ~에 유의하다
    valuables 귀중품
    bog-pocket 구두쇠
    pickpocket 소매치기

정답 (d)

3

A Why wasn't the room reserved available?

B Because the hotel _____ our room for the same night. Now we have to find another room.
   (a) double-decked
   (b) double-booked
   (c) double-dribbled
   (d) double-checked

해석 A 예약된 방을 왜 쓸 수 없었어요?
     B 호텔에서 같은 날짜에 방을 이중으로 예약 받았지 뭐야. 그래서 이제는 다른 방을 찾아야 해.

해설 available은 상품 등이 출시되어 '구할 수 있는, 사용할 수 있는, 사람이 시간이 있는' 등 다양하게 쓰인다. room reserved(예약된 방)에 투숙할 수 없게 된 이유를 묻고 있으니 이중예약이 어울린다. book(=reserve)은 '예약하다'의 뜻이다.

어구 reserve 예약하다 n. reservation 예약

double-decked 2층 갑판으로 된
dribble 드리블하다, 물을 똑똑 떨어뜨리다

정답 (b)

4

A　The computer chip technology here in South Korea is amazing!

B　The new chips being developed here are a real _____ in technology.
(a) breakthrough
(b) takeover
(c) overpass
(d) breakout

해석 A　여기 한국의 컴퓨터 반도체기술은 정말 놀라워요.
B　새로 개발 중인 칩들은 정말 기술의 돌파구가 될 거예요.

해설 breakthrough는 커리어나 기술 발전에 있어서의 '도약의 기회'를 가리킨다. chip은 원래 '얇은 조각'을 가리키는 말로 potato chips와 같이 쓰이지만 여기서는 반도체(semiconductor)의 의미로 쓰였다.

어구 breakthrough 돌파구
takeover 인계, 탈취
overpass 고가도로
breakout 탈옥, 탈출

정답 (a)

5

A　How did the customers respond to the new sales ad?

B　The _____ wasn't good. The sales numbers are still pretty low.
(a) drawback
(b) feedback
(c) return
(d) revenue

해석 A　고객들이 새 판촉광고에 어떻게 반응했나요?
B　피드백이 별로 좋지 않았어요. 판매액이 여전히 저조해요.

해설 ad는 advertisement(광고)의 줄임말이다. 광고의 피드백(feedback)에 따라 판매액은 좌우될 수 있으므로 feedback이 정답이다.

어구 drawback 약점, 단점
feedback 반응; (소비자들의) 의견
revenue 세입; 수입

정답 (b)

6

A　How was the presentation?

B　We need to get us on the right _____. We don't know what we are doing.
(a) path
(b) street
(c) bridge
(d) grade

해석 A　발표는 어땠어요?
B　우리는 방향을 제대로 잡아야 해요. 지금은 뭘 하는지 제대로 모르고 있어요.

해설 be on the right path(track)은 '제대로 된 길에 있다'는 말이므로 올바른 방향으로 가고 있다는 뜻이 된다. 이 말을 풀면 know what one is doing이 된다.

어구 presentation 발표, 프레젠테이션; 제시

정답 (a)

7

A　Can you _____ this? I can't do this alone.

B　Sure, no problem. It looks like you're going to need some help.
(a) take away with
(b) give me a hand with
(c) make off with
(d) run away with

해석 A　이것 좀 도와주겠어요. 혼자서는 할 수가 없네요.
B　물론이죠. 도움이 필요하신 거 같네요.

해설 can't do this alone(혼자 할 수 없다)고 말하는 것은 도움(help, hand)이 필요하기 때문이다. '도와주다'는 표현은 help, assist 외에 give some a hand 등으로도 나타낼 수 있다.

어구 make off with ~를 가지고 달아나다
take away with ~를 빼앗아 가버리다

정답 (b)

A **What do I need to do to get my passport?**

B **You need to go to the naturalization office and get your birth certificate _____.**

(a) authenticated
(b) reviewed
(c) proved
(d) oriented

해석 A 여권을 발급받으려면 어떻게 해야 돼요?
B 귀화 사무소에 가서 출생증명서를 인증받으면 됩니다.

해설 출생증명서가 법적으로 효력이 있음을 인증받아야 (authenticate) 한다. naturalization은 '귀화'라는 뜻이며 미국의 이민귀화국을 Immigration and Naturalization Service, 줄여서 INS라고 한다.

어구 orient ~로 향하게 하다: 순응시키다
naturalization 귀화
authenticate 진짜임을 증명하다, 법적으로 인증하다
review 다시 조사하다

정답 (a)

9

A **I didn't think the movie Greg directed was going to be that bad.**

B **Neither did I. In fact, when he showed it at the movie festival, it was a complete _____.**

(a) mishap
(b) error
(c) fiasco
(d) coup

해석 A 그렉이 연출한 영화가 그렇게까지 나쁠 줄은 몰랐어.
B 나도 마찬가지야. 실제로 영화제에서 그가 영화를 상영했을 때 대실패였어.

해설 mishap이 어쩔 수 없는 '사고, 재난' 등을 의미한다면 error는 사람의 '실수'를, fiasco는 특히 (연극·연주·야심찬 기획 등에서의) 큰 실수, 대실패를 의미한다.

어구 mishap 사고, 재난
fiasco 큰 실수, 대실패
coup 대성공

정답 (c)

10

A **You don't need to know every detail. Just try to understand the main points.**

B **Ok, no problem. Once I get the _____ of it, I think I'll be able to understand a lot better.**

(a) basement
(b) gist
(c) statement
(d) estimate

해석 A 세부사항까지 일일이 이해할 필요는 없어요. 그냥 요지만 이해하도록 하세요.
B 알겠어요. 일단 요점을 알고나면 훨씬 이해가 쉬울 것이라고 생각해요.

해설 기본, 요점이라는 뜻인 gist가 답이다. statement는 '진술, 언명', estimate는 '견적, 추정'의 뜻이다.

어구 gist 요점, 요지, 골자
estimate 추정, 예측
ex. make(form) an estimate of ~의 견적을 내다, ~을 평가하다
basement 지하실

정답 (b)

11

A **What happened to you yesterday? Why didn't you show up?**

B **I'm sorry. I had an urgent _____ with my professor.**

(a) promise
(b) schedule
(c) appointment
(d) notification

해석 A 어제 무슨 일이 있었던 거야? 왜 오지 않았어?
B 미안해, 교수님하고 급한 약속이 있었어.

해설 show up은 '나타나다, 모습을 드러내다(appear)'라는 뜻이다. 공식적으로 만나기로 한 시간약속은 appointment라고 한다. promise 역시 '약속'이라는 의미이지만, 자기가 한 말을 지킨다는 의미에서의 약속이다.

어구 notification 통지
appointment 임명, 약속

정답 (c)

12

A Why did the criminal commit the crime again?

B They said it was because he was _____ by outside influences.

(a) discovered
(b) stirred
(c) enticed
(d) discouraged

해석 A 그 범인이 또 다시 범죄를 저지른 이유가 뭐래요?
　　　B 외부의 유혹에 넘어갔기 때문이라고 하더군요.

해설 '범죄를 저지르다'는 commit a crime으로 나타낸다. '유혹에 넘어가다, 유혹을 받다'는 be enticed, be tempted 등으로 나타낼 수 있다. stir는 '마음을 흔들어놓다' 정도의 의미이며 discourage는 '~를 하지 않도록 방해하다'는 의미가 된다.

어구 criminal 범인, 범죄자
　　　commit 범하다, 저지르다
　　　stir 휘젓다; 흥분시키다; 각성시키다
　　　entice 꾀다, 유인하다

정답 (c)

13

A Let's go see the movie *Enchantment*.

B That sounds like a good choice. It was critically _____ as the best movie to see this year.

(a) acclaimed
(b) specialized
(c) ramified
(d) appreciated

해석 A 영화 '인챈트먼트'를 보러 가자.
　　　B 좋은 생각이야. 올해 비평가들로부터 최고의 영화라는 찬사를 받은 영화야.

해설 여기서 critically는 '비평적으로'라는 뜻이다. 영화, 책 등에 대해 critically acclaimed라고 하면 '평단의 찬사를 받았다'는 뜻이 된다. appreciate는 '감상하다'의 뜻이다.

어구 acclaim 칭송하다, 갈채하다
　　　ramify 가지를 내다; 구분시키다. n. ramification 작은 구분; 분파; 결과

정답 (a)

14

A How much money do you make at your company?

B Keep your _____ out of my business.

(a) nose
(b) eyes
(c) ears
(d) hand

해석 A 지금 회사에서 돈을 얼마나 벌어?
　　　B 남 일에 상관하지 마.

해설 남의 수입 등 지나치게 개인적인 것을 물을 때 남의 일에 상관하지 말라는 표현은 keep your nose out of my business로 표현할 수 있다. 물론 mind your own business도 같은 뜻이다. 그밖에 nose가 들어간 have(hold, keep, put) one's nose at(to) the grindstone 즉, '힘써 공부하다(일하다); ~을 혹사하다'로, pay through the nose는 '《구어》 엄청난 돈을 치르다(바가지 쓰다)'로, under a person's (very) nose는 '~의 바로 눈앞(면전)'으로 등 여러 표현이 있다.

어구 keep your nose out of one's business 상관하지 마라

정답 (a)

15

A What are you doing?

B I'm getting ready for graduation. Tomorrow is going to be a _____ day for me.

(a) large
(b) big
(c) boast
(d) one

해석 A 뭐하고 있어요?
　　　B 졸업식 준비를 하고 있어요. 내일은 저한테 매우 중요한 날이에요.

해설 '중요한'의 의미가 될 때 big을 써서 나타낼 수 있다. '중요한 날'은 a big day, '중요한 인물'은 a big man in the industry, '중대한 사건'은 a big event 등으로 표현할 수 있다.

어구 graduation 졸업
　　　boast 자랑하다

정답 (b)

16

A I need to stop at the office supply shop to pick up some paper. Do you want to _____ along?

B I'd better. I need to get some pens anyways.

(a) tag

(b) go

(c) happen

(d) get

해석 A 종이 사러 사무용품점에 가야 되는데. 따라갈래?
B 그렇게. 나도 펜을 좀 사야 되거든.

해설 '함께 가다, 따라가다'의 의미로 tag along을 쓴다. tag는 원래 '꼬리표'라는 뜻이 있지만 구어체에서 '따라다니다, 붙어 다니다'의 뜻으로 많이 쓰인다. tag after도 같은 말이다.

어구 supply 공급; 비품
tag 꼬리표, 붙어 다니다
ex. tag along(after) 뒤에 따라오다, 붙어 다니다
go along 나아가다
happen along 우연히 일어나다
get along 지내다, 살아가다

정답 (a)

17

A Where have you been _____? You don't go out much these days.

B I've been enjoying the comforts of my own home.

(a) hiding

(b) running

(c) training

(d) beholding

해석 A 어디 숨어있었어? 요즘은 별로 외출을 하지 않네.
B 집에서 편안하게 지내는 게 좋아서.

해설 그 동안 어디 있었는지를 친한 사이에 묻는 표현으로 답은 hiding이다. 기타 오랜만에 친구를 만났을 때 쓰는 표현으로 Long time no see, It has been ages since I saw you last time 등이 있다.

어구 comfort 편안함, 안락함
hide 숨다
behold 보다(문어, 고어)

정답 (a)

18

A Where do I need to go next?

B Once you get to the corner you need to make a right hand _____.

(a) lane

(b) turn

(c) single

(d) side

해석 A 다음에는 어디로 가야 해요?
B 일단 모퉁이에 도착하면 오른 쪽으로 도세요.

해설 길안내 표현을 묻고 있다. '오른쪽으로 도세요'라는 말은 make a right turn, turn to the right 등으로 쓴다. lane은 차선을 말해 eight-lane road와 같이 쓰면 '8차선 도로'라는 뜻이 된다.

어구 lane 차선, 길, 노선

정답 (b)

19

A What size shirt do you usually wear?

B I usually buy a _____.

(a) large

(b) big

(c) tall

(d) short

해석 A 셔츠 사이즈가 어떻게 되세요?
B 보통 라지를 삽니다.

해설 옷의 사이즈는 일반적으로 small, medium, large, x-large로 보통 구분한다. 똑같이 '크다'라는 의미지만 big은 쓰지 않으며 작은 사이즈를 말할 때도 little을 쓰지 않음에 유의하자. 참고로 '옷이 내 몸에 비해 크다'로 말할 때는 It's too big for me와 같이 big을 쓸 수 있다.

어구 usually 보통, 일반적으로

정답 (a)

20

A How much money were we able to raise so far?

B $9,000! That brings us one _____ further to reaching our goal of $10,000!

(a) step
(b) stage
(c) part
(d) level

해석 A 지금까지 기금을 얼마나 조성할 수 있었나요?

B 9천 달러요! 우리 목표인 1만 달러를 모금하는 데 한 발짝 다가간 셈이죠.

해설 raise에는 다양한 뜻이 있다. 보통은 아이들이나 식물 등을 '키우다'의 의미가 있고, '일으켜 세우다'라는 뜻으로 쓰는데 돈과 함께 쓰면 raise capital(fund) 등과 같은 형태로 '자금을 모으다, 조성하다'의 의미가 된다. 문맥상 '한 걸음'이라는 의미의 단어가 필요하다. stage는 '단계', level은 '수준'을 의미한다.

어구 goal 목표

정답 (a)

21

A I made a big mistake today.

B No use crying over spilt milk. Try to _____. Every cloud has a silver lining.

(a) look on the bright side
(b) put up or shut up
(c) walk the talk
(d) make both ends meet

해석 A 오늘 엄청난 실수를 했어요.

B 지난 일을 후회하면 뭐해요. 긍정적으로 생각하려고 노력해봐요. 어디에나 희망은 있는 법이니까.

해설 No use crying over spilt milk는 속담으로 '이미 엎지른 물이니 후회할 필요 없다'라는 뜻이다. Every cloud has a silver lining은 어떤 구름에도 뒤에 빛이 비친다는 뜻으로 '암울한 상황에서도 희망은 있는 법이다'라는 뜻이다.

어구 put up or shut up 싫으면 입 다물고 있어라
walk the talk 말한 바를 실행하다
make (both) ends meet 수지를 맞추다, 자신의 수입 범위 내에서 살다

정답 (a)

22

A Did he give you the go-ahead on the business deal?

B Yes, I was so happy when he gave us the _____ light.

(a) blue
(b) red
(c) yellow
(d) green

해석 A 그 거래에 대해 그가 승인해주었나요?

B 그래요. 그가 허락해주었을 때 전 너무나 기뻤어요.

해설 go-ahead라고 하면 '계속하라'는 뜻이므로 '허락, 승인'을 뜻한다. 또한 green light도 앞으로 계속 갈 수 있는 청신호를 의미하므로 '허락'의 뜻이다. red light 는 '적신호, 위험'의 뜻을 가진다.

어구 red light 위험, 경고
green light 청신호, 허락, 수락

정답 (d)

23

A I read in the news the other day that Walmart is _____ over K-mart.

B Soon there will be no more K-mart stores.

(a) bringing
(b) taking
(c) running
(d) going

해석 A 요전날 뉴스에서 월마트가 케이마트를 인수한다는 소식을 읽었어요.

B 이제 곧 케이마트 매장들을 볼 수 없게 되겠네요.

해설 케이마트가 곧 없어진다는 것은 월마트가 케이마트를 인수하기 때문일 것이다. '인수하다'는 take over로 표현한다. 참고로 전문용어로 '인수합병'은 mergers and acquisitions(줄여서 M&A)라고 한다. go over는 review의 뜻으로 적절치 못하다.

어구 take over 인계하다, 넘겨받다
run over (차가) ~를 치다

정답 (b)

24

A What do you like to do on Sundays?
B I like to _____ around and watch football.
   (a) go
   (b) come
   (c) sit
   (d) turn

해석 A 일요일에는 뭘 하기를 원하세요?
     B 그냥 빈둥거리며 축구나 보길 원해요.

해설 '일없이 빈둥거리는' 것을 sit around라고 한다.

어구 go around 돌아다니다
     come around ~주변에 몰려들다
     sit around 특별히 하는 일 없이 빈둥거리다
     turn around 회전하다

정답 (c)

25

A What is the use of handcuffs?
B They are used to _____ the suspect from using their hands.
   (a) return
   (b) recheck
   (c) restrain
   (d) resume

해석 A 그 사람은 왜 수갑을 차고 있나요?
     B 수갑은 용의자들이 손을 마음대로 쓰지 못하도록 제한하는 용도로 쓰입니다.

해설 handcuffs는 '수갑'이라는 뜻이다. 용의자(suspect)의 행동을 제한하려고(restrain) 채우는 것이 수갑이다.

어구 restrain 막다, 제한하다
     resume 다시 시작하다
     handcuffs 수갑
     recheck 재검토하다

정답 (c)

26

Military police were called in to _____ the mob on the streets.
   (a) take down
   (b) put down
   (c) look up to
   (d) keep in with

해석 헌병들이 거리의 폭도를 진압하기 위해 동원되었다.

해설 'mob(군중, 폭도)을 진압하다'는 의미로 put down을 쓸 수 있다. 물론 put down에는 '적다(write down)'라는 뜻도 있다.

어구 mob 군중, 폭도 cf. mob mentality 군중심리
     military 군대의, 군사의
     take down ~을 내리다
     look up to ~을 존경하다
     keep in with ~와 친하게 지내다

정답 (b)

27

My printer has _____ third time this week and I had to go upstairs to use another one.
   (a) crashed down
   (b) turned out
   (c) broken down
   (d) worn out

해석 내 프린터는 이번 주만 벌써 세 번째 고장이 나서 2층에 있는 다른 프린터를 써야 했다.

해설 '고장 나다'라는 의미는 break down으로 표현한다. 기타 break의 여러 표현을 익혀두자.
     break away 도망치다(= escape); 빠져나가다
     break down 고장 나다(= stop working); 부수다
     break in (건물 등에) 침입하다, (대화 중에) 끼어들다
     (= interfere)

어구 upstairs 윗층에
     crash down 붕괴하다
     turn out 생산하다, ~임이 드러나다
     wear out 닳아 없어지다

정답 (c)

28

Not all applicants make _____ of the open doors for them.

(a) usage
(b) avail
(c) advance
(d) use

해석 모든 지원자들이 자신들에게 열린 문(기회)을 활용하는 건 아니다.

해설 정답은 make ~ of 사이에 쓰는 표현이면서 의미가 통해야 한다. 답은 '사용하다, 이용하다'의 뜻인 make use of다.

어구 applicant 지원자
open door(= opportunity) 기회

정답 (d)

29

She was still a screen goddess at the _____ of her career.

(a) corner
(b) bottom
(c) pinnacle
(d) pinpoint

해석 그녀는 아직 커리어의 정점에 선 스크린의 여신이었다.

해설 '~의 정점에'라는 뜻은 at the pinnacle(top) of~라고 표현한다. corner는 '모퉁이, 구석'이란 뜻으로 ~around the corner(바로 가까운)와 같이 쓰며, bottom(밑바닥)은 앞의 screen goddess와는 어울리지 않는다.

어구 pinnacle 산봉우리, 절정
pinpoint 핀 끝, 뾰족한 것

정답 (c)

30

Rwanda had been chosen to _____ the summit because its progressive economic policies make it attractive to investors.

(a) keep
(b) have
(c) open
(d) host

해석 르완다는 진보적인 경제정책으로 투자자들에게 매력적

으로 비쳤기 때문에 정상회담 개최지로 선정되었다.

해설 회의, 행사 등의 주최를 동사 host로 표현한다. host the summit는 '정상회담을 개최하다'라는 뜻이다.

어구 summit 정상; 정상회담
progressive 진보적인; 누진적인

정답 (d)

31

One story that's _____ headlines at the newspaper is the tale of MacKinzie Kline.

(a) writing
(b) making
(c) drawing
(d) attracting

해석 신문의 헤드라인을 장식했던 뉴스는 매킨지 클라인의 이야기이다.

해설 신문의 표제란을 장식하다라고 할 때 make headlines라고 한다. 이와 관련해 '주목을 끌다'라는 표현은 draw(attract) attention으로 표현한다.

어구 headline 표제, 헤드라인

정답 (b)

32

She said Mr. Musharraf was _____ martial law, and Pakistanis would protest against it.

(a) posing
(b) positioning
(c) imposing
(d) doing

해석 그녀는 무샤라프가 계엄령을 내렸지만 파키스탄인들은 그에 대해 저항할 것이라고 말했다.

해설 '계엄령(martial law)을 내리다'는 동사 impose를 써서 나타낸다. 이 밖에도 impose와 관련된 표현으로 impose a ban(penalty, fine, embargo) 등이 있다.

어구 pose 주장하다, 제기하다
position 위치를 정하다, 배치하다

정답 (c)

33

Television _____ showed many residents standing on rooftops waiting to be rescued.

(a) air
(b) film
(c) time
(d) footage

해석 TV 방영분에서는 많은 주민들이 구조를 기다리며 지붕에 서있는 모습을 보여주었다.

해설 footage는 어떤 이벤트를 보여주는 필름 방영분을 말한다. 동사 show와 함께 어울림에 유의하자. broadcast 등과 어울려 동사로 쓰이는 것이 (a) air다.

어구 resident 거주자, 사무관
rescue 구조하다

정답 (d)

34

She was _____ to seven years in prison on charges of supporting rebels in Georgia.

(a) denounced
(b) labeled
(c) excuted
(d) sentenced

해석 그녀는 조지아에서 반군을 지원한 혐의로 징역 7년형을 선고받았다.

해설 seven years in prison이 단서다. '징역형을 선고받다'는 동사 sentence를 써서 나타낸다. on charges of~는 '~한 혐의로'라는 뜻이다.

어구 charge 비난; 기소; 혐의
denounce 비난하다
label 분류하다, 라벨을 붙이다
execute 집행하다, 처형하다
rebel 반군

정답 (d)

35

The impact of the new regulations has been _____ by the committee.

(a) harmed
(b) inflicted
(c) assured
(d) assessed

해석 새 규정의 영향이 위원회에 의해 평가돼오고 있다.

해설 impact(영향)를 목적어로 쓸 수 있는 동사를 고르는 문제다. harm은 사람, 사물을 '해치다', inflict는 '주다, 가하다'의 뜻으로 loss, punishment, blow 등과 함께 쓰인다.

어구 impact 영향
regulation 규정, 규약
assure 확신시키다
assess 평가하다
inflict 가하다, 입히다

정답 (d)

36

If something _____ me, I usually talk to someone about it and that makes me feel better.

(a) reminds
(b) whacks
(c) amuses
(d) bothers

해석 나는 신경 쓰이는 문제가 있으면 다른 사람과 이야기를 하곤 하는데 그렇게 하면 기분이 나아진다.

해설 얘기하고 나서 기분이 나아진다고 했으므로 '신경쓰이게 하다'라는 뜻의 bother이 문맥에 어울린다.

어구 whack 세게 치다
amuse 재미있게 하다, 즐겁게 하다
bother 성가시게 하다, 짜증나게 하다

정답 (d)

37

There is a significant _____ between the average temperature and the growth speed of the trees.

(a) similarity
(b) gap
(c) correlation
(d) identification

해석 평균기온과 수목의 성장속도 사이에는 상당한 상관관계가 있다.

해설 between A and B 구조로 쓰일 수 있는 단어는 similarity, gap, correlation(A와 B 사이의 유사성, 차이, 상관관계)이지만 문맥상 '상관관계'가 어울린다.

어구 identification 확인; 동일시
correlation 상관관계

정답 (c)

38

The president went before the media to _____ Congress for wasting time while he was gone.

(a) admonish
(b) administrate
(c) instruct
(d) recommend

해석 대통령은 언론 앞에서 그의 부재중에 의회가 시간을 낭비한 것에 대해 훈계했다.

해설 admonish는 '훈계하다, 조언하다'의 뜻으로 다음 구문에서와 같이 쓰인다.
I admonished him not to go there.
= I admonished him against going there.
= I admonished him that he should not go there.

어구 go before ~앞에 나가다, 출두하다
admonish 훈계하다, 조언하다
instruct 지도하다, 가르치다
administrate 관리하다, 다스리다

정답 (a)

39

Backed by a veto power that's hard to _____, the President has taken to blistering Congress in a relentless fashion.

(a) overview
(b) overlap
(c) override
(d) oversee

해석 번복하기 어려운 거부권에 힘입어 대통령은 의회를 가차없이 맹비난했다.

해설 가차없는 비난을 퍼부었다는 것은 '믿는 구석이 있었다(backed by)'는 것이므로 어떠한 권한이 있었기에 가능하다. 즉, 무엇으로도 번복할 수(override) 없는 권한이라고 보는 것이 자연스럽다.

어구 veto 거부권
blister 맹비난하다, 엄벌하다
relentless 가차없는
in a fashion = in a way
overview 개관하다
overlap 겹치다, 중복되다
override 번복하다, 무효로 하다
oversee 감독하다, 두루 살피다

정답 (c)

40

Rapid changes in technology might mean that once-valued skills are now _____.

(a) coherent
(b) authentic
(c) plausible
(d) redundant

해석 기술의 급격한 변화는 한때 가치있던 기술이 이제는 불필요하게 될 수 있다는 것을 의미할 수도 있다.

해설 once-valued는 '한때 가치있었던'이므로 지금은 그렇지 않다로 해석할 수 있다. 같은 맥락으로 once-living은 현재는 dead라는 의미로 유추할 수 있다.

어구 coherent 응집된, 일관된
authentic 진품의
plausible 그럴직한
redundant 잉여의, 불필요한

정답 (d)

41

A professional pest control firm has been cleaning the pool area and putting down a powdered _____ to help control mosquitoes.

(a) fertilizers
(b) tranquilizers
(c) herbicides
(d) insecticides

해석 전문 방역회사가 웅덩이 주변을 청소하고 모기를 박멸하기 위해 분말 살충제를 살포했다.

해설 control은 해충 등을 '박멸하다'의 뜻이므로 살충제에 해당하는 insecticide가 답이다. '-cide'는 라틴어로 kill의 뜻으로 모두 '제거한다'는 의미를 갖고 있음에 유의하자.

어구 fertilizer 비료
tranquilizer 진정제
herbicide 제초제
insecticide 살충제

정답 (d)

42

He studied her face, but it _____ nothing.

(a) offered
(b) betrayed
(c) covered
(d) investigated

해석 그는 그녀의 얼굴을 찬찬히 살펴보았지만, 아무 표정도 드러나지 않았다.

해설 여기서 study는 '공부하다'가 아니라 '관찰하다, 자세히 살피다'의 뜻이다. betray는 '배신하다, 저버리다, 누설하다, 무심코 드러내다' 등 여러 뜻이 있다. 여기서는 '무심코 드러내다'의 뜻으로 쓰였다.

어구 investigate 조사하다, 수사하다

정답 (b)

43

She was about to _____ a meeting of EU foreign ministers in London.

(a) assume
(b) suspend
(c) chair
(d) take

해석 그녀는 영국에서 있을 EU 외무장관 회의를 주재할 것이다.

해설 회의(meeting)을 주재하다(chair)라고 쓰는 것이 어울린다.

어구 chair (의장으로써 회의를) 주재하다
assume (책임, 직위 등을) 떠맡다
suspend 정지하다

정답 (c)

44

We've discussed how animals affect the environment, and now let's consider the _____ case; the effect of environment on animals.

(a) convertible
(b) reversible
(c) converse
(d) diverse

해석 우리는 동물이 어떻게 환경에 영향을 미치는지 논의했습니다. 이제, 역으로 환경이 동물에 미치는 영향을 살펴봅시다.

해설 동물이 환경에 미치는 영향과 환경이 동물에 미치는 영향은 서로 역접 관계이므로 converse(반대, 역, 거꾸로)가 정답이다. 유사한 형태와 의미를 가진 다른 선택지의 의미도 익혀두자.

어구 convertible 개조할 수 있는, 바꾸어 말할 수 있는
reversible 돌이킬 수 있는, 철회 가능한
converse 거꾸로의, 정반대의
diverse 다양한

정답 (c)

45

The waters around the island are habitats of many forms of _____ life.

(a) arctic
(b) antarctic
(c) continental
(d) aquatic

해석 섬 주변의 수역은 여러 형태의 해양생물의 서식지다.

해설 섬 주변이나 바다에 살고 있는 것은 '해양의' 생물이다. aquatic 또는 marine life라고 표현한다. Arctic/Antarctic 은 '북/남극'을 의미하는 형용사다.

어구 habitat 서식지
continental (유럽)대륙의

aquatic 해양의

정답 (d)

46

Their happiness was _____ when they made their vows at the wedding.

(a) consumed
(b) consummated
(c) contaminated
(d) construed

해석 그들의 행복은 결혼식에서 서로에 대한 결혼서약으로 완성되었다.

해설 서약이나 서명 등으로 완료하는 것을 consummate라고 한다.

어구 vow 서약, 맹세, 공언
consummate 완성(완료)하다
construe 해석하다, 번역하다

정답 (b)

47

High Noon is a _____ western movie from Paramount Pictures directed by George Stevens and starring Gary Cooper.

(a) classified
(b) classical
(c) classable
(d) classic

해석 하이눈은 조지 스티븐스가 감독하고 게리 쿠퍼가 주연한 패러마운트사의 고전 서부영화다.

해설 '고전적인'의 뜻으로는 classic을 써야 한다.

어구 classified 분류된
classable 분류할 수 있는

정답 (d)

48

We should enhance our efforts to devise ways of _____ water not to burden future generation.

(a) limiting
(b) conserving
(c) presenting
(d) observing

해석 우리는 미래의 다음 세대에 부담을 주지 않도록 물을 절약하는 다양한 노력을 배가해야 한다.

해설 수자원은 절약의 대상이므로 conserve가 적절하다.

어구 burden 부담; 부담을 주다
conserve (가능하면 현재의 상태대로) 보존하다, 유지하다, 아끼다

정답 (b)

49

The _____ of starting up a new business is so high and you must first have a lot of capital.

(a) allotment
(b) abundance
(c) expenditure
(d) dividend

해석 새로운 사업을 시작하는 비용은 너무나 커서 초기에는 많은 자본이 필요하다.

해설 많은 자본(a lot of capital)이 필요하다는 것은 비용(expenditure)이 많이 들어간다는 것으로 풀이할 수 있다.

어구 allotment 할당, 분배
abundance 풍요, 풍부
expenditure 비용; 소비
dividend 배당금

정답 (c)

50

Statistically our chances of being the _____ of violent crime are slim.

(a) preys
(b) victims
(c) goals
(d) subjects

해석 통계적으로 말하면 우리가 폭력범죄의 희생자가 될 가능성은 희박하다.

해설 '범죄, 재난, 전쟁' 등의 희생자를 victim이라고 한다. prey는 포식 동물의 '먹이'라는 뜻으로 성범죄자 등의 희생자를 지칭하기도 하지만 폭력 범죄의 대상이란 뜻으로는 victim이 더 적절한 답이다.

어구 slim (가능성이) 희박한
prey 먹이
subject 피험자, 신민

정답 (b)

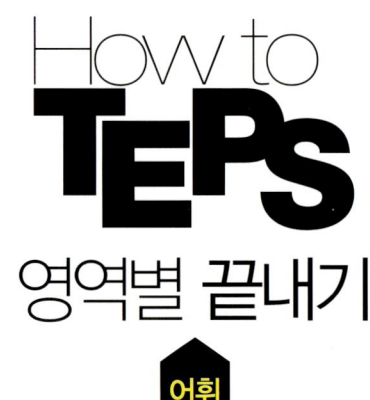

How to TEPS

영역별 끝내기

어휘

더 이상의 영역별 텝스 모의고사는 없다!

대한민국 TEPS 어휘 모의고사 No.1

국내 최다 실전 문제 수록

풍부한 최신 출제 경향 반영

대한민국 명강사가 소개하는 문제풀이 핵심 비법

기출문제집 1 · 2 | 서울대학교 TEPS관리위원회 문제 제공 | 272쪽 | 18,000원
기출문제집 3 | 서울대학교 TEPS관리위원회 문제 제공 | 272쪽 | 19,000원
NEXUS TEPS 기출 800 | 서울대학교 TEPS관리위원회 문제 제공 · 문덕 해설 | 580쪽 |
25,000원

독해

How to TEPS 독해력 중급편 | 장우리 지음 | 360쪽 | 16,000원
How to TEPS 독해력 고난도편 | 넥서스 TEPS연구소 지음 | 324쪽 | 16,000원

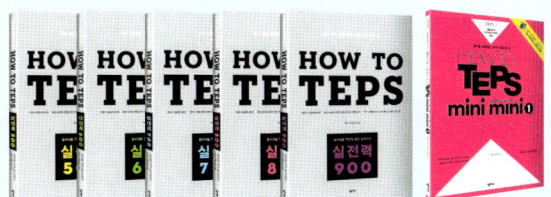

How to TEPS 실전력 500 · 600 · 700 · 800 · 900 | 넥서스 TEPS연구소 지음 |
308쪽 | 실전력 500~800: 16,500원, 실전력 900: 18,000원
How to TEPS mini mini 1 | 서울대학교 TEPS관리위원회 편 | 164쪽 | 9,800원

어휘

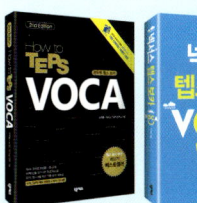

How to TEPS VOCA 2nd Edition | 김무룡 · 넥서스 TEPS연구소 지음 | 320쪽 |
12,800원
How to TEPS 넥서스 텝스 보카 | 이기헌 지음 | 536쪽 | 15,000원
How to TEPS 어휘력 입문편 | 고명희 · 넥서스 TEPS연구소 지음 | 304쪽 | 15,000원
How to TEPS 어휘력 고난도편 | 김무룡 · 넥서스 TEPS연구소 지음 | 296쪽 | 16,500원

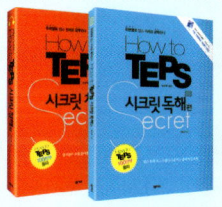

How to TEPS 시크릿 청해편 · 독해편 | 유니스 정(청해), 정성수(독해) 지음 |
청해: 22,500원, 독해: 14,500원
How to TEPS Part 4 고수되기 청해편, How to TEPS Part 3, 4 고수되기 문법편
| 이성희(Part 4 청해편), 전종삼(Part 3,4 문법편) 지음 | 청해: 9,500원,
문법: 9,500원

고급 (800점 이상)

How to TEPS 실전 800 청해편 · 문법편 · 어휘편 · 독해편 | 강소영 · 서인석(청해),
김태희(문법), 넥서스 TEPS연구소(어휘), 한정림(독해) 지음 | 청해: 22,000원,
문법: 15,000원, 어휘: 12,800원, 독해: 22,000원
How to TEPS 실전 900 청해편 · 문법편 · 독해편 | 김철용(청해), 이용재(문법),
김철용(독해) 지음 | 청해: 16,000원, 문법: 16,000원, 독해: 17,500원

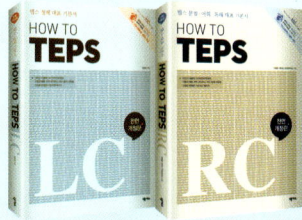

How to TEPS L/C | 이성희 지음 | 400쪽 | 19,800원
How to TEPS R/C | 이정은 · 넥서스 TEPS연구소 지음 | 396쪽 | 19,800원

How to TEPS Expert L | 박영주 지음 | 340쪽 | 21,000원
How to TEPS Expert GVR | 박영주 지음 | 520쪽 | 28,000원
How to TEPS Expert 고난도 실전 모의고사 | 넥서스 TEPS연구소 지음 | 388쪽 |
21,500원